UNDERSTANDING OF TOURISM

관광학의 이해

손수진 · 최영환 공저

SEROMI

PREFACE

관광 관련 국제정세의 불안과 갈등 그리고 반목의 상황은 항상 존재해 왔다. 하지만 전 세계적으로 주목하는 「세계화 전략」은 각 국의 관광산업 활성화를 위한 필수적인 방안이라 할 수 있을 것이다.

우리나라는 가처분 소득의 증가로 인한 생활수준과 삶의 질 향상, 경제수준의 향상으로 인해 꾸준히 국내 및 해외여행의 수요가 급격히 증가하고 있었다. 특히 COVID-19 이전의 2019년도 방한 외래관광객수는 1,600만명, 내국인 출국 현황은 2,600만명으로 집계되면서 관광산업 분야는 호황을 누리고 있었다.

2019년 말부터 예상치 못한 코로나19 사태로 말미암아 전 세계의 관광산업은 타 산업보다도 더욱 불황의 직격탄을 맞았으며, 특히 관광산업 중에서도 항공 · 호텔 · 여행사 등은 그야말로 '말로 표현할 수 없을 정도의 적자'를 기록하였다. 이는 관광산업의 세계화를 향하는 도입 단계에서 국가 간 관광객의 이동이 제한되고 마스크를 쓴 일상이 지속되고 있는 안타까운 상황이 지속되고 있고, 예전의 관광 형태를 그리워하며 추억으로 남기게 되는 현실이 되어가고 있다.

이에 우리나라는 반 만년 역사의 무구한 문화자원을 보유하고 있으며 K-방역 등의 우수한 방역국가의 진면목을 보여 주었듯이 침체되어 있는 관광 선진국 대열에 합류하기 위해서는 현 시대가 요구하는 관광정책과 관광행정 및 관광인프라를 재정비해야 하고 새로운 도약을 준비할 필요가 있을 것이다.

본서는 정치·경제·사회· 문화 등 외부환경에 민감하게 영향을 받는 관광산업의 특성으로 인해 환경 변화에 신축적으로 대응하는 기업역량의 강화가 기업의 성과에 직접적인 영향을 미친다는 점을 바탕으로, 관광학에 대한 이해를 우선적으로 고려하고자 하였다. 따라서 관광학과 관련된 전반적인 기초 이론은 물론, 관광산업 현장에서 요구하는 전문지식을 보다 쉽게 이해할 수 있도록 부문별로 분류하여 실무적 내용을 중심으로 총정리하였다.

또한 관광학을 전공하는 학생으로서 기본적 이론 지식과 실무능력을 키울 수 있도록 저자의 십 수년간의 여행사 및 호텔 실무경험 그리고 십여 년간의 강의 경력을 바탕으로 핵심 내용만 수록하여 관광산업 현장에서 효율적으로 활용할 수 있도록 하는데 기여하고자 하였다. 특히 본서는 <관광학의 이해>라는 관점에서 처음 관광을 접하는 학생들에게 보다 쉽게 다가설 수 있도록 간단하게 정리하여 서술하였다.

급격히 변화하는 관광산업의 환경에 맞추어 최신자료 제공을 위해 앞으로도 꾸준하게 보완·수정해 나갈 것이며, 준비하는 동안 여러 도움과 격려를 해주신 새로미 출판사와 이외의 모든 분들께 감사의 마음을 전한다.

언제나 기도 안에서 진리의 응답과 실천의 용기를 주시는 하나님께 진심으로 감사드립니다.

저자 일동

CONTENTS

CONTENTS

UNDERSTANDING OF TOURISM

CHAPTER 01

관광이란?

학습목표

- 관광의 어원과 정의를 학습한다.
- 관광의 유사개념을 이해한다.
- 관광의 구성요소 및 분류를 습득한다.
- 관광 대중화에 대한 의미와 현대적 의미의 관광을 이해한다.
- 관광학의 특징을 파악한다.

01 · 관광의 어원

관광의 어원은 인류의 문화가 발달되어 가는 상황에서 말과 문자에 의해 기록되거나 구전에 의하여 역사적 발전으로 인해 전해져 왔으리라 판단되지만 실제 그 기록을 찾아 그 어원을 추정하기란 쉽지 않다.

1) 동양에서의 관광

- 고대 중국에 그 기원을 두고 있다.
- 기원전 8세기 경 주나라가 편찬한 『역경』 제6권의 '관(觀)'이라는 괘에 보면 '觀國之光 利用賓于王(관국지광 이용빈우왕)'에서 유래되었다.
  - '나라의 광명을 보는 것은 왕의 손님이 되기에 족하다'라는 의미이다.
  - 나라의 빛을 보게 하려면 무엇보다도 왕을 잘 대접해야 한다는 정신적인 사상이 존재한다.
  - 「관국지광」 첫 자와 끝 자를 바탕으로 '관광(觀光)' 이라는 용어가 시작되었다.
  - 관광은 '나라의 빛을 본다'는 뜻으로 처음 사용되었다.
  - 그 나라의 자연풍경, 문물, 제도, 풍습 등을 살펴보는 것을 의미한다.
  - 한 나라의 사절이 타국을 방문하여 그 나라의 왕을 만나서 자기 나라의 우수한 문물을 소개하는 행위였던 것으로 보아 의전적인 개념으로 사용되었다.

2) 서양에서의 관광

1811년 영국의 스포츠 월간잡지 'The Sporting Magazine'에서 'Tourism'이

라는 용어가 처음 소개되어 관광여행에 대한 이론과 실제를 의미하는 용어로써 일반화되었다.

- tourism
  - tour라는 단어에 '-ism'이 사상, 주의, 학설 등을 의미하는 접미어로 격식을 갖춘 표현이다.
  - 사람들의 관광왕래가 근대시대부터 빈번해지면서 관광객들의 여행이 교통 및 정보통신망의 발달에 따라 대중적이고 세계적인 사회현상으로 확대되었다.
  - 1975년부터 모든 국제기구에서 관광의 영어 표현을 'tourism'으로 통일하여 사용했다.

- travel
  - 불어의 'travail(수고, 노고, 고생, 고역)'에서 파생되었다.
  - '고된 일' 또는 '고통과 위험에서 가득 찬 여행에서 무사히 돌아오다'라는 의미를 지닌다.
  - 과거 그리스 · 로마시대의 귀족이나 산업혁명 이후의 신흥 부유층의 호사를 위한 여행은 즐겁고 안락한 여행이었으나, 그 이외 대부분 서민들의 여행은 먼 길을 떠남에 있어서 안전과 숙박 등에 대한 고통과 위험 그리고 고역이 따르는 여행이었다는 배경에서 시작된 단어이다.
  - 1947년 IUOTO(International Union of Official Travel Organization) 단체에서 공용의 용어로 사용하였다.

- tour
  - '여기저기 돌아다니다'라는 의미로 라틴어의 'tornus(순회)'에서 유래되었다.
  - 중세 유럽의 성지순례나 항해여행, 또는 모험여행을 의미한다.

3) 우리나라에서의 관광

1473년 유학자 성현이 북경에 다녀와서 지은 기행시집의 이름을 '관광록'으로 명명하였다.

- 해방이후
  - 유럽이 산업사회로 가는 과정에서 일(work)과 상대되는 개념으로 여가의 한 형태로 등장하였다.
  - 단순한 이동을 의미하는 용어로 여행, 유람 등의 용어와 같이 사용하였다.

02 관광의 정의

1) 협의의 정의

관광은 여행의 일종이며, 즐거움을 목적으로 하는 여행이다.

다른 지역이나 다른 나라에 가서 그곳의 풍경 · 풍습 · 문물 등을 구경하는 것이다.

2) 광의의 정의

여행과 관련된 관광현상, 관광사업 등 다양한 의미를 내포하는 사업의 총칭이다.

3) 사전상의 정의

- Webster사전
  - 출발지점으로 다시 돌아오는 여행, 그리고 사업, 즐거움 또는 교육을 위해서 여정표로 계획된 여러 장소를 방문하는 외유 여행을 의미한다.
- 새우리말 사전
  - 다른 나라의 문화, 제도를 시찰하는 것을 의미한다.
  - 다른 지방이나 나라의 아름다운 풍경, 풍습 등을 구경하며 유람하는 것을 의미한다.
- 세계대백과사전
  - 보양, 유람 등의 위락적 목적으로 여행하는 것을 의미한다.

4) 관광개념에 대한 학자들의 견해

- 슐레른(H.Schulen, 1911, 독일)
  - 관광에 대한 가장 오래된 정의이다.
  - 관광이란 일정한 지역 또는 타국을 방문하여 머물다가 되돌아가는 외래객의 유입 · 체제 · 유출의 형태를 취하는 모든 현상과 그 현상에 직접 결부되는 모든 사상, 그 중에서도 특히 경제적인 모든 사상을 나타내는 개념이다.
- 마리오티(A.Mariotti, 1927, 이탈리아)
  - 관광을 외국인 관광객의 이동으로 규정하였다.
- 보오만(Artur Bormann, 1931, 독일)
  - 견문 · 유람 · 휴양 · 비즈니스 등의 목적 그리고 그 외, 특수한 상황에 의해 거주지를 일시적으로 떠나는 여행의 모든 것이다.
  - 정착하지 않는 지역에서 일시적인 체제를 목적으로 그 지역까지 거리

를 이동하는 인간의 활동이다.

■ 오글비(Ogilvie, 1933)

- 1년 이내 일정한 거주지를 떠나 관광지에서 비용을 지출하는 것이다.
- 단, 그 비용 중에 관광지에서 벌어 소비하는 것은 제외된다(기간의 한정과 소비의 중요성 강조).

■ 글릭스먼(Glücksmann, 1935)

- 거주지를 떠나 일시적으로 체재하는 관광객과 그 지역주민들과의 파생되는 모든 관계의 총체이다.
- 관광목적지에서의 현지인과의 이루어지는 관계, 즉 relationship을 강조하였다.

■ 훈지커와 크라프(W. Hinziker & K. Krapf, 1942, 스위스)

- 본질적으로 외국인이 여행지에 머무르는 동안 일시적이든 또는 계속적이든 주된 영리 활동의 추구를 목적으로 정주하지 않는 경우로 외국인의 체재로부터 야기되는 모든 관계나 현상에 대한 총체적인 개념이다.

■ 이노우에 만주소(井上方壽, 1961)

- 인간이 다시 돌아 올 예정으로 일상 생활권을 떠나 위락을 얻기 위하여 이동하는 것이다.

■ 국제관광전문가협회(IASET-International Association of Scientific Experts in Tourism, 1961)

- 생업과의 지속적인 관련 없이 다시 돌아 올 예정으로 타지를 여행하고, 체재함에 따라 일어나는 모든 관계 또는 현상의 총체이다.

■ 베르네커(P.Bernecker, 1962, 오스트리아)

- 상용 또는 직업상의 여러 이유로서 이동하는 것이 아니라 일시적 또는

개인의 자유의사에 의해서 타 지역으로 이동한다는 사실과 결부된 모든 관계 또는 모든 결과이다.

- **쓰다 노보루**(1966)
  - 일상 생활권을 떠나서 다시 돌아올 예정으로 다른 나라 또는 다른 지역의 문물, 제도 등을 시찰하거나 풍광을 관상, 유람할 목적으로 여행이다.
- **메드상**(medcin, 1966)
  - 기분전환, 휴식을 취한 것이고 새로운 미지의 자연풍광을 경험함으로써 여행을 하거나 정주지를 떠난 체제로 성립되는 여가활동이다.
- **세계관광기구**(WTO, 1982)
  - 즐거움 · 위락 · 휴가 · 스포츠 · 사업 · 친구 · 친지방문 · 업무 · 회합 · 회의 · 건강 · 연구 · 종교 등을 목적으로 방문국을 적어도 24시간 이상 1년 이하의 기간 동안 체류하는 행위이다.

종합분석

❖ 관광의 정의

- 인간이 자신의 다양한 욕구를 충족시키기 위하여 자신의 일상생활권(영역)으로 돌아올 예정(한시성)으로 잠시 그 영역을 벗어나는 행위이다(일탈성).
- 견문 · 시찰 · 비즈니스 · 위락 · 종교 ·의료 등의 여행목적이 분명하다(목적성).
- 자신의 자유 재량시간에 하는 행위이며, 다른 지역 또는 다른 나라에서 체재하는 특성을 지닌다(체재성).
- 절대적으로 자신의 자유의사에 의해 이루어지는 행위이다(자유성).
- 자연스럽게 이루어지는 경제적인 소비행위이다(소비성).

- Journey
  - 보통 육지 여행을 나타내면서 장기간의 여행으로서 옛날에는 반드시 출발지로의 귀환을 전제로 하지 않았다.

- voyage
  - 해로 또는 공로의 비교적 긴 여행을 의미한다.

- excursion
  - 단체 유람여행 형태의 의미가 강하며 '수학여행' 등이 이에 속한다.
  - 한 곳에 오랫동안 정착하기 보다는 여러 곳을 돌아다닌다는 의미이다.

근래에 들어 'Sightseeing'과 'city-tour'는 많이 쓰이는 단어로서 일정구역 내에서 간단히 여행하는 형태로써 '시내관광' 또는 '도시관광'이라고도 불린다.

- Sightseeing
  - 'sight'와 'seeing'의 합성어로 경치·풍경을 보는 것을 의미한다.
  - 한 도시의 주요 관광코스를 두루 살펴보는 것이다.
  - 일반적으로 '차창(車窓)관광'이라고 하며, 관광버스 안에서 설명을 들으면서 창문을 통해 주요 관광지를 둘러보는 관광이다.
  - 비교적 짧은 시간이 소요(2시간 정도)된다.

- city tour
  - 한 도시의 주요 관광지를 직접 방문하고 둘러보면서 설명을 듣는 관광을 의미한다.
  - 반나절 또는 하루 종일 시간이 소요되는 관광을 의미한다.

04 관광의 구성요소

관광의 구성요소는 일반적으로 목표달성을 지향하는 상호보완적인 관계로 성립되며, 동시에 외부환경과 상호작용하는 요소들의 집합체로서 관광현상을 어떻게 접근하는지의 방법에 따라 다양하게 제시되고 있다.

1) 3요소

■ 관광주체

- 관광을 하는 사람, 관광을 행하는 관광객이다.
- 관광욕구에 따라 관광행동을 유발하는 수요자 · 소비자 · 여행자를 의미한다.
- 관광수요시장 형성의 주체적 요소로서 여행 의지와 욕구를 가지고 직접 여행에 참여하는 자이다.

■ 관광객체

- 관광의 주체인 관광객이 보고 이용하며 즐길 수 있는 관광대상물이다.
- 관광객의 다양한 여행 욕구를 불러일으키게 하며 욕구를 충족시켜 주는 관광매력물이다.
- 관광동기를 일으키는 매력성과 관광개발을 통해 부가가치를 높일 필요성이 있는 유 · 무형의 관광대상 또는 관광의 공급자원을 의미한다.
- 관광대상 = 관광매력물 + 관광시설
  - 관광매력물 : 자연자원, 문화재, 박물관, 카지노, 테마파크, 축제, 풍습, 산업체 등
  - 관광시설 : 숙박시설, 도로, 교통, 식사, 가이드, 쇼핑, 서비스 등

■ 관광매체

- 관광주체와 관광객체를 연결시키는 매개역할 기능을 담당한다.
- 관광매체 = 이동수단(교통편) + 정보(사적기관 및 공적기관, 통신시스템)
  - 이동수단 : 여행출발지에서 목적지까지 공간적으로 접근시켜주는 항공사, 철도, 선박, 버스 등의 교통시설
  - 정보 : 여행사, 한국관광공사(KTO-Korea Tourism Organization), 각국 관광청(NTO-National Tourism Organization 또는 NTA-National Tourism Administration), 인터넷, 여행정보센터, 관광안내 및 홍보물, 관광동영상 등

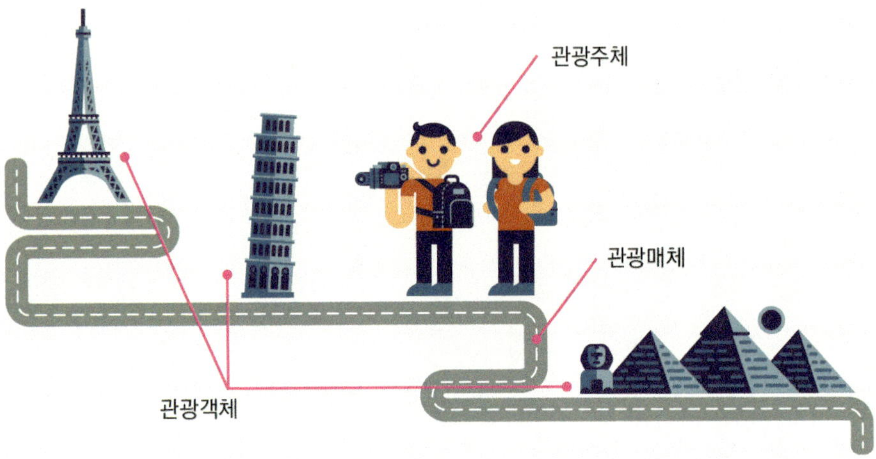

그림 1-1 ▸ 관광의 구성요소

2) 4요소

■ 관광시장

- 관광객을 배출하는 모든 지역을 의미한다.
- 여행목적지 및 여행활동을 결정하는 데 중요한 요소이다.

■ 관광사업

- 관광상품과 서비스를 제공하는 집단이다.

- 관광기업 : 관광이라는 현상을 통해 관광객의 활동과정 중에 직접적으로 관계되는 영리를 목적으로 한 사적인 관광사업체이다.
- 관광관련 기업 : 관광교통 또는 면세사업 등과 같이 2차 관광사업 또는 간접 관광사업으로 재화나 서비스를 관광객에게 간접적으로 제공하거나 또는 관광기업에 직접 제공해 주는 관광사업이다.
- 관광행정기관 : 공적인 관광사업으로서 관광정책, 관광행정 기구를 뜻하며, 국가나 정부, 지방 자치단체 등 관광관련 행정기관으로서 직·간접적으로 영향을 주면서 관광개발과 육성업무를 담당한다(한국관광공사, 경기관광공사 등).
- 관광공익단체 : 공적 관광사업으로 관광인력을 양성하는 교육기관 및 관광관련 연구소, 관광협회 등을 의미한다.

지역사회

- 관광객을 수용하는 지역주민들은 일반적으로 관광을 경제적인 요소로 인식한다.
- 외래방문객들과 주민들 간에 이루어지는 상호관계와 긍정적·부정적 영향이 발생한다.

정부

- 관광객을 수용하는 국가나 지방정부의 행정부를 지칭한다.
- 관광을 국가 전체 경제단위의 한 요소로 인지한다.

  (관광으로부터 파생되는 소득과 국제관광객 유치로 인한 외화수입 획득 및 관광객의 소비지출로부터 기인하는 조세수입의 증대 등)
- 관광사업 중의 한 부문이면서 동시에 관광사업의 외부환경 역할을 수행한다.
- 관광기업들을 지도하고 규제하는 통제적 역할을 담당한다.

3) 5요소

관광객

- 관광구조의 중심적인 구성요소이다.

- 사회 · 경제적 여건과 심리적 요인에 영향을 받아 관광동기의 충족을 목적으로 관광하는 소비자를 의미한다.
- 관광객은 관광소비적 측면에서 관광경제의 소비자로서 관광마케팅의 대상이다.

■ 관광매력물

- 관광객의 관광행동을 유발시키고, 즐기면서 이용할 수 있는 관광대상이다.
- 유 · 무형의 모든 매력물을 의미한다.
- 관광대상은 관광객의 욕구나 기호 등에 부합하여 관광지를 방문하도록 유인하는 인적 · 물적 요소이다.
- 어떤 형식적인 범위에 있는 것만을 의미하지 않고, 관광매력물이 될 만한 것을 모두 포함하는 대상이다.
- 관광매력물은 고정적인 것이 아니라 소재지의 위치에 따라 그 가치가 달라지는 등 매우 가변적이고 상대적인 가치를 지닌 자원이다.
- 개발가능한 모든 자원을 포함한다.

■ 부대시설

- 관광객의 다양한 욕구를 효과적으로 충족시키도록 지원하는데 필요한 제반시설 및 편익시설을 의미한다.
- 숙박시설, 식음료 판매시설, 소매품 및 기타 시설이다.
- 관광지 내에서는 경제적인 측면에서 중요한 소득원천이 되기 때문에 비중 있는 사업이다.
- 관광지의 근간이 되는 부분으로서 관광지에 있는 모든 시설들의 기능과 지역주민의 일상생활이 원활하도록 지원하는 역할을 담당한다.
- 기반시설인 도로, 철도, 항만, 공항, 상하수도, 통신시설, 전력, 연료공급 및 각종 안전시설 등도 포함한다.

교통

- 인간이나 재화의 이동을 담당한다.
- 관광이 이동을 전제로 시작되는 활동이기 때문에 관광의 구조체계를 구성하는 본질적인 요소이다.
- 교통기관의 발달은 이동을 편리하게 하고, 목적지에 이르는 시간과 비용을 감소시키며, 관광지와의 시간적 거리를 단축시켜 관광발전의 기반을 제공한다.
- 관광교통시설인 육상교통, 해상 및 수상교통, 그리고 항공교통 등의 세 가지 유형으로 분류할 수 있다.

관광정보

- 새로운 관광(new tourism)시대에 매우 중요한 구성요소이다.
- 관광객의 관광활동 전 분야에 걸쳐 매우 중요한 역할을 담당한다.
- 객관적으로 수집되고 분석된 자료가 관광의사결정시 여러 가지 위험을 감소시킬 수 있다.
- '어떠한 관광지가 어떠한 매력을 내포하고 있으며, 편의시설 및 지원시설 등의 상태는 어떠한지, 또 그곳으로 이동하기 위하여 무슨 교통수단을 이용하여 가는 것이 나은가?'에 대해서 구체적이고 매력적인 정보가 있을 때 관광객의 관광행동을 유발할 수 있다.
- 기존에는 뉴스 또는 신문기사 등의 언론매체와 인터넷을 통해 관광정보를 접하였고, 오늘날 스마트 시대에는 관광객의 손안에 스마트폰을 사용하여 각종 관광지에 대한 정보, 이용자들의 후기, 만족도 등을 토대로 각종 정보를 탐색하고 검색하여 관광의사결정에 적극 활용하는 추세이다.

05 관광의 분류

1) 관광규모에 의한 분류

- **개인관광** : 9명 이하의 여행, 할인요금 적용이 불가하다.
- **단체관광** : 10명 이상의 여행, 할인요금 적용이 가능하다.

표 1-1 ▸ 여행객측면과 여행사측면에서의 개인과 단체관광 비교

구 분	개인관광 (FIT: Foreign Independent Tour)	단체관광 (Group/Package Tour)
여행객측면	• 개인의 자유행동이 가능하다. • 여정의 변경이 용이하다. • 여행 중 시간손실이 많다. • 할인이 거의 없다. • 여행비용이 많이 든다. • 수배(예약)하기 복잡하다.	• 개인의 자유행동 제약이 많다. • 일정변경이 곤란하다. • 시간을 유용하게 사용할 수 있다. • 단체할인 혜택이 많다. • 여행비용이 저렴하다. • 수배(예약)하기 간편하다.
여행사측면	• 계절변동(성수기·비수기)이 적다. • 안정된 수입원이다. • 수익률이 낮다. • 업무가 복잡하다.	• 계절변동(성수기·비수기)이 심하다. • 불안정한 수입원이다. • 수익률이 높다. • 반복되는 업무로 인해 용이하다.

2) 관광 형태에 의한 분류

- 국내관광(intrabound 또는 domestic tourism)은 '관광객이 자국의 영토 내에서 행하는 관광행동'이다.
- 외래관광(inbound tourism)은 '자국의 영토 내에서 이루어지는 외국인의 관광행동'이다.

- 국외관광(outbound tourism)은 '관광객이 외국을 방문하는 관광행동'을 말한다.

표 1-2 ▸ 관광형태에 의한 분류

구분	내용
국내관광 (intrabound / domestic tourism)	• 내국인이 국내를 방문하여 관광하는 경우
외래관광 (inbound tourism)	• 외국인이 국내를 관광하는 경우
국외관광 (outbound tourism)	• 내국인이 국외를 관광하는 경우

3) 관광상품에 의한 분류

- Package Tour
  - 여행사가 직접 기획하고 만든 묶음 여행상품으로서 목적지, 일정, 서비스내용, 가격 등을 미리 결정한 후 고객을 모집하는 형태의 관광상품이다.

    예시 미동부&캐나다 일주 10일, 규슈3일 핵심관광, 호주/뉴질랜드 남북섬 14일 등

- SIT(Special Interest Tour)
  - 개인적으로 흥미요소가 되거나 특별한 목적의 테마 중심의 관광상품이다.

    예시 성지순례상품, 의료관광상품 등

- Convention Tour
  - 국제회의에 참가하는 목적으로 회의+관광을 접목한 상품으로서 회의에 직접 참여하는 참가자의 회의 참석 전·후 남는 시간에 관광하거

나, 동행한 가족 및 친지의 회의 중 관광하는 형태로 기획된 관광상품이다.

예시 미국 라스베가스 DSF(Digital Signage Expo) 전시회 참가+미서부 투어 등

- FAM Tour(Familiarization Tour)
  - 항공사 및 관광기업 등의 새로운 상품홍보나 보도를 목적으로 관련 직원들과 언론사 관계자들을 초청하여 관광지를 시찰시켜주는 초대여행 관광상품이다.

    예시 라우든관광청과 UA항공 공동 팸투어, 발리 아야나리조트 팸투어, 중남미 팸투어 등

- Charter Tour
  - 일반적으로 교통기관을 전세하여 실시하는 관광상품이다.

    예시 비엣젯 항공 '달랏' 전세기 상품, 라이온항공 '바탐' 전세기 상품 등

- Incentive Tour
  - 여행객으로부터 받은 주문요청에 의해 원하는 서비스를 제공받을 수 있도록 계획해주고 수배(예약)해 주는 단체맞춤여행 또는 주문관광상품이다.

    예시 우수직원 포상 해외여행, 전국기능경기대회 유공자 해외연수, 대학생 해외문화 탐방 등

- Technical Visit(Industrial Tour)
  - 공장, 산업시설, 연구소, 병원, 상점 등의 전문기관 방문 및 견학 중심의 관광상품이다.

    예시 노드스트롬 백화점 방문, BMW 자동차 본사 견학 등

06 현대적 의미의 관광

1) Mass Tourism(대량관광)의 시대

- 제2차 세계대전 이후 사회적·정치적 영향에 의해 평화와 번영을 추구하였다.
- 기술의 발전으로 1958년 제트 비행기 출현/전세비행기 등장하였다.
- 경제적 영향으로 저렴한 석유가격이 원인이었다.
- 법정 근로시간의 단축과 휴가 기간의 연장으로 시작되었다.
    - 관광이 정신적, 육체적 휴식을 제공하는 역할과 더불어 일상화에 기여하였다.
    - 관광은 그 동안 사회, 산업사회의 부수적 문제로만 다루어져 왔으며 최근에는 관광이 각계, 각층의 모든 사람들의 일상생활에서 핵심적인 요소가 되었으나 아직도 충분한 위치와 개념의 정립이 이루어지지 못하고 있다.
    - 이러한 요인은 대다수의 사람들이 아직도 관광을 단지 경비의 지출 등에 따르는 놀이, 행락 등으로만 인식하고 있고 낭비, 퇴폐, 허영, 위화감, 갈등을 조장한다는 사고방식을 갖고 있기 때문이다.
    - 그러나 이러한 부정적인 시각을 갖고 있음에도 불구하고 관광을 발전, 보급, 육성하는 이유는 부정적인 요인을 초래하는 것보다 국가와 사회에 가져다주는 이익이 더 크기 때문이다.

2) 관광의 중요성

관광은 현대사회에서 국민 모두가 관심을 가지고 또 실제로 참여하고 있는 여가·문화 활동의 하나로서 점점 그 중요성을 더해가고 있다.

국가와 지역사회가 서로 접촉하는 장소가 되었으며 이러한 접촉이 이루어지는 주된 방법 중의 하나가 관광인 것이다.

이제 세계 각국은 관광으로 인한 외화획득이라는 경제적 측면에서의 접근뿐만 아니라 관광을 국가전략산업으로 육성하고 있으며 국제교류활동과 국제친선도모 및 세계평화에 기여하는 민간 외교적 효과까지도 기대하고 있다.

이러한 측면에서 관광은 자유성, 평등성, 행복성, 평화성, 교육성, 인간성 회복 등의 기본적 이념을 바탕으로 하여 그 중요성을 더하고 있다.

오늘날 관광의 중요성을 좀 더 구체적으로 나누어 살펴보면 다음과 같다.

- 국제수지 개선효과에 기여(외화획득)
- 전반적인 경제개발효과 유발
- 고용창출의 효과 유발
- 사회적 효과 유발
- 교육적 효과 유발
- 풍요로운 문화 형성
- 정치적 가치 향상
- 국제평화 증진
- 심리적인 욕구 충족

3) 호스피탈리티(Hospitality)

Hospitality란 '타인을 기쁘게 맞이하며, 후하게 대접한다(환대 또는 친절)'는 의미이다.

Hospitality는 호텔업, 리조트업, 여행업, 컨벤션산업, 테마파크, 카지노, 외식, 면세점 등의 관광 관련 사업에서 제공하는 최고급 서비스를 포괄하는 개념을 가진다.

관광산업은 주거지를 떠나 여행하는 사람들의 다양한 관광욕구를 충족시켜 주기 위해 독특한 기능의 서비스 기업들로 이루어진 복합적인 산업체로서, 집을 떠나 여행하는 사람들을 환대해주는 단위기업들의 집합으로 이루어진 환대산업(hospitality industry)이다.

기존에는 고객들의 요구를 경청하고 해결해 주는 것에 그쳤으나, Hospitality는 이러한 수동적인 고객서비스가 아니라, 고객이 필요(needs)로 하고 원하는 것(wants)을 고객이 표현하기 전에 미리 제공하여 고객감동을 창출하는 것이다.

100 퍼센트(%)의 고객만족을 제공하는 상품과 서비스란 매우 어렵기 때문에 고객의 불평과 불만을 어떻게 관리하느냐에 따라 단골고객 및 충성고객을 창출할 수도 있고, 고객이탈을 방지할 수도 있다. 그러므로 호스피탈리티 정신을 바탕으로 경쟁사와의 우위를 선점하기 위해서는 고객의 중요성을 인지하고 고객만족을 창출해야만 한다.

07 • 관광학의 특징

- 관광학은 현실적·실천적 학문분야로 다각적인 접근방법의 연구이다.
- 관광학은 이론적인 지식을 매개로, 존재하는 관광현상을 연구한다.
- 관광이라는 학문은 현실을 설명하는 것이며, 합리적으로 실천하는 목적을 지닌다.
- 종합사회과학 또는 과학의 응용(실천)분야로 관광학을 규정한다.
- 관광이라는 사회현상에 관한 최초의 연구는 관광통계에서부터 비롯된다.
- 실증연구를 통한 과학적이고 객관적인 종합학문이다.

■ 사회와 관련하여 인간의 새로운 생활양식에 근거하며, 사회의 요구에 기초한다.

■ 관광학을 연구하는 자세는 질적인 연구를 통한 철학적 이해(정성적 연구)와 데이터를 기반으로 한 사회과학적 연구방법(정량적 연구)을 병행시켜 전개해야 한다.

일반 학문		관광 연계 학문		
통계	►	관광통계/사회과학 조사방법		
경영	►	관광산업(호텔, 여행사, 외식, 컨벤션 등)		
법	►	관광법규		
마케팅	►	관광마케팅		
도시 및 지역개발	►	관광개발		
공원 및 레크레이션	►	테마파크/이벤트/레크레이션		
농업	►	농촌관광		
생태	►	생태관광/에코투어리즘/지속가능한 관광	►▷►	관광학
지리	►	관광지리		
정치	►	관광정책		
인류	►	인적자원관리/고객관계관리		
심리	►	고객행동/관광소비자행동		
경제	►	관광경제		
사회	►	여가/레저		
교육	►	서비스교육		
교통	►	관광교통(항공사, 크루즈, 철도 등)		

그림 1-2 ▸ 관광학의 기본 체계

TRAINING
연습문제

01. 관광의 3요소가 아닌 것은?

① 관광주체　② 관광객체　③ 관광합체　④ 관광매체

02. 다음 중 관광 형태에 의한 분류가 아닌 것은?

① interbound　② outbound　③ inbound　④ intrabound

03. 시내관광 또는 도시관광을 'sightseeing' 이나 'city-tour' 로 많이 표현된다.

① O　② X

04. 개인적인 흥미요소가 되거나 특별한 목적의 테마 중심의 관광상품을 Convention Tour 라고 부른다. 예를들어 성지순례상품 또는 의료관광상품 등이 이에 속한다.

① O　② X

05. 여행객으로부터 받은 주문요청에 의해 원하는 서비스를 제공 받을 수 있도록 계획해주고 예약해주는 맞춤여행의 관광상품을 무엇이라고 하나요?

정답 01. ③ 02. ① 03. ① 04. ② 05. Incentive Tour(인센티브 투어)

생각해보기

❶ 관광의 정의에 대해서 설명하시오.

❷ 관광의 유사개념 중 3가지만 골라 차이점을 설명하시오.

❸ 도시관광을 의미하는 'Sightseeing'과 'City-tour'의 차이점을 설명하시오.

❹ 관광의 3요소인 관광주체, 관광객체, 관광매체에 대해서 설명하시오.

❺ 관광규모에 의한 분류 중 FIT에 대해서 설명하시오.

❻ 관광형태에 의한 분류 중 inbound tourism에 대해서 설명하시오.

❼ 관광상품에 의한 분류 중 SIT(Special Interest Tour)에 대해서 설명하시오.

❽ FAM Tour란 무엇인지 설명하시오.

❾ 관광의 중요성을 설명하시오.

❿ 관광학의 특징에 대해서 설명하시오.

UNDERSTANDING OF TOURISM

UNDERSTANDING OF TOURISM

01 관광이란?
- 관광의 어원·정의·구성요소
- 관광의 분류·현대적 의미
- 관광학의 특징

02 관광의 발달사
- 고대·중세·근대·현대의 관광
- 한국관광의 발전과정

03 관광의 영향
- 경제·사회·문화·정치·환경적
- 긍정적·부정적 영향

04 관광객 연구
- 관광객의 정의
- 관광욕구
- 관광동기
- 관광선택행동
- 관광의사결정

05 관광자원
- 관광자원의 개념
- 관광자원의 분류
- 관광자원의 유형별 특성
- UNESCO 등재 국내 주요 유산
- 관광자원의 평가 및 조사

06 관광사업
- 개념·특성·분류
- 여행업·호텔업·관광교통업
- 국제회의업·카지노
- 리조트·테마파크
- 외식업·면세점·쇼핑

07 관광마케팅
- 마케팅의 개념·용어·발달사
- 관광마케팅의 특징 및 유형

08 관광개발의 이해
- 개념·목적·유형·방식
- 순서·과제·환경과의 관계

09 관광정책과 행정조직
- 관광정책의 개념·특징·분류
- 국내·외 관광행정조직

10 관광법규

11 관광관련 자격증

12 관광관련 전문용어

CHAPTER 02

관광의 발달사

학습목표

- 고대 및 중세관광에 대해서 학습한다.
- 근대 및 현대관광의 대해서 학습한다.
- 우리나라의 해방 이전의 우리나라의 관광역사를 습득한다.
- 우리나라의 해방 이후부터 현재까지의 관광의 역사에 관하여 이해한다.

- 로마를 중심으로 한 도로망 정비, 교통기관(마차)의 발달, 숙박시설 증가, 화폐경제의 장착, 치안유지, 지식수준 향상 등이 주요 요인이다.
- 로마신화의 여러 신의 신전이 본토는 물론 여러 섬의 곳곳에 건축되어 있어 신전에 참배하는데 의의를 두고 이동하였다.
- 당시 맛있는 식사를 즐기는 식도락이 성행하여 식사 때, 포도주를 즐기면서 여행하는 식도락 관광(게스트로노미아 : Gastronomia)이 유행하였다.
- 그러나 이와 같은 미식가들 대부분은 비만으로 고생했고, 이를 치유하기 위한 목적으로 인근의 온천 등 휴양지를 찾아 떠나는 사람들이 생기면서 휴양관광(보양관광)이 생기게 되었다.
- 휴양객을 위한 연극이 공연되었고, 카지노도 설치되었다.
- 카프리 섬의 "티베리우스 황제의 별장", 알프스의 산베르나르도(San Bernardo)에 있는 "쥬피터 신전"참배 등과 같은 각지의 명승고적을 탐방하는 예술적 욕구가 발생하였다.
- "시실리 섬의 에트(Etna)화산"을 찾는 과학적 욕구도 원인 중의 하나이다.
- 그리스는 여행자에 대한 환대정신이 있어서 관광에 긍정적인 영향을 가져다주었다.

02 중세의 관광

1) 성지순례(聖地巡禮·Pilgrim) 관광의 시대

- 관광동기
  - 예루살렘 및 로마 교황청 등지로 성지순례와 같은 종교여행이 목적이었다.
  - 중세사회는 교회를 중심으로 크리스트교 문화가 중심이 되었다.

- 정치 · 경제 · 사회 전반에 종교적 영향을 받았다.
- 숙박 : 주로 수도원을 이용하였다.
- 관광지 : 예루살렘, 로마, 스페인의 산티에고 등이 주요 관광지였다.
  - 예루살렘 : 십자군 원정의 조치 목적은 성지 예루살렘을 이슬람교도로부터 탈환하는 것이었는데, 회를 거듭할수록 상업과 관광의 성격을 띠면서 오히려 이슬람교도에게 기독교도의 예루살렘 순례를 인정하는 결과가 되어 유명한 성지가 되었다.
  - 로마 : 교황의 자리로 인식되면서 종교 도시적 성격이 짙었다.
  - 산티에고 : 12사도 중의 한 사람인 야곱의 유골이 발견된 장소로 유명하였다.

2) 십자군 원정의 시대

유럽인들에게 공포의 대상이었던 이슬람교도를 정복한 몽골제국을 시작으로 동방에 대한 관심이 증대되었다.

마르코 폴로의 동방견문록 : 마르코 폴로(Marco Polo)가 육로로 아시아의 페르시아 · 티벳 · 고비사막 · 미얀마 · 인도네시아 · 인도 · 실론섬, 중국을 방문한 뒤 원나라를 섬긴 체험들을 적은 서적이다.

십자군 원정의 영향이 항해술, 조선 기술, 해양 지도 등의 발달 촉진되어 15~16세기 대항해 시대의 초석이 되었다.

3) 동서문화 교류의 시대

- **숙박** : 상인들을 수용할 수 있는 인(inn)이라는 숙박시설이 등장하였다.
- 동서를 잇는 교역로가 정비되고, 동서간의 물자교류가 활발해진 시대이다.
- 유라시아 대륙에 있는 동서의 교류를 지탱해 온 3가지 길이 유명하다.
  - 초원의 길 : 기원전 6세기경부터 유목 민족이 이 길을 무대로 지배권 쟁탈전을 벌였고 동시에 동서의 중계무역에 가장 오래된 길이다.
  - 오아시스길 : 기원전 2세기에 동서의 여러 문화권을 잇는 간선으로 발전하다가, 중국에서 서쪽으로 실과 비단이 전해진 후, 독일의 학자에 의해 비단길(실크로드)로 명명하였다.

• 바닷길 : 로마와 중국을 배로 이은 길로서 북방민족의 방해를 받아 사실상 육상 교역이 이루어지지 않고 있던 10세기 이후 번영한 길이다.

03 근대의 관광

1) 근대의 사회적 배경

- 시민의식과 주체의식이 탄생한 시기이다.
  - 1517년 루터의 종교개혁
  - 1523년 마젤란의 세계일주
  - 1642년 청교도 혁명
  - 1688년 영국시민혁명 등
- 자신의 행복을 추구하는 것이 중요하다는 의식이 발달하였다.
- 인간의 개성과 능력 존엄성을 강조하는 휴머니즘 사상으로 발전하였다.
- 르네상스 시대의 문예부흥 현상으로 인한 문화관광이 활성화되었다.
- 견문확대를 위한 움직임이 활발하였다.
- 그랜드투어(Grand Tour)의 시대가 등장했다.
  - '교양 관광의 시대' 또는 '여행의 황금시대'라고 일컫는다.
  - 18세기 후반에서 19세기 초에 걸쳐 유럽의 귀족, 작가와 시인들이 견문확대와 깊이 있는 지식을 위해 유럽 여러 나라를 방문하는 관광이 활발하였다.
  - 문예부흥기를 맞아 괴테(J.W.v. Goethe), 셸리(P.B. Shelley) 그리고 바이런(G.G. Byron) 등 유명한 작가와 사상가들의 대륙 여행 후 발표한 작품

들이 관광의 자극제 역할을 하였다.

- 아직 일반대중의 참가를 볼 수는 없지만, 사람들이 자유롭게 이동하기 필요한 기초적인 조건이 차례로 정비되는 시대이다.

■ 산업혁명이 가져온 기술적 혁신의 증기기관차 등장으로 관광의 대중화 시대를 맞이했다.

- 1825년 영국에서 실용화에 성공을 거둔 철도가 1830년에 리버풀과 맨체스터간의 영업을 시작하였다.
- 1850년 주요 철도망이 거의 완성되었고, 육상 및 해상 관광보다 더 용이하게 사용되었다.
- 대량 수송기관으로서 증기기관차의 등장은 대량관광의 원동력과 동시에 근대관광의 시작을 알리는 전기를 마련하였다.

2) 근대관광의 특징

■ 여행업의 발달

- 토마스 쿡(Thomas Cook)
  - 근대 관광산업의 아버지이다.
  - 다양한 아이디어 속에 단체관광(패키지 투어)을 처음 시도하였다.
  - 종교활동에서 시작된 단체관광의 구조 하에 여행이 새로운 형태로 등장하였다.
  - 쿡은 인쇄업을 운영하면서 전도사 및 금주운동가로서 활동하였다.
    (도시노동자의 음주습관을 없애기 위하여 관광이라는 건전한 레저활동을 노동자 계층에 인식시키며 금주운동 활성화)
  - 1841년 금주동맹 대회에 참가하는 사람들 570명을 모집하여, 철도회사를 설득하여 단체 할인을 받은 대절 열차운행에 성공하였다.
  - 참가자들 입장에서는 자신들이 직업 섭외를 하지 않고, 저렴한 비용으로 이루어질 수 있는 최초의 여행이었다.
  - 최초의 여행업을 운영하였다(현대관광에서 중요한 역할을 차지하는 여행업의 시초).
  - 1845년 단체여행을 조직화하여 교통기관과 숙박시설 알선하는 '여행대리업(Excursion Agent)'을 경영하였다.

관광의 대중화

- 산업화의 진행으로 새로운 부유층이 발생해서 즐거움을 위한 여행을 다닐 수 있는 시간적 · 경제적인 여유를 가진 사람들이 등장하였다.
- 토마스 쿡(Cook. T)이 시작한 여행 대리업은 점차 관광사업으로서의 지위를 확립하게 되었고, 업무내용도 '즐거움을 위한' 여행으로서 수요자가 확대되었다.
- 아메리칸 익스프레스(Amex : American Express)사의 출현으로 인해 1891년 "여행자 수표"를 발매하였고, 오늘날까지 사용되어지고 있다 (안전한 관광 보급에 크게 공헌).
- 1910년부터 10년간 미국인의 유럽여행이 활성화 되었다.
- 유럽에서도 1900년대 초 대서양을 횡단하는 미국관광이 유행하여 유럽 대륙과 북미대륙 간의 왕래가 빈번하면서 다양한 교류가 증가하였다.

숙박시설

- 19세기 온천지를 중심으로 호화로운 객실과 위락시설을 갖춘 곳을 호텔이라 명명하였다.
- 대서양의 호화 여객선 발달로 '근대호텔의 혁명왕'인 스타틀러(Statler E. M.)는 1908년에 버펄로(Buffalo)에 스타틀러 호텔(Statler Hotel)을 개관하고 미국의 대서양 연안 도시에 근대화 된 대형 호텔들을 지속적으로 건설하였다.
- 세계 최초의 호텔은 1794년에 건립된 미국의 시티호텔이다.
- 오늘날과 같은 개념의 호텔은 19세기 초 남부 독일의 바덴바덴(Baden-Baden)의 바뒤쉐호프(Der Badische Hof)나 하이델베르그(Heidelberg)의 유로페쉬호프(Der Europaische Hof), 1850년 프랑스 파리의 그랜드 호텔(Grand Hotel)에서 시작되었다.
- 호화호텔 시대에 대표적인 호텔경영자 세자르 리츠(Cesar Ritz, 1850 ~ 1918)는 15세 부터 호텔리어로 근무하다가 사보이호텔에서 당대 최고

의 요리사인 어거스트에스코피에(Auguste Escoffier, 1847~1935)를 만나 1897년 호텔 리츠를 개업하면서 대성공을 거두었다.

- 1902년에 리츠 디벨롭먼트 회사(Ritz Development Company)을 설립하여 프랑스 파리, 영국의 런던, 스페인의 마드리드, 포르투갈 리스본에 체인경영을 시작하였다.

04 현대의 관광

현대관광의 전반적인 특징

- 공업화
  - 기계의 힘을 이용한 생산과정의 변화가 일어났다.
  - 합리적 조직구조인 관료제도가 도입되었다.
  - 기술지배(technocracy)현상과 이를 뒷받침해 주는 관료제(bureaucracy)가 등장하였다.
- 대중화
  - 대중은 누구나 평등한 사회이고 산업생산의 주체이며 소비의 주인공으로 인식되었다.
  - 경제적 지위 향상, 사회적 지위 향상, 근로, 교육, 복리후생 등 생활권을 보장 받았다.
  - 매스커뮤니케이션이 발달함에 따라 대중의 문화적 생활이 보편화되었다.
- 정보화
  - 재화의 생산으로부터 정보중심의 생산으로 변화하였다.
  - 정보축적으로 인하여, 생활수준의 향상과 편리함이 발생하였다.
  - 사회전반의 능률과 생산성이 높아졌다.
  - 노동시간의 단축과 여가활동에 대한 다양한 정보 획득이 가능하였다.
  - 개인의 선택이 존중되고, 자기발전을 위한 기회나 개인의 자유를 더욱 희망하였다.

1) Mass Tourism 시대

- 제2차 세계대전 이후 현대에 이르는 대중관광, 대형관광시대가 등장하였다.
- 조직적이고 대규모 관광사업의 시대이다.
- 관광이 중산층 서민대중을 포함하는 전 국민 전계층이 여가선용과 자기창조의 활동으로 다양한 동기에 의해 이루어지는 사회현상으로 여겨졌다.
- 기업은 물론 공공단체나 국가의 적극 지원으로 이윤의 추구와 동시에 국민복지증진의 공공목적과의 조화를 이상으로, 영리성과 공익성을 동시에 충족하는 종합관광형태이다.

2) Social Tourism 시대

- 저소득층, 소외계층의 관광활동을 지원하는 관광정책 확대되어 '사회적 관광' 또는 '복지관광'이 등장하였다.
- 관광이 미치는 국내적 효과, 곧 국민후생과 지역개발 촉진은 물론 경제, 사회, 문화적 의의를 새롭게 하여 적극적인 관광정책을 추진하였다.
- 철도나 항공기 운임할인제도, 유스호스텔이나 국민휴가촌 등이 건설되었다.
- 국민 모두가 관광에 참여할 수 있는 기회가 주어지고 생활화되어 대중적으로 참여하게 되는 국민관광(National Tourism)의 붐이 일어났다.

3) 신관광(New Tourism) 시대 : 1990년 이후 관광의 개념

- 개성추구, 특정한 주제를 가진 관광을 선호한다.
- 다품종 소량생산 시대이다.
- 새로운 관광지, 색다른 관광상품(특별관심관광 : Special Interest Tourism)을 탐색하는 시대이다.
- 관광경험이 풍부하고 관광을 통한 자기표현을 추구하는 개성이 강한 계층이 주도하는 새로운 흐름의 관광형태가 등장하였다.
- 문화관광, 종교관광, 민족관광, 생태관광, 요양관광으로 확대되었다.

표 2-1 ▸ 세계 관광사의 발전단계

구 분		시 기	관광 사회계층	목적 / 유형
고대		고대 이집트 ~ 로마제국 붕괴 (B.C 4,850년 전 ~ 4세기)	왕족, 정부관리, 일부 부유층·상인	출장, 종교, 비즈니스, 체육, 위락, 요양
중세		로마제국 붕괴 이후 ~ 르네상스 부흥운동 이전(4세기 ~ 14세기)	종교인	성지순례(Pilgrim)
근대		르네상스 부흥운동 ~ 제2차 세계대전 이전	특수권력층, 일부 부유층·상인	교양관광, 철도·선박관광
현대	1기	제2차 세계대전 ~ 1980년대	일반대중	대량관광
	2기	1990년대 이후 ~	일반대중	체험관광, 소규모관광, 스포츠 레저·모험 등의 SIT(특별한 목적의) 관광

05 한국관광의 발전과정

해방 이전까지의 관광

1) 19세기 말

- 우리나라 관광의 본격적인 출발
  - 1876년 일본과의 강화조약, 병자수호조약을 체결하였다.
  - 부산항, 원산항 및 인천항이 개항되어 외국인들의 입국이 증가하였다.

- 1888년
  - 국내 최초의 호텔인 '대불호텔'이 인천에 건립되었다.
  - 3층 벽돌로 건축되었으며, 객실은 11실이었으나 숙박만 가능하였다.
  - 인천항으로 입항한 외국인들은 서울로 가기 전, 인천에서 숙박을 해야 했으므로 대불호텔 이 호황을 누렸다.
  - 경인선이 개통되면서 외국인들이 서울에 있는 공관에서 숙식을 하는 것이 가능해지자, 영업이 부진해지고 결국 폐업하였다.
- 1902년
  - 서울시 정동에 최초의 서양식 호텔인 '손탁호텔'이 건립되었다.
  - 2층 건물에 객실은 30실로 양식당(French Restaurant) 등이 갖추어져 식사 제공이 가능하였다.
  - 외교 및 사교의 장소로 인기가 높았다.
- 철도교통의 발달로 전국의 주요 철도역 부근을 중심으로 번창하였다.

2) 일제강점기

- 1912년에 최초의 철도호텔이 건설되었다.
- 철도를 일본의 대륙 침략목적으로 건설하면서 철도여행이 주를 이루었다.
- 1914년에 조선호텔(4층 65객실)이 건설되었다.
- 1938년에 반도호텔(현 롯데호텔자리, 8층 111객실, 콘크리트 구조물)이 건립되었다.
- 1914년에 재팬 투어리스트 뷰로(Japan Tourist Bureau : JTB)의 한국지사가 등장했다.

해방 이후부터의 관광

1) 1950년대

- 1945년에는 일본 여행사인 JTB를 인수하여 우리나라 최초의 '조선여행

사'를 설립하였다.(1949년에는 '대한여행사'로 사명을 변경함)

- 1948년에는 우리나라 최초의 항공사인 대한국민항공사(KNA : Korea National Airlines)가 설립되었다. 서울~부산, 서울~강릉, 서울~광주~제주 노선 등이 취항하여 최초의 외국인 관광단(Royal Aslatic Society, 70명)이 방한하였으며, 2박 3일 경주 등의 주요관광지를 여행하였다. 또한 서울과 온양 온천 간 관광전세버스 운행면허가 최초로 발급되었다.
- 1949년에는 미국 노스웨스트 항공사와 팬아메리카 항공의 서울영업소의 오픈과 함께 우리나라 최초의 외국항공사가 국내취항을 선보였다.
- 1950년에는 온양, 대구, 설악산, 서귀포, 무등산, 해운대 등에 관광호텔들이 개업하였다.
- 1952년에는 교통부에 관광계가 최초로 신설되어 관광행정 업무를 담당하였다(1954년 관광과로 승격).
- 1953년에는 근로기준법 제정·공포되었다(모든 근로자에게 연간 12일의 유급휴가 제공).
- 1957년에는 교통부가 세계관광기구(WTO)의 전신인 IUOTO에 가입 후, 국제협력 기반을 조성하였다.
- 1959년에는 민간관광단체인 한국호텔업협회가 발족되었다.

2) 1960년대 → 한국관광 발전과정 기반조성의 시대

- 1962년에는 관광안내원을 양성하기 위하여 통역안내원 자격시험제도가 도입되었다.
- 1963년에는 교통부 관광과가 관광국으로 승격되었다. 또한, 외화 획득 목적으로 종합휴양 위락시설인 워커힐호텔을 개관하였다.
- 1965년에는 제14차 태평양지역 관광협회(PATA)총회를 유치하였다.
- 1966년에는 대한관광협회, 국제관광공사, 대한항공이 동아시아관광협회에(EATA)가입하였다.

- 1969년에 대한항공공사가 민영화되었다.
- 1965년 한·일 국교정상화로 일본관광객에게 문호를 개방함으로써 우리나라 관광 발전에 계기를 마련하였다. 그리고 관광호텔종사원 자격시험 제도가 실시되었다.
- 1967년 자연공원법에 따라 지리산이 우리나라 최초의 국립공원으로 지정되었다.

3) 1970년대 → 관광관련법규의 확충 및 정비의 시기

- 1970년대 초에 일본인 방한의 증가로 호황기를 맞이했다.
- 1970년 국립공원과 도립공원 지정 및 미국과의 합작투자로 조선호텔을 개관하였다.
- 1971년 경부고속도로가 개통되었으며, 10대 관광권 설정으로 전국적인 관광지개발이 이루어졌다.
- 1972년 '관광진흥개발기금법'이 제정되었다.
- 1973년 국제관광공사의 민영화가 시작되었으며, 대한관광협회중앙회가 한국관광협회로 명칭을 변경하였다.
- 1975년 '관광사업진흥법'을 폐지하고 '관광기본법'과 '관광사업법'으로 분리 제정 · 공포되었다.
- 1978년 외래관광객 100만명 유치를 달성했으며, 관광수입 4억 달러 획득을 이루었다.
- 1979년 제 28차 PATA총회가 서울에서 개최되었다.

4) 1980년대 → 관광의 도약기 / 외래관광객의 대량유치와 내국인 해외여행 자유화의 기반

- 1980년 제주도 무비자가 시행되었다.
- 1982년 야간 통행금지가 해제되었고 국제여행 알선업이 허가제에서 등

록제로 변경되었으며, 국제관광공사가 '한국관광공사'로 명칭이 변경되었다.

- 1981년 해외여행이 부분적으로 허용되었다(1983년 50세 이상 관광목적 해외여행 자유화 실시).
- 1986년 아시안게임이 서울에서 개최되었고 '관광사업법'을 폐지하였으며, '관광진흥법'을 제정 · 공포하였다.
- 1988년 서울올림픽을 개최하였으며, 제2의 민간항공인 아시아나항공사가 출범하였다.
- 1989년 '전 국민 해외여행 자유화' 조치가 이루어졌으며, 관광산업의 국제화를 맞이했다.

5) 1990년대 → 외국인의 방한과 더불어 내국인의 해외여행 증가

- 1991년 외래관광객이 300만 명 선을 돌파하였다.
- 1992년 중국과 수교하여 관광시장 다변화의 계기를 마련하였다.
- 1993년 대전엑스포를 개최하였다.
- 1994년 '한국방문의 해' 사업을 시작하였으나, 관광수지가 적자로 나타났다.
- 1997년 IMF 외환금융 위기를 맞이하게 되어, 관광산업의 악재로 작용하였다.
- 1998년 외래관광객 수가 400만 명을 돌파하였으나 IMF로 인한 국내관광의 불황과 내국인의 해외여행이 저조하여 전체적으로 관광산업의 침체기 국면을 맞이했다. 그리고 첫 금강산 관광이 시행되었다(남북한 관광시대의 장 마련).

6) 2000년대 → 우리나라 관광산업의 재도약 기회 마련

- 2000년 외래관광객 유치 500만 명을 돌파하였고 관광수입 약 68억 달러

를 달성하였으며, ASEM 정상회의를 서울 COEX에서 개최하였다.

- 2001년 인천신공항을 개항하였다(동북아의 허브공항 역할 담당).
- 2002년 한국과 일본의 공동 월드컵 개최가 성공리에 종료되었으며, 월드컵으로 인해 관광업계의 호황이 나타났다.
- 2004년 한류열풍이 더욱 활성화되었고, 고속철도 KTX가 개통하였으며, 대형 국제회의 유치와 근로시간 단축으로 인한 주 5일 근무제가 시행되어 국내관광의 활성화가 일어났다.

7) 2010년대 → 외래관광객 수 1,000만명 돌파

- 2014년 중국인 관광객 방한 급증으로 외래관광객 1,420만 명 유치하였으며, 면세업, 숙박업, 국제회의업 등의 관광산업이 활성화되었다(관광선진국 도약).
- 2015년 중동국가의 전염병인 '메르스' 의 국내전염 여파로 방한외래객 다소 감소하였다.
- 2016년 한국관광공사에서 프랑스, 영국, 홍콩, 뉴질랜드 등의 선진국 품질인증제도를 벤치마킹하여 숙박업, 한옥체험업, 외국인관광도시민박업, 관광면세업 등에 대해 '한국관광 품질인증제' 도입 · 실시하였다.
- 2017년에는 고고도 미사일 방어체계(사드미사일) 배치문제로 인하여 중국 정부의 중국인 관광객 방한을 규제하여 외래관광객 수 감소와 관광수지의 적자를 기록했다.
- 2018년 중국 · 동남아관광객 및 지속적인 외래관광객의 증가로 인한 호텔 · 관광산업체 수의 증가와 다양한 관광숙박(관광호텔업, 수상관광호텔업, 한국전통호텔업, 가족호텔업, 호스텔업, 소형호텔업, 의료관광호텔업) 인프라를 구축하였다.
- 호텔업 등급심사시, 관광호텔업의 등급표시를 세계화 추세에 맞추어 종전에 무궁화 표시를 스타(Star)표시로 변경하였다.
- 2019년 말 코로나 19 바이러스의 새로운 감염병이 등장하여 전 세계 관광산업에 부정적인 영향을 주었다.

8) 2020년대 → 예기치 못한 COVID-19로 관광산업 침체 및 국민관광의 변화

- COVID-19로 인한 2020년 전체 관광이동량은 2019년 대비 7.1% 감소했고, 거주지 권역 내, 즉 생활권 내 관광지로의 이동량은 3.4% 증가하는 등 코로나 시대 약 3년간 관광행태가 주로 거주지 밖으로 멀리 떠나지 않는 관광으로 변화하였다.
- 국민관광의 활성화를 재검토하는 시기로서 국민관광은 국민의 국내관광뿐만 아니라 국외여행까지 그 범위를 정해놓고, 여행의 일상화, 경험가치 소비, 여행경험의 공유추구, AI관광의 정착 등에 주목하여 관광정책을 추진하고 있다.
- 스마트 관광의 등장 : 관광산업에서 AI(Artificial Intelligence)와 빅데이터 기술을 접목 관광요소와 기술요소의 융복합을 통해 관광객을 대상으로 차별화된 경험과 편의, 서비스를 제공하는 것을 말하며 누적된 정보를 분석하여 지속적 관광콘텐츠와 인프라를 개선 발전시키는 관광도시를 '스마트관광도시'라 한다(한국관광공사).

2020년대 국민관광정책 추진 과제를 정리해보면 다음과 같다.

첫째, 국내관광 활성화를 위한 특단의 국민복지 지향적 관광정책 대책을 마련하여 국민관광의 폭(width)을 넓히는 것 뿐만 아니라, 깊이(depth)도 심화시켜야 한다.

둘째, '모두를 위한 한국관광(Korea Tourism for All)'에 더 역점을 두고 국민 각계각층이 국내여행을 통하여 삶의 질을 높이고 보람된 삶을 누릴 수 있도록 하는 포용적 관광사회(Inclusive Tourism Society)를 구현해야 한다.

셋째, 해외여행 3천만 시대, 인·아웃바운드 5천만 명 시대를 도래하는 '해외여행의 대중화' 방안을 모색해야 한다.

넷째, 단순히 '내국인'에 초점을 두지 않고, 외국인의 한국관광 경험을 공유할 수 있는 외래객 유치까지도 감안한 한류관광(Hallyu Tourism) 시책을 모색해야 한다.

다섯째, 정부 차원에서 관광트렌드 변화에 따른 관광정책, 관광개발, 관광마케팅 등 분야의 추진방향을 담은 '2020년대 관광트렌드 대응지침 및 가이드라인'을 제공해야 한다.

마지막으로 국민의 국내외 관광은 물론 외래관광 규모까지 포함하여 세계관광 경쟁력을 10위권 내로 진입시켜 관광산업의 경제·사회적 기여도를 향상시켜야 한다.

(https://kto.visitkorea.or.kr/kor/biz/smarttourism/main.kto)

그림 2-1 ▸ 스마트 관광도시 조성사업

TRAINING

연습문제

01. 고대의 관광 특징이 아닌 것을 고르시오.

① 통용되는 언어와 화폐가 개발되고, 도시마다 관리들을 위한 숙박과 음식 등의 서비스 시설이 등장하면서 관광발전에 큰 요인으로 자리잡았다.
② 고대 이집트 시대에는 신전에 대한 순례를 위해 관광하였다.
③ 철학자, 군인, 승려, 귀족과 부유층이 주체가 되어 관광이 존재하였다.
④ 성지순례 관광의 시대를 맞이하고, 상인들을 위한 인(inn) 숙박시설이 등장하였다.

02. 근대의 관광 특징이 아닌 것을 고르시오.

① 토마스 쿡에 의한 저렴한 비용의 단체관광인 패키지 투어가 처음 시도되었다.
② Social Tourism 시대를 맞이하면서 저소득층 및 소외계층의 복지관광이 등장하였다.
③ 그랜드투어(Grand Tour)의 시대가 등장하였다.
④ 산업화의 진행으로 관광의 대중화 시대를 맞이하고, 호화로운 객실과 위락시설을 갖춘 곳을 호텔이라고 명명하였다.

03. 국내 최초의 호텔은 인천에 건립되었던 '대불호텔'이다.

① O ② X

04. 1970년대에는 관광안내원을 양성하기 위하여 통역안내원 자격시험제도가 도입되었다.

① O ② X

05. 전 국민 해외여행 자유화' 조치가 이루어진 시기로써 관광산업의 국제화를 맞이하게 된 년도는?

정답 01. ④ 02. ② 03. ① 04. ② 05. 1989년

생각해보기

❶ 세계 최초의 관광자원이자 고대 이집트 시대의 상징물은 무엇인가요?

❷ 고대 그리스시대의 관광주체와 관광동기에 대해서 설명하시오.

❸ 고대 로마시대의 관광발전의 요인에 대해서 요약하여 설명하시오.

❹ 중세 성지순례 관광의 시대에 주요 관광지에 대해서 설명하시오.

❺ 중세 동서문화 교류시대의 특징에 대해서 설명하시오.

❻ 근대 관광시대의 '그랜드투어(Grand Tour)'에 대해서 설명하시오.

❼ 근대 관광시대의 '토마스 쿡(Thomas Cook)'에 대해서 설명하시오.

❽ 근대 관광의 숙박시설의 특징을 간단히 설명하시오.

❾ 현대 관광의 전반적인 특징에 대해서 간단히 설명하시오.

❿ 국내 최초의 호텔은 무엇인가요?

UNDERSTANDING OF TOURISM

UNDERSTANDING OF TOURISM

01 관광이란?

- 관광의 어원·정의·구성요소
- 관광의 분류·현대적 의미
- 관광학의 특징

02 관광의 발달사

- 고대·중세·근대·현대의 관광
- 한국관광의 발전과정

03 관광의 영향

- 경제·사회·문화·정치·환경적
- 긍정적·부정적 영향

04 관광객 연구

- 관광객의 정의
- 관광욕구
- 관광동기
- 관광선택행동
- 관광의사결정

05 관광자원

- 관광자원의 개념
- 관광자원의 분류
- 관광자원의 유형별 특성
- UNESCO 등재 국내 주요 유산
- 관광자원의 평가 및 조사

06 관광사업

- 개념·특성·분류
- 여행업·호텔업·관광교통업
- 국제회의업·카지노
- 리조트·테마파크
- 외식업·면세점·쇼핑

07 관광마케팅

- 마케팅의 개념·용어·발달사
- 관광마케팅의 특징 및 유형

08 관광개발의 이해

- 개념·목적·유형·방식
- 순서·과제·환경과의 관계

09 관광정책과 행정조직

- 관광정책의 개념·특징·분류
- 국내·외 관광행정조직

10 관광법규

11 관광관련 자격증

12 관광관련 전문용어

CHAPTER 03

관광의 영향

학습목표

- 관광의 긍정적인 영향을 학습한다.
- 관광의 부정적인 영향을 학습한다.
- 경제적, 사회·문화적, 정치적, 환경적인 영향을 구분하여 이해한다.

TRAINING
연습문제

01. 관광의 경제적 영향이 아닌 것은?

① 외화획득 및 국제수지 개선 ② 고용창출
③ 국제교류와 평화증진 ④ 물가상승

02. 관광의 사회·문화적 영향에 대한 부정적인 측면인 것은?

① 교육기회의 확대 ② 선진문화의 기술 유입
③ 전통문화 유산의 훼손과 과도한 상품화 ④ 생활수준과 의식의 향상

03. 독도 및 위안부 문제로 인한 일본과의 관계 악화는 일본관광객 입국은 물론 우리나라 국민들의 일본 여행 감소에도 영향을 미쳤으며, '사드' 배치 관련 중국관광객 입국 감소 등의 부정적인 측면은 환경적 영향의 한 예이다.

① O ② X

04. 관광수용력을 고려한 국립공원 입장객 수 제한, 쓰레기 매립지나 불모지 개발, 교통/소음/건축 공해, 기념품 생산을 위한 동식물 채집 및 밀렵, 생태계의 변화 등은 환경적 영향의 긍정적 측면의 예이다.

① O ② X

05. 지역주민과 외부 관광객 간의 갈등현상으로써 지역주민 입장에서는 관광개발로 인하여 오래전부터 살아온 삶의 주거지를 상실한다는 주장과 외부 관광객의 혼잡한 밀집에서 오는 여러 가지 문제점들이 발생하여 생긴 사회적 영향의 관광을 무엇이라고 부르나요?

정답 01. ③ 02. ③ 03. ② 04. ② 05. overtourism(오버투어리즘)

생각해보기

❶ 관광의 경제적 영향 중 긍정적인 측면 3가지만 간단히 서술하시오.

❷ 관광의 경제적 영향 중 부정적인 측면 3가지만 간단히 서술하시오.

❸ 관광의 사회·문화적 영향 중 긍정적인 측면 3가지만 간단히 서술하시오.

❹ 관광의 사회·문화적 영향 중 부정적인 측면 3가지만 간단히 서술하시오.

❺ 관광의 정치적 영향 중 긍정적인 측면 2가지만 간단히 서술하시오.

❻ 관광의 정치적 영향 중 부정적인 측면 1가지만 간단히 서술하시오.

❼ 관광의 환경적 영향 중 긍정적인 측면 2가지만 간단히 서술하시오.

❽ 관광의 환경적 영향 중 부정적인 측면 3가지만 간단히 서술하시오.

❾ 오버 투어리즘(overtourism)이 무엇인지 간단히 설명하시오.

❿ 다크 투어리즘(Dark Tourism)이 무엇인지 간단히 설명하시오.

UNDERSTANDING OF TOURISM

CHAPTER 04

관광객 연구

학습목표

- 관광의 주체가 되는 관광객의 정의를 이해한다.
- 관광행동을 유발시키는 원동력인 관광욕구에 대해서 학습한다.
- 관광객이 관광행동을 하도록 하는 관광동기에는 어떤 것이 있는지 습득한다.
- 관광객의 의사결정 시 어떠한 과정을 통해서 이루어지는지 이해한다.

01 관광객의 정의

1) 오길비(F.W Ogilvie, 1933)

- 1년을 초과하지 않는 범위 내에서 다시 돌아올 의사를 가진 자이다.
- 자신의 거주지를 떠나서 돈을 소비하는 자이다.

  (돈은 여행 중에 벌어들인 것이 아니라 거주지에서 취득한 것이어야 함)

2) 국제노동기구(ILO : International Labour Organization)

- 24시간 또는 그 이상의 기간 동안 거주지가 아닌 다른 나라에 여행하는 사람이다.

3) 경제협력개발기구(OECD)

- **국제관광객** : 인종이나 성별, 언어, 종교에 관계없이 자국을 떠나 외국의 영토 내에서 24시간 이상 6개월 이내의 기간 동안 체재하는 자이다.
- **일시방문객** : 24시간 이상 3개월 이내 체재하는 자이다.

4) 국제연합(The United Nations)

- **관광객에 포함되는 자** : 방문객, 관광객, 당일방문객
- **관광객에 포함되지 않는 자** : 국경통근자, 통과여객, 무국적자, 장기이주자, 단기이주자, 외교관, 영사, 군인, 망명자, 유랑인

5) 세계관광기구(WTO : World Tourism Organization)

- **관광통계에 포함**

- 관광자 : 타국에서 국경을 넘어 방문국에서 24시간 이상 체재하는 방문객(1박 이상 체재)
- 당일방문자 : 비숙박자, 선박 기차숙박자

■ 관광통계에서 제외
- 국경통근자, 유목민, 통과승객, 군인, 외교관, 일시적 이주자, 영구적 이주자

02 관광욕구

1) 욕구(wants)

■ 인간이 무엇인가 부족하거나 결핍을 느끼는 상태이다.

■ 사람이 추구하는 바람직한 상태와 실제 상태와의 차이를 의미한다.

■ "바람직한 상태"와 "실제 상태"와의 차이에 따라 요구의 강도와 방법이 결정되며, 행동을 유발하는 동기에 영향을 미친다.

2) 관광욕구

■ 관광행동을 하고 싶어 하는 심리적 원동력을 의미한다.

■ 관광욕구에 따라 관광선호도가 다르게 나타난다.

예시 "잠시 동안 여기를 벗어나고 싶다" "1주일 휴가기간 동안 어디로 여행갈까?"

3) A. Maslow(메슬로우)의 인간의 5단계 욕구

■ 인간의 욕구는 가장 낮은 계층의 욕구로부터 가장 높은 계층의 욕구에

- 4단계) 선택(구매)결정
  - 관광객은 여러 대안들을 비교 평가과정을 거쳐 가장 선호하는 것을 선택(구매)한다.
  - 선택 이후, 선택 의도대로 되지 않는 경우도 발생한다.
    - · 타인의 태도 : 패키지 여행상품을 선택하고자 했으나 상대방이 개별여행 주장 등
    - · 예기치 않은 상황 : 경쟁사 여행상품의 가격인하, 친구의 좋지 않은 이야기 등

- 5단계) 결정 후 행동
  - 관광객이 선택을 하고 제품을 사용하면서 만족 또는 불만족의 결과가 나타난다.
  - 관광객은 선택하기 이전의 기대와 선택한 후의 결과에 대한 관광객이 느끼는 불일치의 정도에 따라 만족과 불만족이 결정된다.
  - 만족한 고객은 관광상품을 재구매 또는 주변사람들에게 호의적인 구전효과 등의 긍정적인 행동을 하므로 관광객의 결정 후 평가와 행동은 매우 중요한 의미를 갖는다.

TRAINING
연습문제

01. 관광객이 아닌 것은?

① 자신의 거주지를 떠나서 돈을 소비하는 자
② 24시간 이상 거주지가 아닌 다른 나라에 여행하는 사람
③ 자국을 떠나 외국의 영토 내에서 24시간 이상 머물며 다시 돌아올 의사를 가진 자
④ 외교관, 통과 승객, 국경통근자, 영구적 이주자

02. A. Maslow(메슬로우)의 5단계 욕구에 해당하지 않는 것은?

① 생리적 욕구 ② 소유의 욕구
③ 사회적 욕구 ④ 존경의 욕구

03. 동기는 욕구와 더불어 행동을 발생시키는 심리적 원동력으로써 '동기'와 '욕구'는 명확한 구분없이 호환하여 사용하기도 한다.

① O ② X

04. 관광객의 관광을 선택하는 행동에는 개인적, 문화적, 사회적, 심리적 요인이 영향을 미친다.

① O ② X

05. 관광의사결정 과정의 5단계이다. ( )안을 알맞게 채우시오.

문제의식 → ( ) → 선택 대안의 평가 → ( ) → 결정 후 행동

정답 01. ④ 02. ② 03. ① 04. ① 05. 정보의 탐색 / 선택(구매) 결정

생각해보기

❶ 관광객의 정의에 대해서 설명하시오.

❷ 메슬로우의 인간 욕구 5단계에 대해서 간단히 설명하시오.

❸ 매킨토시의 관광동기 이론에 대해서 기술하시오.

❹ 관광선택행동의 4가지 요인은 무엇인가요?

❺ 관광선택행동의 문화적 요인의 예를 나열하시오.

❻ 관광선택행동의 사회적 요인의 예를 나열하시오.

❼ 관광선택행동의 안전지향형과 모험추구형의 특징을 간단히 비교하시오.

❽ 태도란 무엇인가요?

❾ 관광 의사결정 과정의 단계를 나열하시오.

❿ 관광의사결정의 마지막 결정 후 행동의 중요성에 대해서 설명하시오.

UNDERSTANDING OF TOURISM

UNDERSTANDING OF TOURISM

01 관광이란?

- 관광의 어원·정의·구성요소
- 관광의 분류·현대적 의미
- 관광학의 특징

02 관광의 발달사

- 고대·중세·근대·현대의 관광
- 한국관광의 발전과정

03 관광의 영향

- 경제·사회·문화·정치·환경적
- 긍정적·부정적 영향

04 관광객 연구

- 관광객의 정의
- 관광욕구
- 관광동기
- 관광선택행동
- 관광의사결정

05 관광자원

- 관광자원의 개념
- 관광자원의 분류
- 관광자원의 유형별 특성
- UNESCO 등재 국내 주요 유산
- 관광자원의 평가 및 조사

06 관광사업

- 개념·특성·분류
- 여행업·호텔업·관광교통업
- 국제회의업·카지노
- 리조트·테마파크
- 외식업·면세점·쇼핑

07 관광마케팅

- 마케팅의 개념·용어·발달사
- 관광마케팅의 특징 및 유형

08 관광개발의 이해

- 개념·목적·유형·방식
- 순서·과제·환경과의 관계

09 관광정책과 행정조직

- 관광정책의 개념·특징·분류
- 국내·외 관광행정조직

10 관광법규

11 관광관련 자격증

12 관광관련 전문용어

CHAPTER 05

관광자원

학습목표

- 관광자원의 정의를 학습한다.
- 관광자원이 어떻게 구성되고 어떠한 유형으로 이루어져 있는지 학습한다.
- 관광자원의 종류를 이해하고 각각의 유형별 특징이 무엇인지 파악한다.
- 관광자원에 대한 가치평가 및 평가방법에 대해서 이해한다.
- 관광자원 조사의 의의 및 조사기법에 대해서 이해한다.

01 관광자원의 개념

1) 자원의 개념 및 속성

- 자원의 개념
  - 석탄, 식량, 광물 등과 같은 자연에서 얻을 수 있는 자연자원이다.
  - 형태를 가지고 있는 유형재이다.
  - 형태를 가지지 않은 무형재 역시 자원으로 인정한다.
  - 더 나아가 인간의 행복을 증진시키는 모든 재료를 의미하는 수준으로 발전되었다.

- 자원의 속성
  - 자연의 속성을 지니고 있어야 한다.
  - 기술의 발달, 시간의 흐름, 소득의 증가, 기호의 변화에 의해 변화할 소지가 있을 수 있다.
  - 경제성을 지니고 있어야 한다.
  - 인간의 욕구를 충족시킬 수 있어야 한다.

2) 관광자원(tourism resource)의 개념

- 관광자원은 관광의 주체인 관광객으로 하여금 관광의 욕구와 동기를 갖도록 하는 수단으로서 유형과 무형의 여러 관광대상을 지칭한다.
- 관광주체에 대한 "관광객체"가 갖고 있는 매력적인 자원이다.
- 관광의 목적과 유형에 따라 다양하고 광범위하다.
- 관광자원은 관광객으로 하여금 관광행위를 일으키게 하는 것이어야 하므로 관광객에게 매력성, 신비성, 유인성, 호기심 등을 가진 것이어야 한다.

- 관광사업 측면에서는 관광객으로 하여금 관광소비를 이끌어 낼 수 있는 경제적인 가치를 내포해야 하며, 관광객 측면에서는 위락적 · 문화적 · 교육적 가치를 내포해야 한다.
- 관광자원의 범위는 지속적으로 확대되어지고 있다.
- 자연그대로의 자연자원과 역사·문화의 유적처럼 과거로부터 계승되어 오는 자원, 현대시대의 테마파크와 같이 인공적으로 만든 자원 그리고 한류 문화 · K-POP 등과 같이 인위적으로 개발하고 창조해 낸 자원 등 다양한 분야의 관광자원이 개발되어져오고 있다.

관광자원의 법적인 개념

- 우리나라의 관광자원들은 각기 다른 법 또는 제도에 의해 개념이 규정되고, 지정 개발되어 관광객들이 이용하고 있다(자연공원법, 관광진흥법, 문화재보호법).

자연공원법

- 국립공원은 우리나라의 풍경을 대표할 만한 수려한 자연풍경지로서 자연공법 제4조(자연공원의 지정 등)의 지정 규정에 의해 지정된다.

관광진흥법

- 관광지는 관광진흥법 제2조(정의) 6에 '자연적 또는 문화적 관광자원을 갖추고 관광객을 위한 기본적인 편의시설을 설치하는 지역으로서 이 법에 따라 지정된 곳'을 말한다.
- 관광단지는 관광진흥법 제2조(정의) 7에 '관광객의 다양한 관광 및 휴양을 위하여 각종 관광시설을 종합적으로 개발하는 관광 거점 지역으로서 이 법에 따라 지정된 곳'을 말한다.
- 관광특구는 관광진흥법 제2조(정의) 11에 '외국인 관광객의 유치 촉진 등을 위하여 관광 활동과 관련된 관계 법령의 적용이 배제되거나 완화되고, 관광 활동과 관련된 서비스·안내 체계 및 홍보 등 관광 여건을

집중적으로 조성할 필요가 있는 지역으로 이 법에 따라 지정된 곳'을 말한다.

- 관광객 이용시설업은 관광진흥법 제3조(관광사업의 종류)에 다음 각 목에서 규정하고 있는 업이다.

  가. 관광객을 위하여 음식·운동·오락·휴양·문화·예술 또는 레저 등에 적합한 시설을 갖추어 이를 관광객에게 이용하게 하는 업

  나. 대통령령으로 정하는 2종 이상의 시설과 관광숙박업의 시설(이하 "관광숙박시설"이라 한다) 등을 함께 갖추어 이를 회원이나 그 밖의 관광객에게 이용하게 하는 업

  다. 야영장업 : 야영에 적합한 시설 및 설비 등을 갖추고 야영편의를 제공하는 시설(「청소년활동 진흥법」 제10조제1호마목에 따른 청소년야영장은 제외한다)을 관광객 에게 이용하게 하는 업

문화재보호법 제23조(보물 및 국보의 지정)

① 문화재청장은 문화재위원회의 심의를 거쳐 유형문화재 중 중요한 것을 보물로 지정할 수 있다.

② 문화재청장은 제1항의 보물에 해당하는 문화재 중 인류문화의 관점에서 볼 때 그 가치가 크고 유례가 드문 것을 문화재위원회의 심의를 거쳐 국보로 지정할 수 있다.

③ 제1항과 제2항에 따른 보물과 국보의 지정기준과 절차 등에 필요한 사항은 대통령령으로 정한다.

- 국보는 문화재보호법 제23조(보물 및 국보의 지정)에 의거 유형문화재 가운데 인류문화의 경지에서 가치가 높은 국민의 보물이 되는 자원을 의미한다.
- 유형문화재는 문화재보호법 제2조(정의) 1의 건조물, 전적(典籍), 서적(書跡), 고문서, 회화, 조각, 공예품 등 유형의 문화적 소산으로서 역사적·예술적 또는 학술적 가치가 큰 것과 이에 준하는 고고자료(考古資料)이다.
- 무형문화재는 문화재보호법 제2조(정의) 2의 여러 세대에 걸쳐 전승되어 온 무형의 문화적 유산 중 다음 각 목의 어느 하나에 해당하는 것을 말한다.

  가. 전통적 공연·예술

  나. 공예, 미술 등에 관한 전통기술

  다. 한의약, 농경·어로 등에 관한 전통지식

  라. 구전 전통 및 표현

  마. 의식주 등 전통적 생활관습

바. 민간신앙 등 사회적 의식(儀式)
사. 전통적 놀이·축제 및 기예·무예

- 기념물은 문화재보호법 제2조(정의) 3의 다음 각 목에서 정하는 것이다.
  가. 절터, 옛무덤, 조개무덤, 성터, 궁터, 가마터, 유물포함층 등의 사적지(史蹟地)와 특별히 기념이 될 만한 시설물로서 역사적·학술적 가치가 큰 것
  나. 경치 좋은 곳으로서 예술적 가치가 크고 경관이 뛰어난 것
  다. 동물(그 서식지, 번식지, 도래지를 포함한다), 식물(그 자생지를 포함한다), 지형, 지질, 광물, 동굴, 생물학적 생성물 또는 특별한 자연현상으로서 역사적·경관적 또는 학술적 가치가 큰 것

- 민속문화재는 문화재보호법 제2조(정의) 4의 의식주, 생업, 신앙, 연중행사 등에 관한 풍속이나 관습에 사용되는 의복, 기구, 가옥 등으로서 국민생활의 변화를 이해하는 데 반드시 필요한 것이다.

■ 관광자원이란?

관광객의 관광욕구 충족과 관광동기를 유발시키고, 자원의 특성상 보존 및 보호가 필요하며, 그 자원의 가치가 시대의 흐름에 따라 변화하는 현장성과 장소성 그리고 신기성을 내포한 것이다.

■ 관광자원의 특성

- 관광자원은 관광객의 욕구나 동기를 일으키는 매력성을 지니고 있다.
- 관광자원은 관광객의 동기나 욕구를 행동화하여 끌어드리는 유인성을 지니고 있다.
- 관광자원은 개발이라는 인위적 행위를 통하여 관광대상이 된다.
- 관광자원은 자연과 인간의 상호작용에 의한 결과물이다.
- 관광자원의 범위는 자연자원과 인문자원, 유형자원과 무형자원 등 아주 넓고 다양하다.
- 관광자원은 사회구조나 시대환경에 따라서 가치를 달리한다.
- 관광자원은 보존, 보호를 하지 않으면 그 가치가 감소되거나 훼손된다.

02 관광자원의 분류

- 관광자원으로서의 역할과 가치평가를 바탕으로 미래수요에 대처할 수 있는 각종 잠재력을 일정한 기준으로 비교평가하여 분류할 수 있다.
- 관광객에 대한 유인력과 수용력을 효율적으로 측정하여 분류한다.
- 관광자원은 그 범위가 넓고, 분류에 있어서도 학자들의 견해가 다양하다.

1) 한국관광공사의 분류

- 유형관광자원
    - 자연적 관광자원 : 천연자원, 천문자원, 동식물
    - 문화적 관광자원 : 고고학적 유적, 사적, 사찰공원
    - 사회적 관광자원 : 풍속, 행사, 생활, 예술, 교육, 스포츠
    - 산업적 관광자원 : 공업단지, 유통단지, 광업소, 농장, 목장, 백화점
    - 관광 레크리에이션자원 : 캠프장, 수영장, 놀이시설, 어린이공원

- 무형관광자원
    - 인적 관광자원 : 국민성, 풍속, 관습, 예절 등
    - 비인적 관광자원 : 고유종교, 사상, 철학, 역사, 음악, 가곡 등

2) 맥킨토시(McIntosh)의 분류

- **자연자원** : 공기, 기후, 토지, 지질, 동·식물, 수질, 해안경관지
- **환대 및 문화자원** : 지역주민의 호의적인 태도, 친근성, 예술, 문학, 역사, 무용, 쇼핑 등
- **하부구조**(기반시설)

- 교통수단 및 시설

3) 건(Gunn)의 분류

- **자연관광자원** : 해변, 피크닉장소, 캠핑지역, 사냥지역, 낚시지역, 스키장 등
- **문화관광자원** : 고고학적 유적, 박물관, 역사유적, 성지, 과학적 불가사의 등
- **혼합형자원** : 콘서트, 공예품전시장, 골프장, 위락공원, 쇼핑센터, 축제, 회의장 등

4) 쓰다노보루의 분류

- 자연자원
  - 자연관광자원 : 지형, 지질, 생물, 기상
  - 보양관광자원 : 온천
- 인문자원
  - 문화관광자원 : 문화유산, 문화적 시설
  - 사회관광자원 : 사회현상, 생활행태
  - 산업관광자원 : 농림, 어업, 공업, 상업

5) 김병문의 분류

- 자연적 관광자원
  - 산악, 구릉, 호수, 하천, 계곡, 폭포, 산림, 해안, 지질, 동 · 식물, 온천 등
- 인위적 관광자원
  - 문화관광자원 : 유형·무형문화재, 기념물, 민속자료 등
  - 사회관광자원 : 생활관습, 음식, 사회형태, 생활행태 등
  - 산업관광자원 : 농임업 관계, 어업관계, 공업관계, 산업관계 등

6) 김진섭의 분류

- **자연적 관광자원** : 지형, 지질, 천문, 기상, 동 · 식물
- **사회적 관광자원** : 풍속, 행사, 생활, 예절, 음식, 예술, 스포츠, 교육, 사회문화시설
- **문화적 관광자원** : 유형 · 무형문화재, 기념물, 민속자료
- **산업적 관광자원** : 공장시설, 농장시설, 사회공공시설, 전람회, 전시회
- **종합적 분류**(한국관광공사의 관광자원분류를 바탕으로)
  - 자연적 관광자원 : 산악, 해안, 온천, 동굴, 지형, 지질, 천문, 동·식물, 자연현상 등
  - 문화적 관광자원 : 고고학적 유적, 사적, 유·무형문화재, 기념물, 민속자료, 박물관, 미술관 등
  - 사회적 관광자원 : 풍속, 행사, 생활, 예절, 종교, 교육, 국민성, 음식, 사회형상 등
  - 산업적 관광자원 : 공업단지, 유통단지, 관광농업, 백화점, 생산공장 등
  - 위락적 관광자원 : 호텔, 리조트, 워터파크, 테마파크, 카지노, 유람선, 승마 등

03 관광자원의 유형별 특성

1) 자연적 관광자원

산악, 구름, 호수, 하천, 계곡, 폭포, 평원, 산림, 바닷가, 지질, 온천, 지형, 기상, 도서, 전망대, 자연현상 등이다.

- 자연적 관광자원은 모든 관광자원의 기본이 되며, 가장 원천적인 관광자원이 된다.
- 자연적 관광자원이란 관광객의 호기심의 대상이 되는 자연환경의 구성요소로 수려한 경관이 존재해야 한다.
- 어느 지역 내의 지리적 현상과 생물적 생태계의 외관에서 오는 시각적 경관이 매력적이어야 한다.

- **자연적 관광자원의 예**
  - 산악관광자원
  - 하천관광자원
  - 해양관광자원
  - 온천관광자원
  - 동굴관광자원 등

자연공원법 제4조(자연공원의 지정 등)

① 국립공원은 환경부장관이 지정·관리하고, 도립공원은 도지사 또는 특별자치도지사가, 광역시립공원은 특별시장·광역시장·특별자치시장이 각각 지정·관리하며, 군립공원은 군수가, 시립공원은 시장이, 구립공원은 자치구의 구청장이 각각 지정·관리한다. 〈개정 2011.7.28, 2016.5.29〉

② 제1항에 따라 자연공원을 지정·관리하는 환경부장관, 특별시장·광역시장·특별자치시장·도지사 또는 특별자치도지사 및 시장·군수 또는 자치구의 구청장(이하 "공원관리청"이라 한다)은 자연공원을 지정하려는 경우에는 지정대상 지역의 자연생태계, 생물자원, 경관의 현황·특성, 지형, 토지 이용 상황 등 그 지정에 필요한 사항을 조사하여야 한다. 〈개정 2016.5.29〉

③ 공원관리청은 과학적이고 전문적인 조사를 하기 위하여 제2항에 따른 조사를 관계 전문기관에 의뢰할 수 있다.

④ 공원관리청은 관계 행정기관의 장 또는 지방자치단체의 장에게 자연공원 지정에 필요한 자료 제출 등의 협조를 요청할 수 있다. 이 경우 관계 행정기관의 장 또는 지방자치단체의 장은 특별한 사유가 없으면 이에 적극 협조하여야 한다.

■ 국립공원은 우리나라를 대표할 만한 수려한 자연풍경지이며, 환경부장관이 지정·관리하고 다음 표와 같이 총 22개의 국립공원이 지정되어 있다(2018년 기준).

표 5-1 ▸ 국립공원 지정현황(2018년 기준)

(단위 : ㎢)

지정순위	공원명	위 치	공원구역	
			지정 년월일	면적
1	지 리 산	전남·북, 경남	67.12.29	483.022
2	경 주	경북	68.12.31	136.550
3	계 룡 산	충남, 대전	68.12.31	65.335
4	한려해상	전남, 경남	68.12.31	535.676
5	설 악 산	강원	70. 3.24	398.237
6	속 리 산	충북, 경북	70. 3.24	274.766
7	한 라 산	제주	70. 3.24	153.332
8	내 장 산	전남·북	71.11.17	80.708
9	가 야 산	경남·북	72.10.13	76.256
10	덕 유 산	전북, 경남	75. 2. 1	229.430
11	오 대 산	강원	75. 2. 1	326.348
12	주 왕 산	경북	76. 3.30	105.595
13	태안해안	충남	78.10.20	377.019
14	다도해상	전남	81.12.23	2,266.221
15	북 한 산	서울, 경기	83. 4. 2	76.922
16	치 악 산	강원	84.12.31	175.668
17	월 악 산	충북, 경북	84.12.31	287.571
18	소 백 산	충북, 경북	87.12.14	322.011
19	변산반도	전북	88. 6.11	153.934
20	월 출 산	전남	88. 6.11	56.220
21	무 등 산	광주, 전남	13 .3. 4	75.425
22	태 백 산	강원, 경북	16 .8. 22	70.052
총계 22개소			면 적 : 6,726.298	

자료 : 2018 국립공원기본통계

- 도립공원은 시도 관내의 경관을 대표할 만한 수려한 자연 경관지를 도지사 또는 특별자치도지사가 지정 · 관리하며, 현재 총 30개의 도립공원이 지정되어 있다.
- 군립공원은 현재 총 27개가 지정되어 있으며, 군립공원은 군수가, 시립공원은 시장이, 구립공원은 자치구의 구청장이 각각 지정·관리하고 있다.

2) 문화적 관광자원

고고학적 유적, 사적, 사찰, 건축물, 유형문화재, 무형문화재, 기념물, 민속자료, 향토민속예술제, 박물관, 미술관, 조각 등이 있다.

- 문화적 관광자원이란 민족문화유산으로서 국민이 보존할 만한 가치가 있고, 관광매력을 지니고 있는 자원을 말한다.
- 문화재는 민족의 오래된 문화정신과 지혜가 담겨있는 역사적 소산이므로 우리의 전통문화를 소개할 수 있는 매력적인 관광자원이어야 한다.

- **문화적 관광자원의 예**
  - 유형문화재는 건조물, 회화, 공예품 등 우리나라의 역사상 또는 예술상 가치가 큰 고고자료이다.
    - 대표적인 유형문화재는 국보(숭례문, 훈민정음 등), 보물(흥인지문, 대동여지도 등)등이 있다.
  - 무형문화재란 연극, 음악, 무용, 공예기술 및 기타 무형의 문화적 유산으로서 역사적, 예술적 가치가 큰 것을 의미하고 중요한 것을 골라 중요무형문화재로 지정하며, 그 기능보유자를 중요 '인간문화재'라고 지정하여 보호한다.
    - 대표적인 무형문화재는 종묘제례악, 하회별신굿, 양주별산대놀이, 꼭두각시 등
  - 기념물은 패총, 고분, 성지, 요지, 유물 등 기타 사적지와 경승지, 동식물, 광물로서 우리나라 역사, 예술, 학술적 가치가 큰 것을 의미한다.

- 기념물은 역사적 기념물과 천연기념물로 구분
- 사적(경주포석정지, 수원화성 등)
- 명승지(거제 해금강, 해남 대둔산일원 등)
- 사적 및 명승지 기념물 중 명승지에 사적이 함께 지정되어 보호하는 곳이 5개소 있음(경주 불국사, 속리산 법주사, 가야산 해인사, 내물왕릉 계림월성지대, 봉화 내성 유곡 권충재 유적)
- 천연기념물은 식물(자생지 포함), 동물(생식지, 번식지 및 도래지 포함) 및 지질광물 등을 의미한다(용문사의 은행나무, 화엄사의 올벚나무, 진도의 진돗개 등).

전술한 바와 같이 민속문화재는 의식주, 생업, 신앙, 연중행사 등에 관한 풍속이나 관습에 사용되는 의복, 기구, 가옥 등으로서 국민생활의 변화를 이해하는 데 반드시 필요한 것이다.

3) 사회적 관광자원

풍속, 행사, 생활, 예술, 교육, 종교, 사상, 철학, 음악, 무용, 스포츠, 국민성, 음식, 사회형태, 인정, 예절, 사회, 공공시설의 자원이다.

- 관광의 형태가 다양화 되어짐에 따라 특색 있는 국민성, 민족성, 이에 따른 인정, 풍속, 생활 속에 전승되어 온 모든 생활자료, 예술, 예능 및 사회공공시설 등을 말한다.
- 한 나라의 역사와 전통, 그리고 과거의 생활모습을 뒤돌아보고 이해하는 데 있어서 귀중한 자료로써 국민적, 민족적 자원을 의미한다.

- 사회적 관광자원의 예
  - 도시관광자원은 런던, 파리, 샌프란시스코, 시드니 등 박물관, 공원, 역사적 장소, 쇼핑, 도시경관 등을 말한다.
  - 문화행사는 강릉단오제, 백제문화제, 남원춘향제 등과 같이 관광목적지의 매력도를 제고시키는 역할을 한다.

- 향토특산물과 향토음식은 금산인삼제, 자갈치축제, 광주세계 김치축제, 홍콩 요리축제 등, 향토적인 색채가 짙은 지역특산물이나 음식 자체가 관광자원이 되는 경우이다.
- 예술, 예능, 전통스포츠는 씨름, 판소리, 스페인의 투우, 일본의 검도, 유도, 중국의 경극 등은 사회적인 관광자원이 될 수 있다.
- 교육, 사회, 문화시설은 유치원, 대학시설, 국회의사당, 고속도로, 도서관, 연구소처럼 해당 사회의 교육과 문화시설이 매력적인 관광자원으로서의 매력인자가 되기도 한다.

4) 산업적 관광자원

공업단지, 유통단지, 관광목장, 백화점, 박람회, 전시회, 농업, 임업, 상업, 의료산업 등이 있다.

- 산업적 관광자원이란 한 나라의 산업과 관계된 유 · 무형의 자원을 지칭한다.
- 산업시설과 생산공장 등을 견학 · 시찰할 수 있는 관광자원을 의미한다(수원 삼성전자 반도체 생산공장).
- 각종 첨단 산업자원들은 그 나라를 방문하는 비즈니스 고객이나 관광객들을 대상으로 중요한 관광자원으로 작용할 수 있다.
- 산업관광은 한 나라의 산업수준을 외래관광객에게 소개함으로써 외국과의 경제 · 무역 및 기술교류에 직·간접적으로 영향을 미치는 효과를 발생시킨다.

산업적 관광자원의 예

- 산업시설은 스위스 시계공업, 일본의 전자제품, 프랑스의 포도주와 화장품 공업, 벨기에 보석세공, 터키의 양탄자제조업, 독일의 자동차공장 등을 예로 들 수 있다.

• 관광농업은 관광농원, 관광임업, 관광어업 등이 1차 산업으로써 관광객에게 매력물이 될 수 있다.
• 토산품 또한 전주비빔밥, 스위스 시계, 제주도 돌하루방, 프랑스 와인, 독일의 맥주 등과 같이 해당 지역의 유명한 업종과 상품이 산업적 관광자원으로서의 역할을 할 수 있다.

5) 위락적 관광자원

스키장, 캠프장, 수영장, 어린이대공원, 놀이시설, 레저타운, 수렵장, 낚시터, 쇼핑센터, 카지노, 보트장, 카누장, 승마장, 나이트클럽 등이 있다.

- 현대관광의 특징으로써 오락, 레저, 유흥 등을 지향하는 성향이 강하다고 할 수 있다.
- 위락적 관광자원은 자유재량 시간에 자발적인 참여를 통해 흥미와 만족감을 느낄 수 있는 관광 레크리에이션 시설로써 인기가 높다.
- 여가를 즐기려는 개인과 사회의 가치관 변화로 인해 관광단지 개발 시에 관광객의 위락적 욕구를 충족시키기 위한 위락시설들이 집중적으로 건설되어 운영하는 추세이다.
- 자연적 관광자원이 부족할 경우에 위락적 시설을 건설하여 수요지향적인 활용가치를 높일 수 있다.

- 위락적 관광자원의 예
  • 놀이공원 : 어린이대공원, 용인 에버랜드, 디즈니랜드 등
  • 레포츠시설 : 야구장, 수영장, 승마장, 번지점프, 래프팅 등

04 UNESCO 등재 국내 주요 유산

(이하 「유네스코와 유산」 http://heritage.unesco.or.kr 참조)

- 유산이란 우리가 선대로부터 물려받아 그 문화 속에서 향유하고 있으며, 추후 우리의 후손들에게 물려주어야 할 자산을 말한다.
- UNESCO(유엔교육과학문화기구 : United Nations Educational, Scientific and Cultural Organization)는 교육 · 과학 · 문화의 보급 및 교류를 통하여 국가 간의 협력증진을 목적으로 설립된 국제연합전문기구이다.
- 인류가 보존 · 보호해야 할 문화와 자연유산을 세계유산으로 지정하여 보호하는 것이다.
- UNESCO에 등재되는 것은 해당 유산이 어느 특정 국가 또는 민족의 유산을 떠나 인류가 공동으로 보호해야 할 가치가 있는 중요한 유산임을 증명하는 것이다.
- UNESCO에 등재되면 정부의 추가적인 관심과 지원을 받을 수 있으므로 지역 발전에도 도움이 된다.
- 지역 공동체 및 국가의 자긍심 고취에 큰 역할을 한다.
- 보유한 유산의 가치를 재인식함으로써, 더 이상 유산이 훼손되는 것을 막고, 가능한 한 원래 상태로 보존하려는 노력에 크게 기여한다.

UNESCO 등재 유산의 유형

- 세계유산
  - 세계유산이란 세계유산 협약이 규정한 탁월한 보편적 가치를 지닌 유산으로서 그 특성에 따라 자연유산, 문화유산, 복합유산으로 분류된다.
    - 자연유산(무기적 또는 생물학적 생성물들로부터 이룩된 자연의 기념물로서 관상상 또는 과학상 탁월한 보편적 가치가 있는 것)

· 문화유산(기념물, 건축물, 기념 조각 및 회화, 고고 유물 및 구조물, 금석문, 혈거 유적지 및 혼합유적지 가운데 역사, 예술, 학문적으로 탁월한 보편적 가치가 있는 유산)

· 복합유산(문화유산과 자연유산의 특징을 동시에 충족하는 유산)

- 1무형문화유산
  - 무형문화유산은 전통문화인 동시에 살아있는 문화를 말한다.
  - 무형문화유산은 공동체와 집단이 자신들의 환경, 자연, 역사의 상호작용에 따라 끊임없이 주장해온 각종 지식과 기술, 공연예술, 문화적 표현이다.
  - 무형문화유산은 공동체 내에서 공유하는 집단적인 성격을 지닌다.
  - 사람을 통해 생활 속에서 주로 구전에 의해 전승된다.

- 1세계기록유산
  - 유네스코는 1992년 '세계의 기억(Memory of the World : MOW)' 사업을 설립하였다.
  - 전 세계의 중요한 기록물들은 다양한 어려움을 겪었고, 이 중에는 약탈과 불법거래, 파괴, 부적절한 보존시설, 그리고 복원 등도 있었다.
  - 많은 기록유산이 이미 영원히 소실되기도 하고 사라질 위기에 처해 있기도 하지만, 다행히 누락된 기록유산이 재발견되기도 한다.

1) 한국의 세계유산(문화, 자연, 복합유산) - 15건 등재(2022. 12. 기준)

■ 한국의 갯벌(2021년 등재)

- 지구 생물다양성의 보존을 위해 세계적으로 가장 중요하고 의미있는 서식지 중 하나이며, 멸종위기 철새의 기착지로서 가치가 크다.
- 한반도의 서남해안이자 황해의 동쪽 연안에 위치하고 있다.
- 황해와 동아시아 대양주 철새이동로에 내재된 탁월한 보편적 가치를 통해 국경을 넘어 공유된 자연유산에 대한 국제적인 중요 사례이다.
- 구성요소별 4개의 갯벌 : 서천갯벌, 고창갯벌, 신안갯벌, 보성-순천갯벌

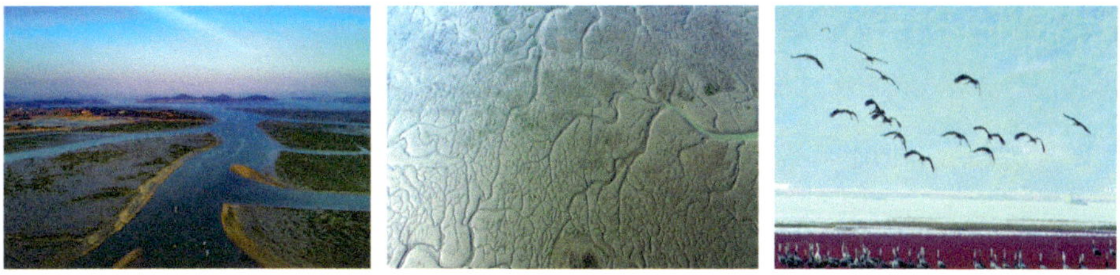

사진 출처 : http://heritage.unesco.or.kr

■ 한국의 서원(2019년 등재)

- 조선시대 성리학 교육시설의 한 유형으로, 16세기 중반부터 17세기 중반에까지 향촌 지식인인 사람에 의해 건립되었다.
- 교육을 기초로 형성된 성리학에 기반한 한국 사회 문화 전통의 특출한 증거이다.
- 동아시아 성리학 교육기관의 한 유형인 서원의 한국적 특성을 나타낸다.
- 전국에 걸쳐 다양한 사회적·정치적 활동들을 통해 성리학이 전파되는 데 기여하였다.
- 9개 서원 : 소수서원, 남계서원, 옥산서원, 도산서원, 필암서원, 도동서원, 병산서원, 무성서원, 돈암서원

사진 출처 : http://heritage.unesco.or.kr

■ 산사, 한국의 산지 승원(2018년 등재)

- 한국의 산지형 불교 사찰의 유형을 대표하는 7개의 사찰로 구성된 연속 유산이다.
- 한국 불교의 개방성을 대표하면서 승가공동체의 신앙·수행·일상생활의 중심지이자 승원으로서 기능을 유지한다.
- 7개 사찰 : 통도사, 부석사, 봉정사, 법주사, 마곡사, 선암사, 대흥사

사진 출처 : https://www.naver.com

■ 백제역사유적지구(2015년 등재)

- 백제역사유적지구의 고고학 유적과 건축물은 한국과 중국 및 일본의 고대 왕국들 사이에 있었던 상호교류를 통해 이룩된 백제의 건축 기술의 발전과 불교 확산에 대한 증거이다.
- 백제역사유적지구에서 볼 수 있는 수도의 입지, 불교 사찰과 고분, 건축학적 특징과 석탑 등은 백제 왕국의 고유한 문화, 종교, 예술미를 보여주는 탁월한 증거이다.

사진 출처 : http://heritage.unesco.or.kr

■ 남한산성(2014년 등재)

- 남한산성의 산성 체계는 17세기에 극동지역에서 발달한 방어적 군사 공학 기술의 총체를 구현한다.
- 남한산성은 중국과 한국의 성제를 재검토한 결과이자 서구로부터 유입된 새로운 화기의 위협을 방어하기 위해 축성된 산성이다.
- 남한산성은 요새화된 도시를 보여주는 탁월한 사례이다.

사진 출처 : http://heritage.unesco.or.kr

■ 한국의 역사마을 : 하회와 양동(2010년 등재)

- 하회마을과 양동마을은 가장 잘 보존되어 있고 대표적인 씨족 마을의 예로서, 조선시대 초기의 특징인 촌락의 형태를 유지하고 있다.
- 마을의 입지와 배치와 가옥의 전통에서 두 마을은 500여 년 동안 엄격한 유교의 이상을 따라 촌락이 형성되었던 조선시대의 유교 문화를 가장 잘 보여 주고 있다.

사진 출처 : http://heritage.unesco.or.kr

■ 조선 왕릉(2009년 등재)

- 유교 문화의 맥락에서, 조선왕릉은 자연 및 우주와의 통일이라는 독특하고 의미 있는 장례 전통에 입각하여 풍수지리의 원리를 적용하고 자연경관을 유지함으로서 제례를 위한 기억에 남을 만한 경건한 장소이다.
- 조선왕릉은 건축의 조화로운 총체를 보여주는 탁월한 사례로, 한국과 동아시아 무덤 발전의 중요한 단계를 보여준다.
- 조선왕릉은 규범화된 의식을 통한 제례의 살아있는 전통과 직접 관련되어 있다.

사진 출처 : http://heritage.unesco.or.kr

■ 제주 화산섬과 용암 동굴(2007년)

- 전 세계에서 이와 유사한 동굴계 중 가장 우수한 것으로 평가되는 거문오름 용암 동굴계는 이런 종류의 용암 동굴을 이미 본 적 있는 사람조차 빼어난 시각적 효과에 감탄을 자아내게 한다.
- 동굴 천장과 바닥에는 형형색색의 탄산염 생성물이 장식되어 있으며, 탄산염 침전물은 어두운 용암 벽에 벽화를 그린 것처럼 군데군데 덮여 있어 독특한 볼거리를 연출한다.
- 계절에 따라 색과 모습이 달라지는 한라산은 폭포, 갖가지 모양으로 형성된 암석, 그리고 주상 절리(柱狀節理) 절벽, 분화구에 호수가 있는 우뚝 솟은 정상 등이 경관과 미적 매력을 더해 준다.

사진 출처 : http://heritage.unesco.or.kr

▪ 고창, 화순, 강화의 고인돌 유적(2000년 등재)

- 고창, 화순, 강화의 고인돌 유적은 기원전 1000년에 만들어진 것으로, 장례 및 제례를 위한 거석문화 유산이다.
- 이 세 지역의 고인돌은 세계의 다른 어떤 유적보다 선사시대의 기술과 사회상을 생생하게 보여 준다.

사진 출처 : http://heritage.unesco.or.kr

▪ 경주역사유적지구(2000년)

- 경주역사유적지구에는 불교건축 및 생활 문화와 관련된 뛰어난 기념물과 유적지가 다수 분포되어 있다.
- 신라 왕실의 역사는 1,000년에 이르며, 남산을 비롯해 수도 경주와 그 인근 지역에서 발견된 유물과 유적은 신라 문화의 탁월함을 보여 준다.

사진 출처 : http://heritage.unesco.or.kr

■ 창덕궁(1997년 등재)

- 창덕궁은 유교 예제에 입각한 궁궐 건축의 기본 양식을 따르면서도 건물의 배치나 진입 방식에서는 우리나라 궁궐 건축의 다양한 특성과 창의성을 보여 준다.

사진 출처 : http://heritage.unesco.or.kr

■ 화성(1997년 등재)

- 화성은 그 이전 시대에 조성된 우리나라 성곽과 구별되는 새로운 양식의 성곽이다.
- 화성은 기존 성곽의 문제점을 개선하였을 뿐만 아니라 외국의 사례를 참고해 포루, 공심돈 등 새로운 방어 시설을 도입하고 이를 우리의 군사적 환경과 지형에 맞게 설치되어 있다.

사진 출처 : http://heritage.unesco.or.kr

■ 해인사 장경판전(1995년 등재)

- 해인사 장경판전은 15세기에 건립되었으며 대장경 목판 보관을 목적으로 지어진 세계에서 유일한 건축물이다.
- 효과적인 건물 배치와 창호 계획을 고려하는 동시에 경험을 통해 얻은 다양한 방식을 활용함으로써 대장경판을 오랜 기간 효과적으로 보존하는 데 필요한 자연통풍과 적절한 온도 및 습도 조절이 가능한 구조를 갖추고 있다.
- 이러한 과학적 방법은 600년이 넘도록 변형되지 않고 온전하게 보관되어 있는 대장경판의 보존 상태에서 그 효과가 입증된다.

사진 출처 : http://heritage.unesco.or.kr

■ 종묘(1995년 등재)

- 종묘는 유교 예제에 따라 왕과 왕비의 신위를 모시고 제사를 지내는 국가 기반시설이다.
- 한국인의 전통적인 가치관과 유교의 조상숭배관이 독특하게 결합된 한국의 사묘 건축 유형에 속한다.
- 건축물과 함께 제사, 음악, 무용, 음식 등 무형유산이 함께 보존되고 있으며 오늘날까지 정기적으로 제례가 행해진다는 점에서 종묘의 문화유산 가치가 더욱 높아지고 있다.

사진 출처 : http://heritage.unesco.or.kr

■ 석굴암과 불국사(1995년)

- 석굴암과 불국사는 8세기 전후의 통일신라시대 불교문화를 대표하는 건축과 조각이다.
- 신라인들의 창조적 예술 감각과 뛰어난 기술로 조형한 불교 건축과 조각으로 경주 토함산의 아름다운 자연환경과 어우러져, 한국 고대 불교 예술의 정수를 보여 주는 걸작이다.

사진 출처 : http://heritage.unesco.or.kr

2) 한국의 무형문화유산 - 22건 등재(2022. 12. 기준)

■ 한국의 탈춤(2022년 등재)

- 보편적 평등의 가치와 사회 신분제에 대한 비판이 오늘날에도 여전히 의미 있는 주제라는 점과 각 지역의 문화적 정체성에 상징적인 역할을 하고 있다는 점 등이 높게 평가되었다.

사진 출처 : https://www.google.com

■ **연등회, 한국의 등 축제**(2020년 등재)

- 음력으로 4월 8일, 전국적으로 형형색색의 등불을 밝히며, 석가모니 탄신일을 기념하는 종교의식에서 비롯되었다.
- 해마다 열리는 연등회는 아기 부처상을 목욕시키는 관불의식에서부터 시작하여 소망을 담아 만든 연등을 손에 든 대규모 인파의 행렬과 전통놀이들로 이어진다.
- 연등회는 사회적 경계를 일시적으로 허무는 기쁨의 시간으로써 사회적 역경이 찾아올 때 사회를 통합하고 당면한 문제를 극복하도록 돕는데 특히 중요한 역할을 한다.

사진 출처 : http://heritage.unesco.or.kr

■ **씨름**(2018년 등재)

- 씨름은 2018년 유네스코 인류무형유산 대표목록으로 '북한과 최초로 공동등재' 되었다.
- 씨름은 한국을 대표하는 민속놀이이다. 전통적인 놀이이자 체육활동으로써 대한민국 전역에서 널리 즐기는 대중적인 오락의 한 형태이다.

- 농경이 해마다 이루어짐에 따라 씨름도 반복되는 주기성을 띠면서 자연스럽게 세시풍속의 하나로 정착되었다.
- 어린이부터 노인까지 공동체 구성원 전 연령이 참여할 수 있으며, 명절이나 장날, 잔치 등의 다양한 행사에서 씨름 경기가 열린다.

사진 출처 : http://heritage.unesco.or.kr

■ 제주해녀문화(2016년 등재)

- 해녀(海女)는 최고령이 80대에 이르는 여성들이 생계를 위해 산소마스크를 착용하지 않고 수심 10m까지 잠수하여 전복이나 성게 등 조개류를 채취하는 제주도의 여성 공동체를 의미한다.
- 제주 해녀들은 한번 잠수할 때마다 1분간 숨을 참으며 하루에 최대 7시간까지, 연간 90일 정도 물질을 한다.

사진 출처 : http://heritage.unesco.or.kr

■ 줄다리기(2015년 등재)

- 줄다리기는 풍농을 기원하고 공동체 구성원 간의 화합과 단결을 위하여 동아시아와 동남아시아 벼농사 문화권에서 널리 알려져 있다.

- 공동체 구성원들은 줄다리기를 함으로써 사회적 결속과 연대감을 도모하고 새로운 농경주기가 시작되었음을 알려주었다.

사진 출처 : http://heritage.unesco.or.kr

■ **농악**(2014년 등재)

- 농악은 공동체 의식과 농촌 사회의 여흥 활동에서 유래한 대중적인 공연 예술의 하나이다.
- 타악기 합주와 함께 전통 관악기 연주, 행진, 춤, 연극, 기예 등이 함께 어우러진 공연으로서 대한민국을 대표하는 공연예술로 발전하였다.

사진 출처 : http://heritage.unesco.or.kr

■ **김장, 김치를 담그고 나누는 문화**(2013년 등재)

- 김장은 한국 사람들이 춥고 긴 겨울을 나기 위해 많은 양의 김치를 담그는 문화이다.
- 김치는 한국 고유의 향신료와 해산물로 양념하여 발효한 한국적 방식의 채소 저장 식품으로서 계층과 지역적 차이를 떠나 한국인의 식사에 필수적인 반찬이다.

사진 출처 : http://heritage.unesco.or.kr

■ 아리랑(2012년 등재)

- 한국의 대표적인 민요인 아리랑은 역사적으로 여러 세대를 거치면서 한국의 일반 민중이 공동 노력으로 창조한 결과물이다.

사진 출처 : http://heritage.unesco.or.kr

■ 줄타기(2011년 등재)

- 줄타기는 널리 알려져 있는 놀음의 하나로 대부분의 나라에서는 단지 곡예기술에 중점을 두고 있으나, 한국의 전통 공연예술인 줄타기는 음악 반주에 맞추어 줄타기 곡예사와 바닥에 있는 어릿광대가 서로 재담을 주고받는다는 점에서 독특함을 보여준다.

사진 출처 : http://heritage.unesco.or.kr

■ **택견**(2011년 등재)

- 택견은 유연하고 율동적인 춤과 같은 동작으로 상대를 공격하거나 다리를 걸어 넘어뜨리는 한국 전통 무술이다.
- 부드러운 인상을 풍기지만, 택견은 모든 가능한 전투 방법을 이용하며 다양한 공격과 방어 기술을 강조하는 효과적인 무술이다.

사진 출처 : http://heritage.unesco.or.kr

■ **한산 모시짜기**(2011년 등재)

- 한산모시는 충청남도 서천군 한산 지역에서 만드는 모시로, 이 지역은 여름 평균 기온이 높으며 해풍으로 인해 습하고 토양이 비옥하여 다른 지역에 비해서 모시가 잘 자라서 품질이 우수하다.

사진 출처 : http://heritage.unesco.or.kr

■ 대목장(2010년 등재)

- '대목장(大木匠)'은 한국의 전통 목조 건축을 의미한다. 특히 전통 목공 기술을 가지고 있는 목수를 의미한다.
- 전통적인 한옥에서부터 궁궐이나 사찰과 같은 기념비적 목조 건축물에 이르는 역사적 건축물의 유지보수와 복원, 재건축 등을 책임지는 장인이다.

사진 출처 : http://heritage.unesco.or.kr

■ 매사냥(2010년 등재)

- '매사냥'이란 매나 기타 맹금(猛禽)을 길들여서 야생 상태에 있는 사냥감을 잡도록 하는 전통 사냥이다.
- 매사냥꾼은 자신이 기르는 맹금과 돈독한 유대감 및 정신적 교감을 형성하여야 하며, 매를 기르고 길들이고 다루고 날리기 위해 헌신적인 노력이 필요하다.

사진 출처 : http://heritage.unesco.or.kr

■ 가곡(2010년 등재)

- 국악 관현반주로 부르는 서정적 노래이다.
- 가곡(歌曲)은 소규모 국악 관현 반주에 맞추어 남성과 여성들이 부르던 한국 전통 성악 장르이다.
- 예전에 가곡은 상류 계층이 즐기던 음악이었으나, 오늘날에는 전국적으로 널리 알려진 성악곡이다.

사진 출처 : http://heritage.unesco.or.kr

■ 처용무(2009년 등재)

- 처용무(處容舞)는 궁중 무용의 하나로서 오늘날에는 무대에서 공연하지만, 본디 궁중연례에서 악귀를 몰아내고 평온을 기원하거나 음력 섣달 그믐날 악귀를 쫓는 의식인 나례에서 복을 구하며 춘 춤이다.

사진 출처 : http://heritage.unesco.or.kr

■ 강릉단오제(2005년 등재)

- 강릉단오제는 단옷날을 전후하여 펼쳐지는 강릉 지방의 향토 제례 의식이다.
- 이 축제에는 산신령과 남녀 수호신들에게 제사를 지내는 대관령국사성황모시기를 포함한 강릉 단오굿이 열린다.

사진 출처 : http://heritage.unesco.or.kr

■ 판소리(2003년 등재)

- '판소리'는 한 명의 소리꾼과 한 명의 고수(북치는 사람)가 음악적 이야기를 엮어가며 연행하는 장르이다.
- 지식층의 문화와 서민의 문화를 모두 아우르고 있다는 점이 특징이다.

사진 출처 : http://heritage.unesco.or.kr

■ **종묘제례 및 종묘제례악**(2001년 등재)

- 서울에 있는 종묘(宗廟)는 조선 왕조(14세기~19세기)의 조상들에게 바치는 유교 의례를 하는 곳으로써, 종묘제례란 종묘에서 행하는 제향의식이다.
- 종묘제례악은 종묘제례가 봉행되는 동안 연주되는 음악으로 기악과 노래에 춤이 함께 어우러진다.

사진 출처 : http://heritage.unesco.or.kr

3) 한국의 세계기록유산 - 16건 등재(2022. 12. 기준)

■ **국채보상운동 기록물**(2017년 등재)

- 한국의 국채보상운동 기록물은 국가가 진 빚을 국민이 갚기 위해 1907년부터 1910년까지 일어난 국채보상운동의 전 과정을 보여주는 기록물이다.
- 한국 국민은 외채로 인한 망국의 위기를 극복하고자 국채보상운동을 일으켰다.

- 한국의 남성은 술과 담배를 끊고, 여성은 반지와 비녀를 내어놓았고, 기생과 걸인, 심지어 도적까지도 의연금을 내는 등 전 국민의 약 25%가 이 운동에 자발적으로 참여하였다.

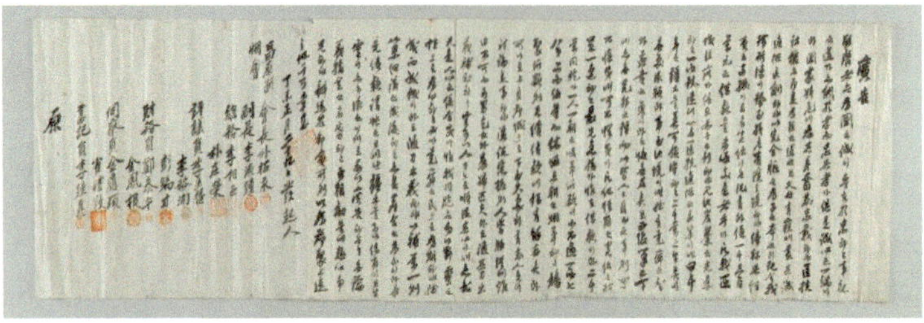

사진 출처 : http://heritage.unesco.or.kr

■ 조선통신사에 관한 기록(2017년 등재)

- 17세기~19세기, 일본 에도막부의 초청으로 12회에 걸쳐, 조선국에서 일본국으로 파견되었던 외교사절단에 관한 자료를 총칭한다. 16세기 말 일본의 도요토미 히데요시가 조선국을 침략한 이후 단절된 국교를 회복하고, 양국의 평화적인 관계구축 및 유지에 크게 공헌하였다. 조선통신사에 관한 기록은 외교기록, 여정기록, 문화교류의 기록으로 구성된 종합자산이다.

사진 출처 : http://heritage.unesco.or.kr

■ 조선왕실 어보와 어책(2017년 등재)

- 금·은·옥에 아름다운 명칭을 새긴 어보, 오색 비단에 책임을 다할 것을 훈계하고 깨우쳐주는 글을 쓴 교명, 옥이나 대나무에 책봉하거나 아름다운 명칭을 수여하는 글을 새긴 옥책과 죽책, 금동판에 책봉하는 내용을 새긴 금책 등을 의미한다.

사진 출처 : http://heritage.unesco.or.kr

■ 한국의 유교책판(2015년 등재)

- 이 기록유산은 조선시대(1392~1910)에 718종의 서책을 간행하기 위해 판각한 책판으로, 305개 문중과 서원에서 기탁한 총 64,226장으로 되어 있으며 현재는 한국국학진흥원에서 보존 관리하고 있다.
- 1392년부터 1966년까지 570여 년(조선 건국 초부터 근대까지) 이라는 장기간에 걸쳐 지속적으로 책보를 제작하여 봉헌한 사례는 한국이 유일무이하다.

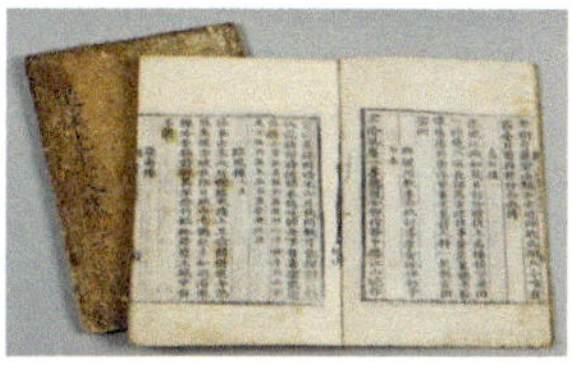

사진 출처 : http://heritage.unesco.or.kr

■ KBS특별생방송 '이산가족을 찾습니다' 기록물(2015년 등재)

- KBS가 1983년 6월 30일 밤 10시 15분부터 11월 14일 새벽 4시까지 방송기간 138일, 방송시간 453시간 45분 동안 생방송한 비디오 녹화 원본 테이프 463개, 담당 프로듀서 업무수첩, 이산가족이 직접 작성한 신청서, 일일 방송진행표, 큐시트, 기념음반, 사진 등 20,522건의 기록물을 총칭한다.

사진 출처 : http://heritage.unesco.or.kr

■ 새마을운동 기록물(2013년 등재)

- 1970년~1979년까지 대한민국에서 전개된 새마을운동에 관한 기록물이다.
- 대통령 연설문, 정부 문서, 마을 단위의 기록물, 편지, 새마을운동 교재, 관련 사진, 영상 등으로 이루어졌다.
- 대한민국은 일제의 강점에 의한 식민지배와 6·25전쟁에도 불구하고 급속한 경제성장과 민주화를 달성한 세계 유일의 국가라는 점에서 많은 개발도상국에게 교훈적인 국가 모델로 알려져 있다.

사진 출처 : http://heritage.unesco.or.kr

■ 난중일기(2013년 등재)

- 『난중일기(亂中日記)』는 이순신 장군의 진중일기로, 한국 사람들에게 가장 존경받는 영웅 중 한 사람인 이순신 장군이 일본의 조선 침략 당시였던 임진왜란(1592~1598)때에 진중에서 쓴 친필일기이다.

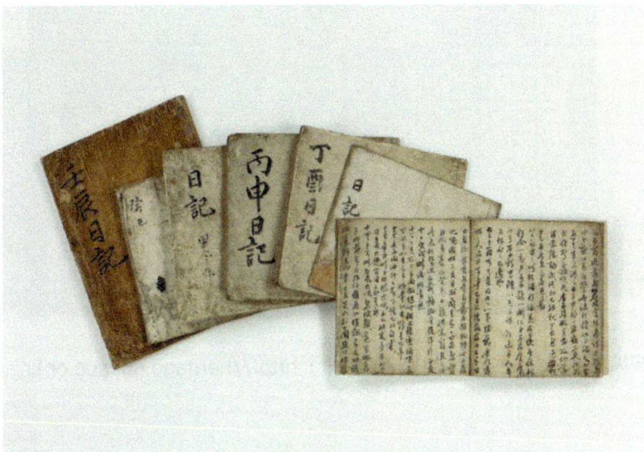

사진 출처 : http://heritage.unesco.or.kr

■ 1980년 인권기록유산 5·18 광주 민주화운동 기록물(2011년 등재)

- 1980년 5월 18일부터 5월 27일 사이에 한국 광주에서 일어난 5·18 민주화운동과 관련한 기록물은 시민의 항쟁 및 가해자들의 처벌과 보상에 관한 문서·사진·영상 등의 형태로 남아 있다.

사진 출처 : http://heritage.unesco.or.kr

■ 승정원일기(2001년 등재)

- 『승정원일기(承政院日記)』는 조선 왕조에 관한 방대한 규모(17~20세기 초)의 사실적 역사 기록과 국가 비밀을 담고 있다.
- 국왕을 가까이에서 관찰하면서 방대한 기록을 담당한 사람은 승지(承旨)와 주서(注書)였으며, 조선 왕조를 이끈 모든 국왕의 일상을 날마다 일기로 작성하는 일을 담당하였다.
- 기관 이름이 수차례에 변경됨에 따라 일기의 명칭도 변경되었지만 이들 모두를 통틀어 『승정원일기』라고 부른다.

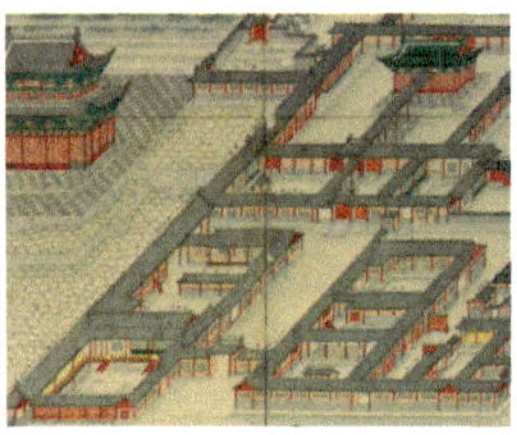

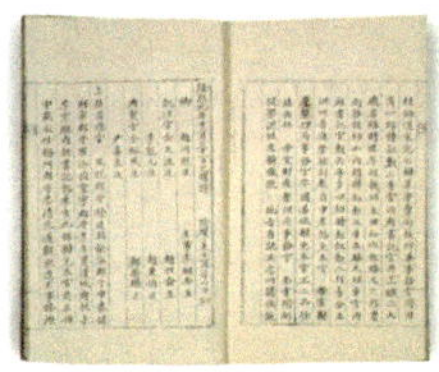

사진 출처 : http://heritage.unesco.or.kr

■ 『불조직지심체요절』 하권(2001년 등재)

- 고려 말에 백운화상이 엮은『불조직지심체요절(佛祖直指心體要節)』은 선(禪) 불교의 요체를 담고 있다.
- 여러 부처와 고승의 가르침을 신중하게 선택하여 누구라도 선법의 핵심에 다가갈 수 있도록 하였다.

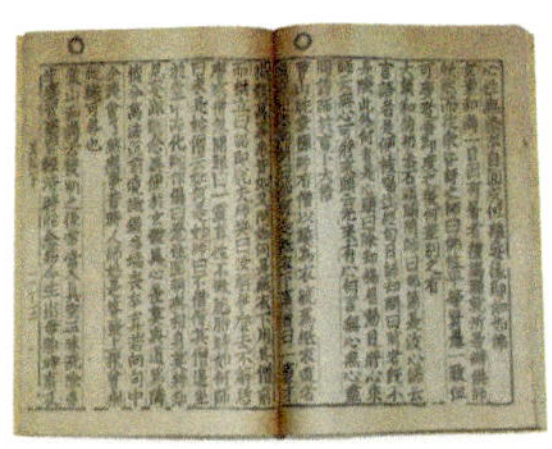
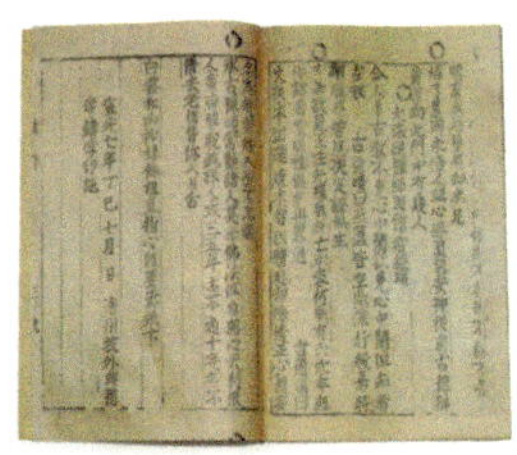

사진 출처 : http://heritage.unesco.or.kr

■ **조선왕조실록**(1997년 등재)

- 조선 왕조를 건립한 태조 때부터 철종의 통치기에 이르는 470여 년간의 왕조의 역사를 담고 있다.
- 역대 제왕을 중심으로 하여 정치와 군사 · 사회제도 · 법률 · 경제 · 산업 · 교통 · 통신 · 전통예술 · 공예 · 종교 등 조선 왕조의 역사와 문화 전반을 포괄하는 매일의 기록이다.

사진 출처 : http://heritage.unesco.or.kr

■ **훈민정음**(1997년 등재)

- 훈민정음(訓民正音) 판본에는 1443년에 창제된 한국의 문자 한글을 공표하는 조선왕조 제4대 임금 세종대왕의 반포문(頒布文)이 포함되어 있다.
- 집현전 학자들의 해설과 용례를 덧붙여 쓴 해설서 해례본(解例本)도 포함되어 있다.
- 훈민정음은 한국인에게 문자체계의 혁명을 불러왔고, 유네스코의 문맹퇴치 운동에 기여하였다.

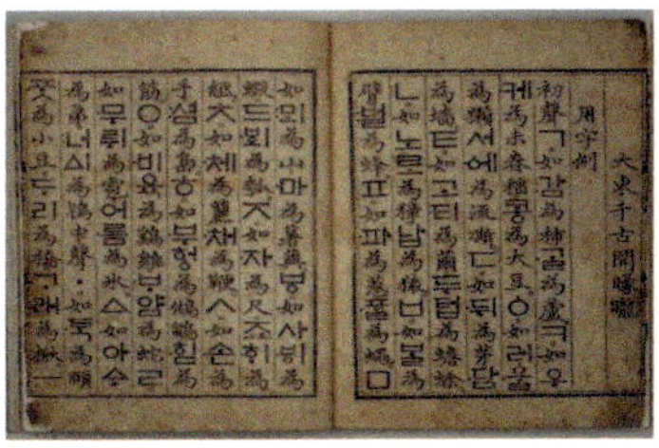

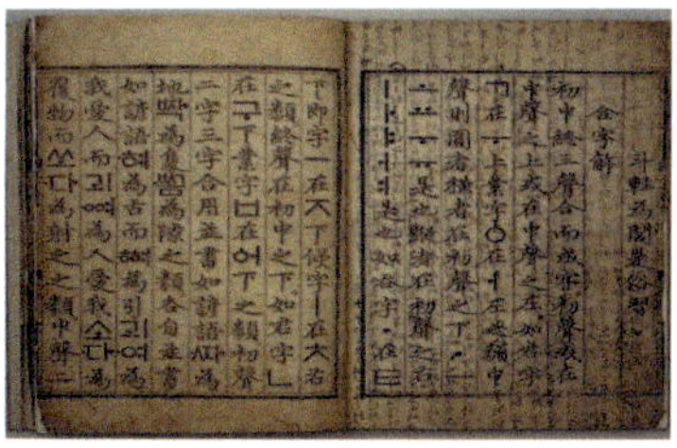

사진 출처 : http://heritage.unesco.or.kr

05 관광자원 평가 및 조사

1) 관광자원 평가요소

- 관광시장 수요에 대한 다양한 분석은 관광목적지의 가치평가를 바탕으로 실시한다.
- 관광개발 대상지의 선정은 전반적인 관광의 잠재력 측면에서 자원가치에 대한 평가가 내려져야 하며, 여러 가지 대안 중에 하나의 지역을 선정할 경우에 개발의 타당성, 시장성 평가라는 과정을 필요로 한다.
  - 입지적 요소
  - 매력성
  - 접근성
  - 토지소유와 사용
  - 수용력
  - 자원의 유형
  - 자원의 이미지
  - 시설
  - 하부구조 등이 평가요소로 작용

2) 관광자원 평가방법

- 내적요인
  - 특수성 : 자연자원, 문화자원, 예술적 · 과학적 기술적 · 관광자원, 관광자원의 활용도
  - 기반시설 : IT 기반시설, 교통·통신시설, 교통수단, 전기, 가스, 위생시

설, 오 · 폐수처리시설

- 해당지역의 관광시설과 서비스 : 숙박시설, 식사, 음료, 교통, 쇼핑, 여가, 스포츠, 위락시설

■ 외적요인

- 관광 송출지역으로 부터의 접근요인과 통신시설 : 공항 · 항구의 존재여부, 철도 · 도로망, 타 지역 대비 차별성 및 독특성

3) 관광자원 조사의 의의

■ 관광자원 조사는 계획대상인 관광자원에 대해 자연환경, 인문환경, 관광객 이용 상황, 관광객의 지각 정도 등을 조사한 자료를 바탕으로 종합적으로 분석한다.

4) 관광자원 조사항목

■ 지역개관

- 자연적요인 : 지형, 기후, 토양, 식생, 야생동물 등
- 사회 · 문화적 요인 : 인구구조, 경제구조, 문화적 특징, 토지 이용현황, 교통망 및 통행량
- 관광 · 행정적 요인 : 지방자치 정부의 제도, 관광관련 행정부서의 역할, 관광관련 단체 또는 협회 ·위원회의 활동

■ 관광자원 현황

- 자연관광자원 : 자원의 규모, 자원의 질, 자원의 이용 상태, 관광개발 내용
- 인문관광자원 : 자원의 종류, 자원의 규모, 자원의 질, 자원의 이용 상태, 관광개발 내용

- 공급처리 및 편의시설
- 기존계획
- 관광관련 계획 정보
- 법적인 규제사항

5) 관광자원 조사기법

- **예비조사**(pilot test)는 문헌조사, 전문가 집단 패널조사 그리고 본 조사에 앞선 예비조사이다.
- **본 조사**(설문조사)는 개방형 또는 폐쇄형 설문으로 조사하여 데이터를 수집하기 위한 것이다.
- **면접조사** : 전문가 심층면접 조사
- **관찰조사**
- **사례조사**

TRAINING
연습문제

01. 관광자원에 대한 설명 중 잘못된 것을 고르시오.

① 관광의 욕구와 동기를 갖도록 하는 수단으로서 유형과 무형의 관광대상이다.
② 관광주체에 대한 관광객체가 갖고 있는 매력적인 자원이다.
③ 관광객 측면에서 반드시 위락적 가치를 내포하고 있어야 관광자원으로 인정받는다.
④ 관광자원의 특성상 보존 및 보호가 필요하다.

02. 관광자원의 분류가 알맞게 이루어진 것을 고르시오.

① 자연적 관광자원 : 온천, 동굴, 산악, 해안, 동·식물 등
② 문화적 관광자원 : 풍속, 예절, 종교, 교육, 국민성, 음식 등
③ 사회적 관광자원 : 워터파크, 테마파크, 카지노, 유람선, 리조트 등
④ 산업적 관광자원 : 박물관, 미술관, 사적, 유·무형문화재 등
⑤ 위락적 관광자원 : 백화점, 관광농장, 자동차 생산공장 등

03. '강강술래'는 2019년에 UNESCO에 등재된 세계기록유산이다.

① O　　② X

04. '한국의 갯벌'은 2021년에 UNESCO에 등재된 세계유산이다.

① O　　② X

05. UNESCO 등재 유산의 3가지 유형은?

정답　01. ③　02. ①　03. ②　04. ①　05. 세계유산/무형문화유산/세계기록유산

생각해보기

❶ 관광자원의 개념과 특성에 대해서 간단히 설명하시오.

❷ 한국관광공사의 분류에 의한 관광자원을 나열하시오.

❸ 자연적 관광자원의 개념과 예를 적어보시오.

❹ 문화적 관광자원의 개념과 예를 적어보시오.

❺ 사회적 관광자원의 개념과 예를 적어보시오.

❻ 산업적 관광자원의 개념과 예를 적어보시오.

❼ 위락적 관광자원의 개념과 예를 적어보시오.

❽ UNESCO에 등재된 한국의 세계유산 중 가장 관심이 있는 3가지 유산을 골라서 간단히 설명하시오.

❾ UNESCO에 등재된 한국의 인류무형문화유산 중 가장 관심이 있는 3가지 유산을 골라서 간단히 설명하시오.

❿ UNESCO에 등재된 한국의 세계기록유산 중 가장 관심이 있는 3가지 유산을 골라서 간단히 설명하시오.

UNDERSTANDING OF TOURISM

UNDERSTANDING OF TOURISM

01 관광이란?

- 관광의 어원·정의·구성요소
- 관광의 분류·현대적 의미
- 관광학의 특징

02 관광의 발달사

- 고대·중세·근대·현대의 관광
- 한국관광의 발전과정

03 관광의 영향

- 경제·사회·문화·정치·환경적
- 긍정적·부정적 영향

04 관광객 연구

- 관광객의 정의
- 관광욕구
- 관광동기
- 관광선택행동
- 관광의사결정

05 관광자원

- 관광자원의 개념
- 관광자원의 분류
- 관광자원의 유형별 특성
- UNESCO 등재 국내 주요 유산
- 관광자원의 평가 및 조사

06 관광사업

- 개념·특성·분류
- 여행업·호텔업·관광교통업
- 국제회의업·카지노
- 리조트·테마파크
- 외식업·면세점·쇼핑

07 관광마케팅

- 마케팅의 개념·용어·발달사
- 관광마케팅의 특징 및 유형

08 관광개발의 이해

- 개념·목적·유형·방식
- 순서·과제·환경과의 관계

09 관광정책과 행정조직

- 관광정책의 개념·특징·분류
- 국내·외 관광행정조직

10 관광법규

11 관광관련 자격증

12 관광관련 전문용어

CHAPTER 06

관광사업

학습목표

- 관광사업의 개념, 종류, 특성에 대해서 학습한다.
- 여행업의 기본적 개념, 조직, 주요업무 등을 파악한다.
- 호텔업의 특성, 조직, 업무 등을 파악한다.
- 관광교통업의 개념과 특성에 대해서 이해한다.
- 국제회의업의 구성 및 파급효과에 대해서 이해한다.
- 카지노업의 정의와 특성, 관광산업에 미치는 영향 및 개선방안 등을 학습한다.
- 리조트의 개념과 리조트사업 특성에 대해 이해한다.
- 외식업의 특성과 현대사회의 외식업의 경향을 이해한다.
- 면세점의 의미와 종류에 대해 이해한다.

01 관광사업의 개념

- 관광사업이란 관광의 의의 또는 효과에 착안하여 관광이라는 현상을 활발하게 하려는 일련의 활동을 총칭한다.
- 관광자가 관광지에서 관광활동이 원활하게 수행되도록 관광객의 필요와 요구를 충족시켜 주는 모든 제반시설과 서비스를 제공하는 관광매체로 볼 수 있다.
- 오늘날의 관광사업은 관광기업만으로 구성되는 것이 아니라, 정부나 지방자치단체 등의 공공기관까지도 포함되고 있다.
- 일반적으로 관광사업에 대한 정의는 '관광객의 관광활동과 직접 또는 간접적으로 관련이 있는 모든 사업'으로 정의하고 있다.
- 우리나라의 관광진흥법 상에 나타난 관광사업에 대한 용어의 뜻은 "관광객을 위하여 운송 · 숙박 · 음식 · 운동 · 오락 · 휴양 또는 용역을 제공하거나 그밖에 관광에 딸린 시설을 갖추어 이를 이용하게 하는 업"이라고 정의하고 있다.
- 학자들에 의한 정의를 종합해보면 관광사업이란 '관광수요를 창출하고, 관광자의 다양한 욕구를 충족시켜주는 사업으로서 우리나라 대표적인 외화획득 산업 중에 하나이며, 관광객의 모든 관광활동이 원활하게 수행되는데 직·간접적으로 관련을 맺는 모든 조직기관의 활동'이라고 정의할 수 있다.
- 관광사업은 다양한 행위의 서비스 산업으로 관광과 관련된 모든 사업을 의미하며, 독립적이고 관광객에게 편익을 제공하며 관광의 대상적 기능을 가지고 있는 사업이다.

  예시 여행용품 제조 및 판매업, 여행보험 및 여행관련금융업, 스포츠시설업, 숙식업 등

- 2018년 관광사업체수는 여행업체 수 21,667개(전년대비 + 3.7%), 관광숙박업 2,058개(전년대비 + 5.9%), 관광객이용시설업 4,033개(전대비 + 5.6%), 국제회의업 898개(전년대비 + 5.5%), 유원시설업 2,348개(전년대비 + 9.9%), 관광편의시설업 4,065(전년대비 + 3.6%), 카지노업 16개(전년대비 − 5.9%)
  - 카지노업 1개 업체 감소하고 전반적인 관광사업체 수 증가 추세를 보이고 있다(관광지식정보시스템 2018).

02 관광사업의 특성

1) 복합성

- 관광사업의 주체가 복합적이다.
- 숙박, 식사, 쇼핑, 관람, 이벤트, 교통 등, 다종다양한 상품으로 구성되어 있고 타 산업을 발달시키는 관광 승수효과를 발생시킨다.

- **사업주체의 복합성**
  - 복합성이란 추구하는 목표에 따라 공적 기관과 민간기업의 역할을 분담하면서 전개하는 사업으로 최근 관광활동이 대중화되고 전반적으로 관광에 대한 관심이 높아지면서 정부를 비롯한 공공분야의 역할이 더욱 커지는 경향을 보이며, 국민들 또한 공적 기관에 대한 기대치가 높아지고 있는 추세이다.

- **사업내용의 복합성**
  - 관광사업은 관광객의 활동을 직·간접적으로 지원하는 다양한 활동을 포함하고 있으며, 관광객의 다양한 활동을 지원해 주기 위해서는 여행

준비에 관한 업종으로서의 여행업과 체재에 관한 업종으로서의 관광숙박업, 그리고 이용시설에 관한 업종으로서의 관광객이용시설업과 카지노업 및 유원시설업 등이 복합적으로 이루어지는 총체적 사업이라고 할 수 있다.

2) 변동성

- 관광사업은 외부 상황(사회적요인, 경제적요인, 자연적요인, 정치적 요인)에 따라 변동이 심한 편이다.
- 관광활동은 경제적인 소득과 시간적인 여유 및 관광을 하고자 하는 욕구가 있을 때 발생하는 자발적인 활동으로써 관광욕구의 충동은 생활에 꼭 필수적인 것이 아니며, 선택적인 성격을 갖기 때문에 외부사정의 변동에 매우 민감한 영향을 받는다고 할 수 있다.

3) 수익성

- 관광사업은 외화가득률이 매우 높아 국제수지의 개선에 크게 기여한다.
- 관광부문은 원자재의 수입의존도가 현저히 낮다(제조업부문 외화가득률 50~60%, 관광 90% 이상).

4) 서비스성

- 관광사업은 고용률이 높은 노동집약적인 사업이다.
- 무형의 인적서비스를 상품을 중심으로 하는 사업이며 다종다양한 업무형태를 띄고 있다.
- 관광사업은 관광객에게 서비스를 제공하는 영업을 중심으로 하고 있으므로, 부가서비스가 가장 중요한 요소로 작용한다.
- 서비스는 관광객의 심리에 지대한 영향을 미치고 있으므로 관광사업에

있어서 서비스의 품질은 해당기업 뿐만 아니라, 관광지 전체와 국가 전체의 관광사업의 성패에 결정적 요인이 된다.

- 서비스기업이 정형화된 수준 높은 서비스를 관광객에게 제공하기 위해서는 종사원의 서비스훈련과 교육이 반드시 필요하며, 서비스문화가 일반 대중에게도 확산되어야 한다.

5) 고부가가치성

- 제조업의 경우 원가 중 재료비가 높은 비중을 차지하지만, 관광사업은 상대적으로 낮은 재료비가 소모되어 자원절약 산업이며 생산성이 높은 고부가가치 산업이라 할 수 있다.

6) 환경보존적인 무공해성

- 사회적으로 문제되는 심각한 공해와 환경오염을 비교적 유발하지 않는 환경적 사업이다.
- 유형의 문화재는 물론, 무형의 정신적 유산 자체가 관광자원 및 관광상품화가 될 수 있는 업종이다.

7) 입지의존성

- 관련시설의 구성입지, 교통, 접근성 등이 사업의 성패를 좌우할 수도 있는 사업이다.
- 관광사업의 종류에 따라서 산업적인 측면이나 경영성격에 따라 특성이 있으므로 '입지의존성'이라는 제약은 필수적으로 발생한다.
- 관광사업은 관광지의 유형과 기후조건, 관광자원의 매력성, 개발추진상황과 접근성 및 시장규모 등에 따라 의존도가 큰 사업이다.

8) 공익성

- 관광사업은 공적인 것과 사적인 여러 관련 산업으로 이루어진 복합적인 사업체라는 측면에서 이익만을 추구해서는 안 되며, 공적인 책임과 의무를 다해야 한다.
- 사회문화적 측면의 관광사업은 국위선양, 국제친선의 증진, 국제문화교류, 국민보건향상, 근로의욕 증진에 기여하는 사업이다.
- 경제적인 측면의 관광사업은 외화획득, 경제발전, 고용효과, 기술협력과 국제무역 증진효과 등에 기여하는 사업이다.

03 관광사업의 분류

1) 관광사업의 구성

- 관광사업은 관광주체인 관광객과 관광객체인 관광대상, 그리고 관광매체인 관광기업 및 정부 또는 지방자치단체나 홍보의 3가지가 서로 긴밀한 관련을 맺으면서 상호 협력하는 복합체로 구성되어 있다.
- 관광사업은 관광객 · 관광대상 · 관광기업이 관광행정 기관과 상호 관련되면서 구성되는 사업체로 사업 목적에 입각하여 관광의 효용가치를 높여주는 관광거래를 촉진하고 있다.

2) 관광사업의 분류는 크게 세 가지로 구분해 볼 수 있다.

- 관광주체에 의한 분류
  - 정부와 지방단체 등 공공기관의 공적인 사업

- 민간단체가 담당하는 사적인 사업

■ **관광사업 내용에 의한 분류**

- 관광자원의 보호 및 보존에 관한 사업
- 관광시설의 이용에 관한 사업
- 관광객유치 및 선전사업
- 서비스 및 알선사업

■ **관광법규(관광진흥법 제2장 제3조)에 의한 관광사업의 분류**

- 여행업
- 관광숙박업
- 관광객이용시설업
- 국제회의업
- 카지노업
- 유원시설업
- 관광편의시설업

3) 관광사업을 종합적으로 분류해보면 다음 4가지로 설명할 수 있다.

■ **관광기업**

- 이윤추구의 목적으로 관광객들에게 직접적인 서비스와 시설을 제공하는 민간위주의 기업체로서 호텔 · 여행사 · 토산품점 · 레스토랑 및 각종 관광교통 업체 등이 이에 해당된다.

■ **관광관련기업**

- 관광객과 직접적인 관계를 갖지는 않지만 관광기업과 직접적인 관계를 형성하여 관광객과 간접적으로 서비스를 제공해 주는 업체들로 여행도매업자, 여행안내책자 출판업체, 식품조달업체 등이 해당된다.

■ 관광행정기관

• 관광객의 원활한 관광활동을 도모케하는 공적인 부분의 관광사업체로서 중앙정부와 지방자치단체 등의 행정기관을 말한다. 주로 관광지를 개발하거나, 관광지에 대한 홍보와 정보제공 등의 공적인 관광정책과 행정을 담당한다.

■ 관광공익단체

• 관광사업을 공적인 측면에서 지원해주는 단체나 조직으로 우리나라에는 한국관광공사 · 한국관광협회중앙회 · 한국문화관광연구원 등이 이에 해당한다.

04 • 여행업

1) 여행업의 정의

■ 법적인 정의(관광진흥법 제2장 제3조, 관광사업의 종류)

• 여행업은 '여행자 또는 운송시설·숙박시설, 그 밖에 여행에 딸리는 시설의 경영자 등을 위하여 그 시설 이용 알선이나 계약 체결의 대리, 여행에 관한 안내, 그 밖의 여행 편의를 제공하는 업'을 말한다.

■ 관광관련 학자들의 정의

• '여행상품을 기획, 생산, 판매하고 여행객을 대상으로 상담하며, 여행객과 여행관련 사업을 상호 알선 · 중개하고 여행과 관련된 업무를 수행하고 그 대가로 영리를 추구하는 기업'을 의미한다.

- 미국여행자협회(ASTA)의 정의
  - '여행관련 업자를 대신하여 제3자와 계약을 체결하고 또한 내용을 변경 내지 취소할 수 있는 권한이 부여된 자'라고 정의하고 있다.

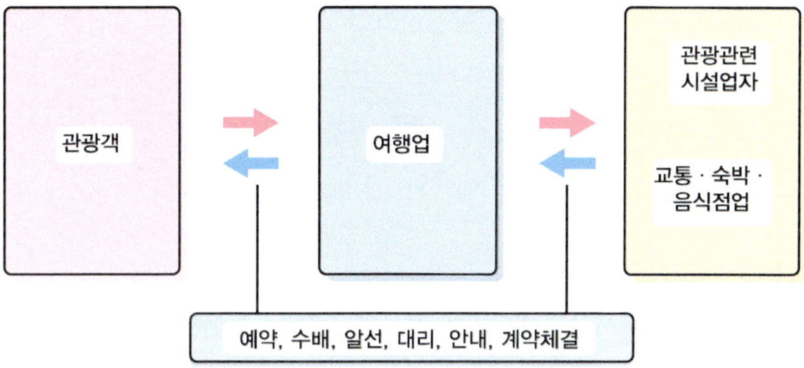

그림 6-1 ▸ 여행업의 업무

2) 여행업의 기능

- 상담기능
  - 여행을 떠나기 전에 여행에 관련된 각종 정보를 제공
  - 여행객을 위해 정보를 수집하고 상담하며, 여행상품에 대해 설명을 하는 기능
  - 여행에 관련된 상담 및 여행상품에 대한 설명, 여행비용 등에 대한 정보 제공
  - 여행객과의 관계에서 처음 접촉하는 과정은 유·무선통화, 온라인 상담, 대면접촉 등을 통해 여행객의 문의에 응대하는 기능
  - 여행사 존재기반이라고 할 수 있는 중요한 기능이므로 여행객의 다양한 문의에 응대할 수 있는 충분한 정보를 숙지해야 할 뿐 아니라, 전문성을 가진 유능한 상담요원의 양성 및 교육 필요

- 예약 · 수배 기능
  - 여행업체는 여행객의 요청에 의해 교통운송기관과 숙박시설 및 기타 여행관련 시설업자를 대리인으로 하여 항공권 또는 숙박 및 시설 이용의 예약 · 수배를 대행하는 기능
  - 여행상품의 구성요소인 항공기좌석 · 호텔객실 등을 사전에 미리 확보하는 기능
  - 교통, 숙박, 식사, 가이드, 쇼핑, 관광지 등 복합적으로 구성되어 있는 여행상품에 대해 각각 예약과 견적을 확인하고 확정하는 업무
- 수속대행 기능
  - 여행객을 대신하여 비자발급을 위한 수속업무를 대행해 주거나 해외여행보험 가입수속 등을 대행하는 기능

    예시 해외여행의 비자(visa) 수속발급과 여행자보험가입 등
- 판매기능
  - 예약이나 수배를 마치고 상품화된 여행을 여행객에게 정확한 정보제공과 상담을 통해 판매하는 기능
  - 여행시설업자와의 계약을 통해 여행객에게 항공권, 호텔숙박권, 철도승차권 등의 판매뿐 아니라 패키지투어와 같은 여행일정 포괄상품을 여행객에게 판매하는 기능
  - 여행사의 판매형태는 여행사로 직접 찾아오는 고객을 사무실 내에서 판매하는 내부판매 또는 창구판매와 잠새여행객을 여행사 밖으로 찾아가서 판매활동을 수행하는 외부판매 또는 방문판매로 구분(이외에도 미디어판매나 온라인판매도 가능)
- 알선기능
  - 여행객에게 적합한 교통운송기관이나 숙박시설 또는 여행기관과 비용에 맞는 여행상품 등을 소개함으로써 여행객과 여행 관련 시설업자들

과 알선하는 기능

- 여정관리기능
  - 여행이 시행될 때 예정된 여행일정대로 원활히 진행되도록 서비스하고 관리하는 기능
  - 여행코스, 여행기간, 항공편명, 출발시간, 도착시간, 관광지, 식사조건, 숙박조건, 여행 요금 등을 포함한 여행일정을 여행조건대로 순조롭게 진행하기 위해 관리하는 기능
  - 여행업체가 주최여행을 실시할 때 인솔자를 동반하여 여행객들이 원활한 여행을 할 수 있도록 여행객의 여행일정을 관리하는 기능

- 정산기능
  - 여행업체는 각 여행목적지에서의 여행비용(숙박비, 식비, 각종 입장료, 교통비)의 계산과 견적 및 지불 등 정산과 관련된 제반기능을 담당
  - 전체여행 상품에 소요된 총지출 경비와 지불받은 여행경비 및 옵션으로 발생된 수익금 · 발권수수료 · 쇼핑수수료 등의 총 수익금과의 관계를 계산하여 최종적으로 얼마의 손익 이 발생하였는지 등 모든 정산에 필요한 기능

3) 여행업의 종류 : 2021. 9. 24. 시행기준(관광진흥법 제3조 2항)

- 종합여행업
  - 국내 또는 국외를 여행하는 내국인 및 외국인을 대상으로 하는 여행업
  - 내국인의 국내여행을 하는 도메스틱 또는 인트라바운드 투어(Domestic Tour = Intrabound Tour), 외국인의 국내여행을 하는 인바운드 투어(Inbound Tour), 그리고 내국인의 해외여행을 하는 아웃바운드 투어(Outbound Tour) 등의 업무를 모두 병행
  - 설립을 위한 등록자본금 : 5,000만원

- 국내외여행업
  - 국외를 여행하는 내국인을 대상으로 하는 여행업
  - 1989년 해외여행자유화가 시행됨으로써 내국인의 해외여행이 증가함에 따라 내국인의 해외여행(Outbound Tour) 업무만을 전담하도록 한정되어 왔으나, 2019년 코로나19로 인해 국내여행(Domestic Tour = Intrabound Tour)과 국외여행 업무를 겸업해야 한다는 특성을 받아들여 60년만에 명칭 변경
  - 설립을 위한 등록자본금 : 3,000만원

- 국내여행업
  - 국내를 여행하는 내국인을 대상으로 하는 여행업
  - Domestic Tour 또는 Intrabound Tour 라는 명칭 사용
  - 국내여행 상품의 개발 · 판매 · 알선 · 안내를 주 업무로 함
  - 국내선의 항공권 · 철도승차권 · 특별행사의 입장권 · 호텔의 할인권 등을 대행하여 판매하거나 관광버스의 일반전세도 취급
  - 설립을 위한 등록자본금 : 1,500만원

4) 여행업의 유형

- 도매여행업
  - 여행상품을 소매여행업에 판매하는 Wholesaler(홀세일러) 여행사
  - 여행관련 업자로부터 여행소재를 받아 상품을 기획 · 개발하여 소매여행업을 통해 여행객에게 판매할 수 있도록 하는 도매업

- 소매여행업
  - 여행도매업체가 기획 · 개발 · 생산한 여행상품을 일반 여행객들에게 판매하는 역할의 여행사
  - 여행도매업자가 생산한 여행상품을 제공받아 이를 최종 소비자인 여행

객에게 판매하는 여행사를 의미

- 온라인여행사
  - 인터넷상에서 여행정보 · 상품에 대한 다양한 최근 정보를 탐색할 수 있으며, 비교구매를 통해 모객활동을 하는 여행사

- 지상수배업자(land operater)
  - 통상 현지의 지상(land) 부분만의 수배를 전문으로 하는 여행사
  - 여행사의 의뢰를 받아 현지관광지(여행목적지)의 여행활동에 해당되는 숙박시설, 교통, 식사, 가이드, 관광지 등에 대해 여행알선을 대행해 주는 기능
  - 각각의 여행목적지에 대한 현지 예약과 수배를 전문으로 취급하는 여행사
  - 여행관련업자들과 여행사 사이에서 대행·알선해주는 현지업체

5) 여행업의 경영수익

- 국내여행 수익
  - 주문 여행상품 판매에 따는 수익
  - 포괄 여행상품 판매에 따른 수익
  - 항공권, 철도이용권 등 교통기관 이용권의 대리 판매에 따른 수수료
  - 호텔객실 이용권의 대리 판매에 따른 수수료
  - 관광기념품의 판매에 따른 수수료
  - 관광식당 이용에 따른 수수료
  - 관광쇼핑 이용에 따른 수수료
  - 전세버스 대여에 따른 수수료

- 인바운드 수익
  - 여행상품 판매에 따른 지상경비 수익
  - 국내항공권 및 교통기관 이용권의 대리판매에 따른 수수료
  - 관광식당 이용에 따른 수수료
  - 관광쇼핑 이용에 따른 수수료
  - 관광사진 판매에 따른 수수료
  - 골프, 카지노 등의 옵션관광상품 판매에 따른 수수료
  - 통역안내 서비스 등 기타 서비스 관련 수수료

- 아웃바운드 수익
  - 비자 발급대행에 따른 대행수수료
  - 국제항공권 판매에 따른 수수료
  - 기획여행 상품 판매에 따른 수수료
  - 국외 옵션관광상품 판매에 따른 수수료
  - 국외 쇼핑알선에 따른 수수료
  - 국외호텔의 이용에 따른 송객수수료
  - 타 여행사의 기획여행상품 판매에 따른 수수료

6) 여행업의 주요업무

- 여정 작성업무
  - 여행일정표의 작성은 여행사 업무 중 가장 기본적이고 중요한 업무
  - 여행객의 여행목적에 부합하는 여행지와 여행경로를 선정함
  - 여행객의 비용부담 능력이나 여행경비를 고려하여 결정
  - 일정에 따른 숙박지를 결정
  - 숙박과 식사의 배분은 지방색을 가미하고 내용의 변화를 추구
  - 일정표에 이용교통의 출발시간과 도착시간 기입

- 여행객의 희망사항에 부응

■ 원가계산업무

- 여행상품의 가격은 생산원가에 알선수수료를 더하여 계산
- 원가계산 시, 주요한 원가요소의 항목은 운임과 지사경비 및 기타 필요경비에 산정

■ 국내여행업무

- 상품의 기획 · 판매
- 주문여행의 기획 · 판매
- 타 여행사의 기회여행상품 판매
- 각종 이용권의 판매 : 열차권, 승선권, 입장권 등
- 국내여행 안내업무

■ 국외여행업무

- 국외여행상품 판매업무 및 수속업무
- 국외여행 안내업무
  - 출발 전 : 현지 관련정보 습득, 사전점검(최종일정표, 바우처와 항공권수령)
  - 출발에서 도착까지 : 공항업무, 기내업무, 현지 입국업무, 공항에서 호텔숙소 안내, 투숙 안내업무, 관광일정 수행업무, 관광쇼핑안내 업무
  - 현지 출국업무 : 호텔 체크아웃 업무, 공항탑승 안내업무, 입국안내업무

■ 인바운드 업무

- 외국의 여행업자의요청으로 여행조건을 변경, 조절하여 상품판매를 전담하는 업무
- 외국인 여행객의 국내일정표 작성업무
- 여행상품의 원가계산 업무
- 해외지사 관리 등의 업무

- 예약 · 수배업무
  - 여행상품은 눈에 보이지 않은 무형의 상품으로써 예약과 수배의 세밀함과 정확함을 위한 재확인 필수
  - 항공사 · 호텔 · 철도 등, 예약시스템이 전산화되어 신속하게 처리가 가능

05 • 호텔업

1) 호텔업의 개념

- 호텔은 라틴어 Hospitale에서 기원하였고, 휴식과 회복을 위해 일정한 서비스를 제공하는 곳을 의미한다.
- 관광객의 숙박에 적합한 시설을 갖추어 이를 관광객에게 제공하거나 숙박에 딸리는 음식 · 운동 · 오락 · 휴양 · 공연 또는 연수에 적합한 시설 등을 함께 갖추어 이를 이용하게 하는 업(관광진흥법 제2장 제3조)이다.
- 인간 생활의 기본요소인 식사와 숙박을 고객에게 제공하고 휴식 · 사교 · 레저 · 오락 기능 등과 최상의 인적서비스 상품을 제공하는 곳이라고 할 수 있다.
- 대규모화, 기업화 현상으로 단순히 숙박과 식음료를 제공하는 것이 아니라 컨벤션 유치 등, 사회공익에 기여하는 사회적인 시설이며, 일반대중을 대상으로 하는 대중 공공시설이다.
- 관광객이 집을 떠나 또 하나의 주거와 생활공간으로써 여가시간에 이루어지는 기본적인 욕구 충족 기능을 담당한다.
- 문화, 예술, 사교, 스포츠, 레저, MICE 등 부가가치의 창출공간이며, 비즈니스 공간으로도 활용된다.

2) 호텔업의 특성

■ 호텔은 물적상품 외에 서비스를 판매한다.

• 서비스의 판매, 합리적인 호텔경영 관리로써 운영되어진다.

• 인적, 물적서비스를 하나의 상품으로 판매하여 이익을 추구한다.

■ 고정자산에 대한 의존성도 높다.

• 일반적 기업은 상품이나 현금 같은 유동자산의 비중이 높은 편인데, 호텔기업은 건물과 시설의 비중이 전체 투자규모의 70~80% 차지하고 있어 건물자체가 물적상품이 되며, 일반 불특정다수의 대중이 이용하다 보니, 노후화가 급속히 진행된다.

■ 인적자원에 대한 의존도가 높다.

• 서비스 예의가 바르고 세련되며, 신속한 서비스의 제공이 가능한 우수한 종사원이 서비스 해야만 한다.

■ 투자대비 회수율이 낮다.

• 건물과 시설이 전체적인 투자규모의 상당부분을 차지하고 인건비에 대한 의존이 높으므로 호텔경영의 자본회전율을 낮게 하는 요인이 되어 손익분기점에 도달하는 시기가 일반기업과 비교하여 상대적으로 길다.

3) 호텔업의 분류

■ 관광법규에 의한 분류(관광진흥법 시행령 제2조)

• 관광호텔업 : 관광객의 숙박에 적합한 시설을 갖추어 관광객에게 이용하게 하고 숙박에 딸린 음식·운동·오락·휴양·공연 또는 연수에 적합한 시설 등(이하 "부대시설"이라 한다)을 함께 갖추어 관광객에게 이용하게 하는 업(業)이다.

• 수상관광호텔업 : 수상에 구조물 또는 선박을 고정하거나 매어 놓고

관광객의 숙박에 적합한 시설을 갖추거나 부대시설을 함께 갖추어 관광객에게 이용하게 하는 업이다.

- 한국전통호텔업 : 한국전통의 건축물에 관광객의 숙박에 적합한 시설을 갖추거나 부대시설을 함께 갖추어 관광객에게 이용하게 하는 업이다.
- 가족호텔업 : 가족단위 관광객의 숙박에 적합한 시설 및 취사도구를 갖추어 관광객에게 이용하게 하거나 숙박에 딸린 음식·운동·휴양 또는 연수에 적합한 시설을 함께 갖추어 관광객에게 이용하게 하는 업이다.
- 호스텔업 : 배낭여행객 등 개별 관광객의 숙박에 적합한 시설로서 샤워장, 취사장 등의 편의시설과 외국인 및 내국인 관광객을 위한 문화·정보 교류시설 등을 함께 갖추어 이용하게 하는 업이다.
- 소형호텔업 : 관광객의 숙박에 적합한 시설을 소규모로 갖추고 숙박에 딸린 음식·운동·휴양 또는 연수에 적합한 시설을 함께 갖추어 관광객에게 이용하게 하는 업이다.
- 의료관광호텔업 : 의료관광객의 숙박에 적합한 시설 및 취사도구를 갖추거나 숙박에 딸린 음식·운동 또는 휴양에 적합한 시설을 함께 갖추어 주로 외국인 관광객에게 이용하게 하는 업이다.

입지에 의한 분류

- 메트로폴리탄호텔(metropolitan hotel) : 대도시 상업지구의 규모가 큰 대형호텔
- 시티호텔(city hotel) : 도심 중심지에 위치, 비즈니스센터 및 쇼핑센터가 있는 중심지 위치
- 리조트호텔(resort hotel) : 도심을 벗어난 교외 지역, 산간지역, 해변, 강변에 위치한 종합 휴양지호텔
- 공항호텔(airport hotel) : 공항 근처 위치한 항공기 이용 고객의 편의를 제공

- 항구호텔(seaport hotel) : 항구 근처 위치한 호텔
- 터미널호텔(terminal hotel) : 고속·시외 버스터미널 근처 위치한 호텔
- 하이웨이호텔(highway hotel) : 고속도로 주변에 위치하여 자동차로 여행하는 고객을 위한 호텔

■ 숙박 목적에 의한 분류

- 환승호텔 : 교통이 비교적 편리한 곳에 위치, 단기숙박객 또는 day use 이용 고객을 위한 호텔
- 주택형호텔 : 장기 주거용 호텔로써 1주일 이상 장기체재 숙박객을 위한 호텔
- 상용호텔(commercial hotel) : 상용 및 공용 업무 목적의 고객을 위한 호텔, 주로 비즈니스 단기 체재고객 이용
- 레지던스호텔(residence hotel) 또는 아파트먼트호텔(apartment hotel) : 장기투숙객을 위한 아파트 형태의 호텔 또는 주거형으로 장기 비즈니스 고객을 위한 호텔
- 메디텔(meditel) : medical과 hotel의 합성어로 의술, 성형, 치료목적으로 방문하는 고객을 위한 의료관광을 위한 숙박시설
- 클럽호텔(club hotel) : 특정 단체의 클럽회원만을 위한 호텔, 일반적으로 회원이 출자하여 건설
- 휴양지호텔(resort hotel) : 관광지, 피서지, 주제공원(theme park) 등에 위치하여 주로 휴양 목적의 재충전을 위하는 고객에게 제공되는 호텔
- 모텔(motel : motor hotel) : 1908년 미국 아리조나 주 교외에서 생긴 모텔이 시초, 주로 자동차로 여행하는 고객을 위한 호텔, 주차가 쉽고 봉사료나 행동의 제약이 없으며, 예약이 불필요 - 도로변에 간판을 보고 투숙 가능 여부 판단
- 보텔(boatel) : boat + hotel의 합성어, 보트로 관광하는 관광객이 이용
- 요텔(yachtel) : 요트를 타고 여행하는 관광객들을 대상으로 하는 숙박

시설, 비교적 규모가 작고 단기체류 관광객을 대상으로 주로 숙박만을 제공하는 일종의 간이호텔

- 유스호스텔(youth hostel) : 1932년 '국제유스호스텔연맹'의 설립으로 주로 청소년을 위한 숙박시설이며, 복지차원에서 건설된 호텔로써 모든 것이 셀프서비스이며 가격이 저렴하다는 것이 특징
- 콘도미니엄(condominium) : 취사가 가능하여 주로 가족 단위 고객이 이용

▪ 객실료(고객 세분시장)에 의한 분류

객실료에 의해서 고객의 세분시장이 나누어지기도 한다. 호텔고객 세분시장은 일반적으로 비즈니스(business)고객, 또는 관광목적의 고객인 레저(leisure)고객으로 분류되며, 그리고 개인(FIT) 또는 단체(group)에 따라 세분시장이 형성되는데, 일반적으로 고객수준 및 객실료 수준에 따라 다음과 같이 등급을 분류하기도 한다.

- luxury(deluxe) : 최고급의 호화로운 특급호텔
- up-scale : luxury 보다는 낮지만, mid scale 보다는 상급의 수준급 호텔
- mid-scale : mid price 가격(중간대)의 중급호텔
- economy : 경제적인 절약형의 중저가 호텔
- budget : 예산을 고려한 저가형의 호텔

▪ 경영형태에 의한 분류

- 독립경영 형태(단독경영 : independent, local)
- 호텔의 소유주가 독자적인 자사의 브랜드를 가지고 독자적인 방식으로 자유로이 운영하는 경영방식의 호텔을 의미한다(예: 메이필드 호텔, 임피리얼 팰리스 호텔).
- 장점은 자사기업의 독특한 방식으로 차별화해서 운영할 수 있고 타인의 간섭을 받지 않으며, 시장환경 변화에 신속하게 신축적으로 대응할 수 있다. 독립적인 자사의 브랜드 사용으로 유명 브랜드의 로열티(상표

사용료) 비용지출이 없으므로 비용을 절약할 수 있다.

- 단점은 다국적 브랜드의 유명 체인호텔과 달리 운영노하우가 없으므로 비교적 경영상의 위험(risk)요소가 크게 작용한다. 객실영업에 있어서 브랜드 인지도가 낮아 외국인 관광객 유치가 비교적 어려운 단점이 존재한다. 이러한 위협요소를 탈피하기 위해 단독경영형태의 호텔들이 연합하여 공동예약망을 구축하기도 한다.

■ 위탁경영 형태(management contract)

- 호텔의 소유주가 경영노하우가 전무하거나 부족하여 브랜드 인지도가 높은 다국적 브랜드의 체인계약을 통해 호텔의 경영진과 경영방식을 체인본부에 위탁하는 경영형태의 호텔을 의미한다(예: 파크하얏트, JW메리어트 동대문스퀘어서울).
- 장점은 소유와 경영이 완전히 분리된 형태로써 호텔소유주가 호텔경영에 대한 노하우가 없어도 본부에서 파견된 전문경영인이 호텔의 건설부터 경영전반에 걸쳐 도움을 받을 수 있다. 또한 체인호텔본부의 막강한 브랜드 인지도와 명성(공동예약망 활용, 경영선진화 기법) 덕분에 호텔경영의 성공을 가져올 확률이 높아진다.
- 단점은 일반적으로 20년, 또는 10년 장기간에 걸쳐 경영에 대한 수수료(management fee)를 지불해야 하며, 소유주가 경영전반에 걸쳐 간섭할 수가 없으므로 변화하는 시장 상황에 신축적으로 대응할 수 없다.

■ 프랜차이즈경영 형태(franchise)

- 호텔의 소유주가 직접 경영하지만 다국적 유명체인 호텔의 브랜드, 상표사용권, 경영자문 등을 제공받고 가맹비와 수수료를 지불하는 방식이다.
- 장점은 막강한 체인호텔 그룹의 공동예약망을 사용하여 객실점유율 상승 등, 영업이익을 달성하는 것이 가능하며, 브랜드자산의 가치를 상승

시키고 효율적인 마케팅강화가 전개된다는 것이다.

- 단점은 프랜차이즈 호텔그룹의 매뉴얼과 영업기준을 준수해야 하고 가맹호텔본부에서 요구하는 서비스품질 관리 노력에 많은 시간과 노력이 소요되며, 지나친 경영간섭과 로열티를 지불할 수도 있다.

■ 본부직영체인 형태(ownership chain)

- 유명호텔의 모기업이 축적된 호텔경영의 노하우를 가지고 자사기업의 호텔을 직접 경영 하는 방식으로 운영되는 형태이다(예: 신라호텔, 롯데호텔).
- 장점은 성공적인 모기업의 경영노하우와 인력파견(총지배인, 재무, 인사 등)이 비교적 용이하고 공동예약망에 있어서 인지도 높은 동일한 브랜드를 사용하므로 호텔경영의 성공확률을 높일 수 있다.
- 단점은 각 기업의 브랜드인지도가 약해지거나 타격을 입을 경우, 자기업 또는 모기업 또한 브랜드파워에 영향을 받을 수 있으며, 방만한 경영이 이루어질 수도 있다.
  - 신라호텔과 롯데호텔은 국가적으로 또는 대외적으로 보면 독립경영형태의 호텔이지만, 국내에서 대내적으로 본다면, 본부직영의 체인 호텔이라고도 할 수 있다.

■ 리퍼럴경영 형태(referral)

- 독립경영 형태의 호텔들이 위탁경영 또는 프랜차이즈 경영방식의 호텔들에게 대응하기 위해 서로 연합하여 소유권과 독립성은 그대로 유지하면서도 체인방식의 회원사를 조직하여 체인화하는 형태이다.
- 장점은 공동마케팅 전개, 공동예약망 서비스 이용, 각종 정보교환 등을 통해 서로 협력할 수 있다.
- 단점은 강제력과 억제력이 비교적 약하고 각종 운영과 마케팅비용이 추가로 발생한다.

■ 임차경영 형태(lease)

- 호텔경영의 노하우를 보유한 전문기업이 호텔소유주로부터 일정기간

동안 임차하여 운영하는 형태이다.

- 장점은 호텔소유주는 고정된 임대수익을 올릴 수 있다는 것이고 호텔경영회사는 경영에 막대한 자본을 들이지 않고서도 효율적인 경영이 가능하다는 것이다.
- 단점은 호텔소유주 측면에서는 운영에 대한 부담은 없으나, 호텔 운영이 활성화되면 비교적 직접 경영하여 더 높은 수익을 창출할 기회를 상실하는 것이며, 호텔경영회사 측에서는 영업으로 얻은 이익과 손실에 상관없이 고정적으로 임차료를 지불해야 한다는 것이다.

■ 합작투자 형태(joint venture)

- 호텔소유주와 호텔경영회사가 공동으로 투자하여 합작으로 경영하는 방식을 의미한다.
- 장점은 공동부담으로 투자하기 때문에 비교적 막대한 초기투자 비용에 대한 부담감을 덜 수 있다. 또한 호텔소유주나 호텔경영회사는 공동 합작하여 투자했으므로 의무와 책임을 다하게 할 수 있다는 것이다.
- 단점은 호텔의 수익성이 낮거나 손해를 볼 경우에는 위험을 분담할 수 있지만, 영업이익이 높아질 경우 단독으로 투자해서 얻는 이익을 상쇄시킨다고 할 수 있다.

4) 호텔 객실의 종류

■ 침대의 형태에 따른 전통적 분류

- single room : 1인용 침대가 한 개 준비된 객실
- twin room : 1인용 침대가 두 개 준비된 객실
- double room : 2인용 침대가 한 개 준비된 객실
- suite room : 침실과 거실(응접실)이 따로 분리되어 세트로 되어 있는 특실(king size bed)

- family twin room : 2인용 침대 한 개, 1인용 침대 한 개가 준비된 객실(가족단위 고객이용)
- triple room : 1인용 침대가 세 개 준비된 객실

■ 객실의 위치에 따른 분류

- outside room : 전망이 좋은 호텔 외벽 쪽 창가 객실
- inside room : 호텔 안쪽, 대부분 전망이 좋지 않은 객실
- mountain view room : 객실 창이 산 쪽을 바라보고 있는 객실
- ocean view room : 객실 창이 바다 쪽을 바라보고 있는 객실

5) 호텔의 조직

■ 영업부서

- 객실 부문 : 도어맨, 벨맨, 컨시어지, GRO, 프론트클럭, 객실예약실, 비즈니스센터 등
- 식음료 부문 : 식음료사무실 디렉터(부장, 차장), 예약지배인, 각 영업장 지배인(outlet manager), 부지배인, 캡틴, 웨이터·웨이트리스, 버스보이·버스걸, 실습생(trainee) 등
- 부대시설 부문

■ 영업지원부서

- 판촉 · 마케팅 부문(연회판촉 · 객실판촉지배인, RM: revenue manager, 마케팅매니저 등)
- 총무 · 인사 부문
- 회계 · 재무 부문
- 조리 부문(총주방장, 각 영업장 주방장, chef, first · second cook, helper 등)
- 시설 부문(기계실, 전기실, 음향실, 영선실 등)
- 미화 부문(영업장 및 공용로비 청소 및 정비)

6) 호텔조직의 업무

▪ 객실 영업판매 부문

- 프론트 클럭(객실판매 부문)
  - 객실 이용 고객과 접점에서 최초로 접하여 예약·유무를 확인하고 예약된 객실 또는 객실을 배정하며, 체크인·체크아웃 등의 업무를 담당
- 도어맨
  - 호텔에 도착하는 고객의 승용차 문을 열어주거나, 운송수단을 안내하며, 필요 시, 발렛 서비스를 담당
- 컨시어지 · 벨 데스크
  - 고객의 불편사항 상담 및 해결, 각종 정보 안내, 객실 안내, 고객 수화물 운반
- 당직 데스크
  - 야간에 총지배인 대행업무 담당, 고객불편·불평사항 처리, VIP 고객영접·환송업무

▪ 객실 생산부문

- 객실관리(house keeping)
  - 투숙객이 퇴숙(check out)하면, 객실을 새로 정비하여 새로운 객실상품으로 생산하는 부문
- 룸 메이드
  - 고객이 체크아웃 한 객실을 욕실, 침실 등을 청소하고 정비하여 객실상품 준비, 고객이 연박할 경우 또는 턴 오버(turn over) 서비스 요청 시, 객실을 청소하고 새로운 린넨·타올·아메니티(amenity)를 구비해 주는 업무를 담당
- mini bar
  - 체크아웃한 객실 내, 미니 냉장고에 알콜성·비알콜성 음료를 보충하고 재고 조사(inventory) 하는 업무를 담당
- 하우스맨
  - 객실 내, 각종 가구·집기류를 옮기거나, 보조침대(extra bed)를 넣어주고, 룸 메이드 관리 및 청소상태 점검(inspection)의 업무를 담당

- 샴푸맨
  - 객실 내 카페트 세탁·청소하는 업무를 담당
- 린넨실
  - 객실· 식음료부서에서 사용한 린넨을 세탁물 처리하고 직원용 유니폼의 관리 업무를 담당

■ 식음료 부문(식음료 판매부문)

- 식음료부서는 F&B(Food & Beverage) 부서라고도 하는데 식사와 음료 상품을 판매하는 부문이다. 식음료의 종류별로 양식당, 일식당, 중식당, 뷔페식당, 카페, bar, 라운지 등의 부서로 분류된다.
- 5성급 호텔의 경우에는 연회부문을 별도의 부서로 조직화 놓은 곳도 있을 수 있으나 일반적으로 식음료부서에 각종 연회행사를 담당하는 연회부(banquet)가 소속되어 있는 경우가 일반적이다.
- 특히, 우리나라처럼 식음료 행사, 연회행사가 많은 나라에서는 식음료 부서의 매출비중이 호텔 전체매출 중에서 60~70% 이상 차지하는 호텔들이 많다.

■ 조리 부문(식음료 생산부문)

- 양식당·일식당·중식당·한식당 등 각각의 영업장에서 고객이 주문한 음식을 조리하여 제공하는 부문이다.
- 주방의 명칭은 제과를 판매하는 델리카트슨에 케익과 과자를 제공하는 델리주방(베이커리 주방), 호텔 내 각 주방에 고기를 부위별로손질해서 제공하는 부처(butcher)주방, 각종 행사나 뷔페행사에 사용되는 찬 음식(cold dish), 뜨거운 음식(hot dish)을 준비하는 메인주방, 뷔페주방, 중식주방, 일식주방(메인일식주방, 스시카운터주방), 커피숍주방 등이 있다.

7) 호텔객실 요금제도

- 호텔객실 요금제도는 여행사에서 호텔과의 예약 거래 시 매우 중요한 규정사항이며, 각각의 특징에 따라 여행상품 개발 시 다양한 여행상품과 상품가격이 책정된다.
- 호텔객실 요금제도는 크게 European Plan, American Plan, Modified American Plan, Continental Plan 등 4가지로 구분되며, 자세한 사항은 다음과 같다.
  - EP(European Plan) : 객실요금과 식사요금이 분리되어 별도로 계산되는 제도이다.
  - AP(American Plan) : 객실요금에 3식 식사요금이 모두 포함되어 있으며, 주로 조식은 미국식으로 제공되는 경우가 많다. 이는 Full Pension이라고도 하고, 리조트나 클럽에서 많이 사용되는 요금제도이다.
  - MAP(Modified American Plan) : AP가 변형된 제도로서 객실요금에 2식만 포함된 요금 제도이다. 보통 여행사는 조식과 석식의 2식을 호텔에 요청하게 되며, 중식의 경우는 관광지에서 해결하는 경우가 많다.
  - CP(Continental Plan) : 객실요금에 조식의 요금만을 포함하여, BB(Breakfast & Bed) 스타일이라고 부르기도 한다. 이 경우 조식은 미국식보다 메뉴가 단순하고 가격이 저렴한 편이며, 중식과 석식은 여행사가 지정한 식당을 이용하여 수수료의 수입을 발생하기 원하므로 여행사 측에서 가장 선호하는 객실요금 제도이기도 하다.

06 관광교통업

1) 관광교통의 개념

- 관광객이 일상생활을 떠나 반복적으로 교통기관을 이용해 관광자원을 찾아 이루어지는 경제적, 사회적, 문화적 현상이 내포된 이동수단의 총체를 의미한다.
- 관광은 이동이 필수적인 조건으로 관광객의 이동에 따라 교통의 발달이 이루어졌다.
- 훌륭한 관광자원을 보유했더라도 연결시켜 주는 교통수단이 없거나 접근성이 떨어지면 관광상품으로서 가치를 잃게 된다.
- 관광교통은 그 자체로 관광욕구의 충족도 되지만, 일반적으로 관광대상을 연결하는 매체로써 관광욕구 발생장소와 관광욕구 충족장소 간의 공간적 · 지리적 차이의 극복을 가능케 해준다.
- 관광교통은 이동로를 중심으로 육로 · 해로 · 항로로 구분하고 이를 다시 육상교통 · 해상교통 · 항공교통으로 분류할 수 있다.

2) 관광교통의 의의

- 교통은 관광객이 관광활동을 하기 위한 필수적인 요소가 될 뿐만 아니라 교통자체가 중요한 매력대상이기도 하다.
- 관광활동 이동의 시간적 단축뿐 아니라 대량 수송이 가능하여 이동요금이 저렴하고 이동의 제약요소가 줄어들어 관광의 발달에 크게 기여한다.
- 수려한 관광자원도 관광객의 접근이 어렵다면 그 가치는 크게 감소되고 관광자원으로서 역할을 충분히 수행 불가능하다.

- 진기성, 희소성, 호화성, 쾌적성 등을 갖춘 새로운 교통수단은 그 자체로도 충분한 관광자원이 된다(캠핑카, 모노레일, 증기기관차, 케이블카, 관광유람선, 관광잠수함, 관광헬기 등).

3) 관광교통의 기본적 성격

- **무형성** : 관광교통 서비스는 생산되는 순간 소비되지 않으면 소멸되는 특성이 있어서 저장이 불가능하다.
- **수요의 편재성** : 기후조건 또는 사회적, 경제적 조건에 따라 좌우되는 경향이 높으며, 일반교통업은 운임이 갑자기 인상되었다고 해서 출근이나 업무상 출장을 포기할 수는 없지만, 관광교통업은 그 영향으로 위축되기 쉽다.
- **자본의 유효성** : 성수기를 제외하면 여유 좌석이 항상 남아 자본의 유효성이 높은 편이다.
- **독점성** : 대체교통수단이 없을 때는 독점형태의 성격을 보인다.

4) 관광교통의 특성

- 신속성과 안전성도 중요하지만, 쾌적성 또한 중요하다.
- 대부분의 관광객은 쾌적하고 안락하며 갈아타는 횟수가 적은 관광 교통수단을 선호한다.
- 저장이 불가능한 서비스의 특성이 존재한다.
- 관광교통은 관광도로의 개발과 밀접한 관계가 있다.

5) 관광교통의 구성요소

- **관광교통주체** : 관광객(관광교통시장의 수요를 창출하는 주체)
- **관광교통수단** : 자동차, 열차, 선박, 항공기, RV(Recreation Vehicle), 캠핑카, 렌터카, 관광버스, 열차, 크루즈, 헬기 등

- **관광교통시설** : 도로, 철도, 해로, 항로 등의 교통로와 터미널인 공항, 역, 관광주차장, 오토캠핑장, 마리나 및 헬기투어장
- **운임** : 관광패키지에 적용된 포괄요금의 형태와 시간, 장소, 계절에 따라 탄력적으로 적용되는 운임체계
- **관광서비스** : 인적, 물적 서비스가 상품이 되어 그 가치를 부여받고, 서비스의 질과 양에 따라 관광교통수단에 대한 가치평가는 물론, 관광상품의 전반적인 가치에도 큰 영향을 미치는 요소

6) 관광교통의 분류

- **일반 교통수단**(일반여객의 수송, 화물수송)
  - 육상교통 : 자동차, 버스, 택시, 오토바이
  - 철도교통 : 열차, 고속전철, 경전철, 지하철
  - 해상교통 : 여객선
  - 항공교통 : 항공기

- **특수 교통수단**(관광객의 수송 담당)
  - 육상교통 : 렌터카, 관광버스, RV카, 캠핑카
  - 철도교통 : 관광열차, 리조트열차, 모노레일
  - 해상교통 : 크루즈, 요트, 관광잠수함
  - 항공교통 : 전세항공기, 헬기, 경비행기
  - 삭도교통 : 케이블카, 로프웨이, 스키리프트

07 국제회의업(MICE)

- 'MICE' 라는 용어는 주로 홍콩이나 싱가포르 등 동남아 지역에서 먼저 쓰이기 시작하면서 21세기에 들어서며 대중적인 용어가 되었다.
- MICE는 기업 회의(Meeting), 포상관광(Incentive Travel), 컨벤션(Convention), 전시(Exhibition)의 앞 글자를 따서 합쳐놓은 용어로서 유럽과 아시아, 태평양 지역의 전시 컨벤션 선진 관광국가들이 중요한 산업으로 인식하고 있다.
- 국가 간의 장벽이 무너지고 상호 교류가 활발해짐에 따라 국제회의 및 전시회 또한 다양한 이유로 증가하게 되었다.
- MICE 산업은 지역 경제의 활성화, 내수의 확대, 고용창출, 개최지의 글로벌 이미지제고, 연관산업의 파급효과 등 경제적, 사회적, 문화적으로 많은 긍정적인 효과들을 지닌 산업이다.
- 관광서비스 산업의 발전을 통한 경제의 성장 및 고용창출을 도모하는 상황에서 MICE 산업의 발전은 향후 우리 경제의 서비스 산업화를 통한 국가발전에 큰 영향을 발휘할 것이다.
- 우리나라는 MICE 산업을 신 성장동력육성산업 중 하나로 그 중요성을 인식하고 정책적으로 육성시키고 있는 현실이다.

1) 국제회의의 정의

- UIA(Union of International Association)의 정의

UIA는 여러 기준들을 토대로 국제회의의 데이터 수집 여부를 결정하고 한 해 동안 개최된 국제회의를 세 가지 그룹(A ,B, C)으로 분류한다.

- A그룹 : 국제기구(International Organizations)가 주최하거나 후원하고 최소 50명 이상이 참석하거나 참석자 수가 알려지지 않은 회의
- B그룹 : 국제기구(International Organizations)가 주최하거나 후원하지는 않으나 국가 조직(National Organizations) 혹은 국제기구의 국내지부가 주최하는 회의로 해외 참가자 비율이 40% 이상이며 참가자 출신지역은 5개국 이상이고 최소 3일 이상 개최되거나 개최일수가 알려지지 않았으며 300명 이상이 참가하거나 전시회를 동반하는 회의
- C그룹 : 국제기구(International Organizations)가 주최하거나 후원하지는 않으나 국가 조직(National Organizations) 혹은 국제기구의 국내지부가 주최하는 회의로 해외 참가자 비율이 40% 이상이며 참가자 출신지역은 5개국 이상이고 최소 2일 이상 개최되거나 개최일수가 알려지지 않았으며 250명 이상이 참가하거나 전시회를 동반하는 회의
- B 그룹과 C 그룹의 차이
  - B 그룹과 C 그룹에 속하는 국제회의 모두, 국가조직 또는 국제기구의 국내지부가 주최하고 해외 참가자 비율이 40프로 이상이며 참가자 출신지역은 5개국 이상이다. 그러나 B 그룹은 최소 3일 이상 개최되고 300명 이상이 참가하거나 전시회를 동반하는 회의를 포함하는 반면, C 그룹은 최소 2일 이상 개최되고 250명 이상 참가 혹은 전시회 동반 회의를 포함한다. 따라서 C 그룹은 반드시 B 그룹을 포함하게 된다.

문화체육관광부의 정의(2018년 5월 29일)

국제회의산업 육성에 관한 법률을 보면 '국제회의'란 상당수의 외국인이 참가하는 회의(세미나·토론회·전시회 등을 포함한다)로서 대통령령으로 정하는 종류와 규모에 해당하는 것을 말한다. 따라서, 국제회의산업 육성에 관한 법률 시행령 제2조(국제회의의 종류·규모)에서 정한 조건을 살펴보면 다음과 같다.

- 국제기구나 국제기구에 가입한 기관 또는 법인·단체가 개최하는 회의로서 다음 각 목의 요건을 모두 갖춘 회의
  : 해당 회의에 5개국 이상의 외국인이 참가할 것
  : 회의 참가자가 300명 이상이고 그 중 외국인이 100명 이상일 것
  : 3일 이상 진행되는 회의일 것

- 국제기구에 가입하지 아니한 기관 또는 법인·단체가 개최하는 회의로서 다음 각 목의 요건을 모두 갖춘 회의
  : 회의 참가자 중 외국인이 150명 이상일 것
  : 2일 이상 진행되는 회의일 것

국제회의산업의 정의

'국제회의산업'이란 국제회의의 유치와 개최에 필요한 국제회의시설, 서비스 등과 관련된 산업을 말한다.

- 법 제2조(국제회의의 종류·규모) 제3호에 따른 국제회의시설은 전문회의시설·준회의시설·전시시설 및 부대시설로 구분한다.
- 전문회의시설은 다음 각 호의 요건을 모두 갖추어야 한다.
  : 2천명 이상의 인원을 수용할 수 있는 대회의실이 있을 것
  : 30명 이상의 인원을 수용할 수 있는 중·소회의실이 10실 이상 있을 것
  : 옥내와 옥외의 전시면적을 합쳐서 2천 제곱미터 이상 확보하고 있을 것
- 준회의시설은 국제회의 개최에 필요한 회의실로 활용할 수 있는 호텔연회장·공연장·체육관 등의 시설로서 다음 각 호의 요건을 모두 갖추어야 한다.
  : 200명 이상의 인원을 수용할 수 있는 대회의실이 있을 것
  : 30명 이상의 인원을 수용할 수 있는 중·소회의실이 3실 이상 있을 것
- 전시시설은 다음 각 호의 요건을 모두 갖추어야 한다.
  : 옥내와 옥외의 전시면적을 합쳐서 2천 제곱미터 이상 확보하고 있을 것
  : 30명 이상의 인원을 수용할 수 있는 중·소회의실이 5실 이상 있을 것
- 부대시설은 국제회의 개최와 전시의 편의를 위하여 제2항 및 제4항의 시설에 부속된 숙박시설·주차시설·음식점시설·휴식시설·판매시설 등으로 한다.

2) 국제회의의 종류

■ 회의(meeting)

- 기업회의를 의미하며, 모든 종류의 회의를 총칭하는 가장 포괄적 용어이다.

■ 컨벤션(convention)

- 회의부문에서 폭넓게 사용되는 보편적인 용어이며, 일반적으로 국제회의를 일컫는 용어로 사용된다.

• 정보전달을 주목적으로 하는 정기적인 모임에서 많이 사용되며, 동시에 전시회를 수반하는 경우가 많다.

■ 컨퍼런스(conference)

• 회의진행에서 토론회가 자주 열리고 회의참가자들에게 토론회에 참여기회도 주어진다.

• 주로 과학 · 기술 · 학문(학술대회) 분야의 새로운 지식습득, 특정문제에 대한 현안 연구를 위한 회의에 사용되는 용어이다.

■ 콩그레스(congress)

• 유럽에서 주로 많이 사용되며, 본회의, 사교적인 행사, 관광행사 등 다양한 프로그램으로 구성된다.

■ 세미나(seminar)

• 연구 및 교육 목적의 개최되는 회의로 발표자와 참가자가 동일한 주제에 대해 발표 및 토론하며, 30명 이하의 참석자가 전문가로서 발표하고 공개적으로 토론한다.

■ 심포지움(symposium)

• 제시된 안건에 관해 전문가들이 다수의 청중 앞에서 벌이는 공개토론회이다.

• 포럼과 비교하여 다소 형식을 갖추며, 청중에게 질문할 수 있는 기회도 제공된다.

■ 패널토의(panel discussion)

• 청중이 모인 가운데 2~8명의 연사가 사회자의 주도하에 서로 다른 분야에서의 전문가적 견해를 발표하는 공개토론회로서 청중도 자신의 의견을 발표할 수 있다.

■ 강연회(lecture)

- 1인의 전문가가 일정한 주제를 가지고 청중 앞에서 강연하며, 청중에게 질의 · 응답의 기회가 주어지기도 한다.

■ 포럼(forum)

- 정해진 한 가지 주제에 대해 서로 상반된 견해를 가진 동일 분야의 전문가들이 사회자의 주도하에 청중 앞에서 벌이는 공개토론회이다.
- 청중이 사회자에 안내에 따라 자유로이 질의에 참여할 수 있으며, 사회자가 의견을 종합해서 요약하는 식으로 진행된다.

■ 워크숍(workshop)

- 새로운 지식이나 과제에 대해 아이디어를 창출하고 새로운 지식이나 정보를 토론하고 교환한다. 비교적 편안한 차림으로 아이디어를 떠올리기 위해 교외로 나가서 회의를 진행하기도 한다.

■ 전시회(exhibition)

- 해당 산업의 공급자와 유통업자, 관련업계 종사자 들이 판촉상품을 특정한 공간에 전시 하여 일정기간 동안 구매자 또는 잠재 구매자에게 물품을 판매와 홍보하는 행사라 할 수 있다.

■ 무역박람회(trade exposition)

- 국가 단위 또는 지역단위 또는 산업별로 대규모로 개최되고 장기간 진행되는 경우도 있으며, 직접적으로 판매를 목적으로 하지는 않지만, 해당상품을 홍보하는 효과를 거둘 수 있다. '엑스포(expo)'라고도 한다.

■ 주관별 분류

- 정부주관 회의
  - 정부가 주관하거나 정부 산하 조직이 주관하는 세계적·전국적 회의(예: ASEM: Asia-Europe Meeting, APEC: Asia-Pacific Economic Cooperation, ILO: International Labour Organization)

- 협회 · 학회 회의
  - 각 분야 산업의 전문가 단체인 협회가 관련된 주제를 대상으로 회의 진행
  - 모든 협회는 세계적 · 전국적 · 지역적인 협회 보유
  - 각 학술단체의 관련자들이 학술연구와 관련한 주제를 대상으로 회의 진행
- 기업회의
  - 기업들이 다양한 형태의 회의 진행
  - 주주총회, 정기총회, 임시총회, 사원연수, 지역총회 등
- 비영리 단체 회의(NGO)
  - 보이스카웃연맹의 세계잼버리대회
  - 로터리 클럽, 라인언스클럽 등

3) 국제회의 개최장소

- 컨벤션센터 · 전시장
- 호텔 연회장
- 리조트 연회장
- 컨퍼런스센터

4) 국제회의의 파급효과

- 정치적 효과
  - 국제적 지위의 향상
  - 인적 · 문화교류의 확대
  - 국가 간, 정치 협력 증대 외교 · 정책적 효과
- 경제적 효과
  - 국제회의 관련 산업분야(호텔, 음식, 교통, 쇼핑)에 직 · 간접적 효과 발휘
  - 외화획득과 세수의 증대로 경제 승수 효과 발생
- 사회 · 문화적 효과
  - 기반시설의 정비

- 도로 교통망 확충
- 이용 환경의 개선
- 국제회의 연관산업 고용증대
- 광범위한 파급효과 확대

5) 국제회의 개최현황 UIA

- 2017년 한 해 동안 전 세계에서 총 10,786건의 국제회의가 개최되었으며, 우리나라는 1,297건의 국제회의를 개최하여 세계 1위를 기록하였다.
- 그러나 2019년 1,113건으로 2위를 기록하였고 COVID-19 사태의 확산으로 2020년에는 256건으로 4위를 기록하였다.

표 6-1 ▸ 국제협회연합(UIA) 인정 기준

구분	내용
A Type	국제기구 또는 단체가 주관하거나 후원하는 회의
B Type	국제기구 또는 단체가 주관하거나 후원하는 회의는 아니지만 그 성격이 국제적 성격을 띠는 회의로, 국내기구 또는 단체와 국제기구 또는 단체의 국내 지부가 주최하는 회의 중 다음 조건을 만족하는 회의 1. 전체 참가자수가 300명 이상 2. 참가자 중 외국인이 40% 이상 3. 참가국수 5개국 이상 4. 회의기간이 3일 이상이거나 알려지지 않은 경우
C Type	국제기구 또는 단체가 주관하거나 후원하는 회의는 아니지만 성격이 국제적 성격을 띠는 회의로, 국내기구 또는 단체와 국제기구 또는 단체의 국내 지부가 주최하는 회의 중 다음 조건을 만족하는 회의 1. 전체 참가자수가 250명 이상이거나 전시회 동반 2. 참가자 중 외국인이 40% 이상 3. 참가국수 5개국 이상 4. 회의기간이 3일 이상이거나 알려지지 않은 경우

- 2020년 세계 도시별 개최 순위에서는 싱가포르(1위, 780건), 브뤼셀(2위, 290건)에 이어 서울이 3위(150건)를 기록하였다.
- COVID-19 사태로 인한 전세계 관광객의 이동제한 조치로 인해 타 관광산업과 마찬가지로 저조한 유치실적을 나타내었다. 우리나라는 지속적으로 상위권에 랭크되어 있으나 전 세계가 그렇듯이 2020년부터 국제회의 개최건수가 상당히 급감하였다.

표 6-2 ▸ 우리나라 국제회의 개최 건수 및 순위

	2017년	2018년	2019년	2020	2021년
개최건수	1,297	890	1,113	256	473
증감률	30.1	-31.4	25.1	-77.0	84.7
세계순위	1	2	2	2	1

표 6-3 ▸ 2020년 주요국가 도시별 국제회의 개최건수 및 순위

국가명	2017년 개최건수	3개년 순위			도시명	2020년 개최건수	3개년 순위		
		2020	2019	2018			2020	2019	2018
싱가포르	780	1	1	1	싱가포르	780	1	1	1
미국	438	2	4	4	브뤼셀	290	2	2	2
벨기에	338	3	3	3	서울	150	3	3	3
한국	256	4	2	2	도쿄	122	4	6	5
일본	225	5	5	5	비엔나	109	5	5	4
영국	186	6	8	8	런던	101	6	7	7
독일	162	7	8	7	제네바	232	7	9	9
프랑스	141	8	6	6	파리	212	8	4	6
스위스	137	9	13	15	바르셀로나	198	9	10	8
오스트리아	135	10	9	9	베를린	193	10	8	10

출처 : UIA, International Meeting Statistics Report(A + B Type 기준)

6) 국내 국제회의 시설 현황

표 6-4 ▸ 한국전시산업진흥회 2018

지역	전시·컨벤션센터 명칭(건립년도)	전시시설	회의시설		주차 시설 (단위:대)
		총 면적 (단위:m^2)	총 면적 (단위:m^2)	회의실 수	
서울	Coex(1988년)	36,007	11,568	92	2,648
서울	aT Center(2002년)	7,422	2,448	11	524
서울	SETEC(1999년)	7,948	-	-	400
경기	KINTEX(2005년) *2011년 확장	108,566	15,762	40	4,262
경기	Songdo ConvensiA (2008년)	8,416	4,020	26	600
대전	DCC(2008년)	2,520	4,862	20	400
대구	EXCO(2001년) *2011년 확장	22,159	5,073	24	1,413
경북(구미)	GUMICO(2010년)	3,402	953	7	308
경북(경주)	HICO(2014년)	2,273	5,137	17	520
전북(군산)	GSCO(2014년)	3,000	2,749	11	1,000
전남(광주)	KDJ Center(2005년) *2013년 확장	12,027	7,066	31	1,520
경남(창원)	CECO(2005년)	9,375	3,744	16	915
부산	BEXCO(2001년) *2012년 확장	46,380	8,883	52	3,087
제주	ICC JEJU(2003년)	2,395	9,142	29	418
전국	총합계	275,239	71,596	324	18,964

표 6-6 ▸ 카지노사업자 관광진흥개발기금 부과 현황

(단위 : 백만원)

구 분	2014	2015	2016	2017	2018	2019	2020	2021
파라다이스 워커힐	41,040	35,005	33,927	26,612	29,081	28,583	16,865	13,876
세븐럭 서울강남	25,303	20,988	22,915	19,349	18,974	18,261	8,109	2,648
세븐럭 서울강북	19,484	19,081	21,466	20,181	19,751	21,606	7,239	4,258
세븐럭 부산롯데	7,026	7,976	8,081	7,999	7,896	7,824	1,634	446
파라다이스 부산	7,507	6,775	9,616	6,699	6,410	7,093	1,928	1,161
파라다이스시티	10,324	8,971	9,048	17,046	24,401	37,152	12,153	8,146
알펜시아	6	2	0	0.4	2	2	0.3	0
인터불고	714	774	1,133	1,173	1,094	1,532	1,139	1,316
공즈	1,944	1,241	229	2,736	3,268	2,679	435	9.9
파라다이스 제주	5,731	4,410	4,983	2,729	1,920	3,503	451	55
마제스타	3,498	3,478	1,999	580	1,044	343	118	0
로얄팔레스	1,416	1,091	1,517	1,442	822	1,140	20	0
제주롯데	3,191	3,135	1,884	959	177	193	27	2,414
제주썬	838	166	90	367	393	372	55	0
랜딩	357	2,680	2,621	3,514	37,941	5,705	3,695	1,097
메가럭	1,295	731	562	1,133	1,581	1,250	0.4	0
소계	129,674	116,504	120,071	112,519	154,755	137,238	53,868	35,427
강원랜드	141,660	155,575	162,221	151,770	139,468	147,615	43,815	76,960
합계	271,334	272,079	282,292	264,289	294,223	284,853	97,683	112,387

자료 : 문화체육관광부 2022년 카지노업 현황

※ 위 관광기금은 당해 연도 기금부과 대상 매출액 기준 산출액이며 납부는 다음해에 함

표 6-7 ▶ 연도별 외래관광객 대비 카지노이용객 현황

(단위 : 명, %)

연 도	외래관광객 (A)	카지노이용객 (C)	외래관광객 대비 점유율(C/A)	카지노 이용객 전년대비 증감률(%)
1993	3,331,226	650,420	19.5	△4.4
1994	3,580,024	625,865	17.5	△3.8
1995	3,753,197	633,174	16.9	1.2
1996	3,683,779	517,672	14.1	△18.2
1997	3,908,140	518,178	13.1	0.1
1998	4,250,216	689,254	16.0	33.0
1999	4,659,785	694,899	14.9	0.8
2000	5,321,792	636,005	12.0	△8.4
2001	5,147,204	626,851	12.1	△1.4
2002	5,347,468	647,722	12.1	3.3
2003	4,752,762	630,474	13.2	△2.6
2004	5,818,138	677,145	11.6	7.4
2005	6,022,752	574,094	9.5	△15.2
2006	6,155,046	988,718	16.0	72.2
2007	6,448,240	1,176,338	18.2	19.0
2008	6,890,841	1,276,772	18.5	8.5
2009	7,817,533	1,676,207	21.4	31.2
2010	8,797,658	1,945,819	22.1	16.0
2011	9,794,796	2,100,698	21.4	8.0
2012	11,140,028	2,384,214	21.4	13.5
2013	12,175,550	2,707,315	22.2	13.6
2014	14,201,516	2,961,833	20.9	9.4
2015	13,231,651	2,613,620	19.8	△11.8
2016	17,241,823	2,362,544	13.7	△9.6
2017	13,335,758	2,216,459	16.6	△6.2
2018	15,346,879	2,839,017	18.5	28.1
2019	17,502,756	3,233,761	18.5	13.9
2020	2,519,118	1,160,967	46.1	△64.1
2021	967,003	708,571	73.3	△39.0

자료 : 문화체육관광부 2022년 카지노업 현황

※ 외래방한객 출처 : 한국관광공사

※ 카지노이용객은 외국인전용카지노(육지+제주) 기준

표 6-8 ▸ 연도별 관광외화수입 대비 카지노 매출액

연 도	관광외화수입 (천$) (A)	증감률(%)	카지노외화수입 (천$) (B)	증감률(%)	점유율(%) (B/A)
1993	2,929,500	8.9	173,176	27.0	5.9
1994	3,316,500	13.2	250,763	44.8	7.6
1995	5,060,200	52.6	286,342	14.2	5.7
1996	4,855,400	△4.0	265,560	△7.2	5.5
1997	4,710,200	△3.0	243,013	△8.5	5.2
1998	6,865,400	45.8	203,877	△16.1	2.9
1999	6,801,900	△0.9	251,787	23.5	3.7
2000	6,811,300	0.1	301,153	20.0	4.4
2001	6,370,700	△6.5	296,355	△0.8	4.6
2002	5,915,000	△7.2	327,075	10.4	5.5
2003	5,339,900	△9.7	334,335	2.2	6.3
2004	6,049,300	13.3	378,576	13.2	6.3
2005	5,785,100	△4.4	423,413	11.8	7.3
2006	5,689,000	△1.7	501,928	18.5	8.8
2007	6,057,600	6.5	659,634	31.4	10.9
2008	9,680,500	59.8	684,263	3.7	7.1
2009	9,737,000	0.6	720,520	5.3	7.4
2010	10,225,400	5.0	869,679	20.5	8.5
2011	12,233,900	19.6	1,015,982	16.8	8.3
2012	13,201,100	7.9	1,110,244	9.3	8.4
2013	14,288,400	8.2	1,250,093	12.6	8.7
2014	17,335,900	21.3	1,307,776	4.6	7.5
2015	14,675,800	△15.3	1,098,778	△16.0	7.5
2016	16,753,900	14.2	1,099,266	0.04	6.6
2017	13,263,900	△20.8	1,066,442	△3.0	8.0
2018	18,461,800	39.2	1,477,265	38.5	8.0
2019	20,744,900	12.4	1,243,280	△15.9	6.0
2020	10,181,100	△50.9	506,559	△59.3	5.0
2021	10,282,100	1.0	353,659	△30.2	3.4

자료 : 문화체육관광부 2022년 카지노업 현황

※ 2021년 관광수입은 잠정치임(출처 : 한국관광공사)

※ 카지노외화수입은 외국인전용카지노(육지+제주) 기준

- COVID-19 사태로 인한 2020년 외래관광객 수 급감으로 카지노 이용객 수도 감소하게 되었으며 2021년에는 급기야 70만명 수준으로 나타났다.
- 마찬가지로 관광외화수입도 2020년 이후 절반 수준의 수치를 나타냈으며, 카지노외화수입 또한 절반 수준의 수치를 기록하였고 급기야 2021년에는 3억 5천 달러 수준으로 나타났다.

- **카지노업의 조직**
  - 전산전문요원
  - 환전장
  - 출납부서
  - 안전관리부서
  - 영업부서
  - 카지노 총지배인
  - 이사회

- **카지노업의 매출현황**(연도별 관광외화수입 대비 카지노 매출액 표 참조)
  - 1991년 : 매출액 1억 달러 달성
  - 1994년 : 매출액 2억 달러 달성
  - 2002년 : 매출액 3억 달러 달성
  - 2005년 : 매출액 4억 달러 달성
  - 2006년 : 매출액 5억 달러 달성
  - 2007년 : 매출액 6억 달러 달성
  - 2009년 : 매출액 7억 달러 달성
  - 2010년 : 매출액 8억 달러 달성
  - 2011년 : 매출액 10억 달러 달성
  - 2012년 : 매출액 11억 달러 달성
  - 2013년 : 매출액 12억 달러 달성

- 2014년 : 매출액 13억 달러 달성
- 2015년 : 매출액 11억 달러 매출
- 2016년 : 매출액 11억 달러 매출
- 2017년 : 매출액 10억 6천만 달러 매출
- 2018년 : 매출액 14억 7천만달러 매출
- 2019년 : 매출액 12억 4천만달러 매출
- 2020년 : 매출액 5억 달러 매출
- 2021년 : 매출액 3억 5천만 달러 매출

■ 카지노산업의 문제점

- 카지노 영업장을 둘러싼 주변범죄 및 범죄 조직의 증가
- 카지노 주변 유흥업소 및 카지노 부대시설 등을 둘러싼 이권개입과 불법 고리대금 업체의 개입, 매춘 등 범죄조직과 연계되어 있고 도박산업과 긴밀하게 연계되어 있어 범죄유발 가능성 상승
- 카지노로 인한 일반대중의 사행성 비용지출 증대
- 유흥비 과다 지출문제 대두, 과다한 게임비 지출로 가정생활 파괴의 우려
- 해외도박으로 인한 외화유출 및 탈세 현상 발생 가능
- 외국 폭력조직의 불법자금 유입 및 불법고리대금업 성행 가능성
- 카지노를 통한 지하자금 돈세탁 우려

5) 카지노업의 개선방안

■ 출입자의 신분확인 및 개인별 ID카드 발급 (돈세탁 방지)

■ 일정금액 이상 게임용 칩 환전자 및 수익자 기록유지 및 관계기관 통보

■ **내국인 콤프**(complementary) **금지** : 사회경제적 정의실현 방안

■ 광고금지

- 카지노입장료 부과
- 카지노 영업시간의 제한

6) 카지노업의 전망

- 거대도시에 인접한 카지노는 많은 잠재고객을 가지고 있음
- 카지노를 통해 지역사회의 경제개발 도모
- 오락을 추구하는 인구의 증가로 밝은 전망
- 새로운 게임과 특별판매촉진 프로그램 개발 필요

09 리조트 & 테마파크

1) 리조트의 개념

- 리조트의 역사는 로마의 대중목욕탕에서 유래되었다고 한다. 목욕을 하면서 피로에 지친심신을 달래고 대화를 하면서 재충전하는 SPA라는 문화가 발전되었다고 한다.
- 리조트(resort)는 일상 생활권을 벗어나 휴양·휴식·재충전의 목적으로 자연경관이 좋은 지역으로 방문한 관광객을 위해 레크리에이션 및 여가활동을 위한 다양한 종합시설들을 계획적으로 완비한 종합단지를 말한다.
- '종합레크리에이션센터', '체재형관광지'라고 불리는 리조트는 영어로 Resort Land, Resort Town, Resort Complex라고 표현되기도 한다.
- 일반적으로 휴가나 건강을 위해 찾아가는 곳으로서 스포츠, 레크리에이션, 교양문화활동, 휴양 등 종합적인 기능이 정비된 장소이다. 즉 원지(園

地)내에 휴게시설, 경기장, 놀이터, 간이서비스 시설 등을 갖추고, 체류기간동안 그곳을 떠날 필요가 없도록 모든 제반시설을 갖춘 곳이라고 할 수 있다.

- 리조트는 이용형태에 의한 분류(주말형, 장기체재형, 정주형), 조직에 의한 분류(폐쇄형, 개방형), 주제에 의한 분류(스포츠형, 가족 레크레이션형, 온천형, 실버형, 체험형 등), 그리고 입지조건에 의한 분류(산악형, 해양형, 대도시권 주말형 등) 등 4가지 형태로 구분되어지며, 이 중 조직에 의한 분류는 폐쇄형일 경우 일반적으로 클럽(club)이라고 칭한다.

2) 리조트의 분류

표 6-9 ▸ 리조트의 분류

구 분	리조트의 형태	
계절에 의한 분류	• 사계절형 리조트	• 여름형 리조트 • 겨울형 리조트
위치에 의한 분류	• 산악형 리조트 • 해변형 리조트 • 도서형 리조트	• 온천형 리조트 • 내수면형 리조트 • 전원형 리조트
활동에 의한 분류	• 스포츠형 리조트 • 마리나 리조트 • 스키 리조트	• 휴양형 리조트 • 유람형 리조트 • 복합형 리조트
목적에 의한 분류	• 골프 리조트 • 스키 리조트 • 온천 리조트 • 마리나 리조트 • 해양형 리조트	• MICE 참가형 리조트 • 테마파크 리조트 • 생태관광형 리조트 • 카지노 리조트 • 종합스포츠전용 리조트

3) 리조트사업의 특성

- 투자사업비의 과다
  - 대규모의 토지 매입비용 및 건설비가 소요된다.
  - 리조트 부대시설(골프장, 워터파크, 콘도미니엄) 건축비가 과다 소요된다.

- 시설 및 건물의 조기노후화
  - 불특정 다수가 빈번하게 이용하는 시설이라 호텔 등과 마찬가지로 시설물과 건축물의 노후화가 급속하게 진행된다.
  - 주기적인 시설 개·보수(리노베이션)가 요구된다.

- 계절성의 존재
  - 대부분의 리조트사업은 성수기와 비수기가 존재한다. 예컨대, 여름 또는 겨울 휴가와 방학기간에는 이용률이 폭주하는 성수기와 극성수기가 발생하고 일반적으로 봄·가을은 비교적 한산해지는 비수기가 나타난다.
  - 비수기를 타개할 수 있도록 장소를 활용한 사업다각화 전략을 전개해야 한다. 예컨대, 모 리조트에서는 겨울에 스키장으로 사용하던 슬로프를 봄·여름·가을에는 골프장으로 변모하여 입지 변화 전략을 구사하고 있는 실정이다.

- 공공의 기능 수행
  - 학교 수학여행, M.T, O.T, 기업체 워크샵, 기업회의 등의 준거집단들이 대규모로 이용할 수도 있으며, 대규모 국제회의, 레저, 공연, 전시회 등 도심을 벗어난 휴양의 공공장소로서의 역할을 담당하기도 한다.

4) Club Med

- 1950년 스페인 알쿠아디아에서 시작된 최초의 휴가마을이자 리조트의 대명사인 클럽 메드는 Club Mediterranean(지중해 클럽)의 약자로서 태양,

3) 외식업의 분류

- 다음과 같이 식품위생법 시행령 제 21조 8항에서 분류하고 있는 외식업을 보면 모두 6가지로 분류한다.
  - 휴게음식점
  - 일반음식점
  - 단란주점
  - 유흥주점
  - 위탁급식
  - 제과점

표 6-11 ▸ 식품위생법상의 분류

구 분	분 류	형 태
식품위생법 시행령 제21조 8항	휴게음식점영업	• 주로 다류(茶類), 아이스크림류 등을 조리·판매하거나 패스트푸드점, 분식점 형태의 영업 등 음식류를 조리·판매하는 영업으로서 음주행위가 허용되지 아니하는 영업. 다만, 편의점, 슈퍼마켓, 휴게소, 그 밖에 음식류를 판매하는 장소(만화가게 및 「게임산업진흥에 관한 법률」 제2조제7호에 따른 인터넷컴퓨터게임시설제공업을 하는 영업소 등 음식류를 부수적으로 판매하는 장소를 포함한다)에서 컵라면, 일회용 다류 또는 그 밖의 음식류에 물을 부어 주는 경우는 제외한다.
	일반음식점영업	• 음식류를 조리·판매하는 영업으로서 식사와 함께 부수적으로 음주행위가 허용되는 영업
	단란주점영업	• 주로 주류를 조리·판매하는 영업으로서 손님이 노래를 부르는 행위가 허용되는 영업
	유흥주점영업	• 주로 주류를 조리·판매하는 영업으로서 유흥종사자를 두거나 유흥시설을 설치할 수 있고 손님이 노래를 부르거나 춤을 추는 행위가 허용되는 영업
	위탁급식영업	• 집단급식소를 설치·운영하는 자와의 계약에 따라 그 집단급식소에서 음식류를 조리하여 제공하는 영업
	제과점영업	• 주로 빵, 떡, 과자 등을 제조·판매하는 영업으로서 음주행위가 허용되지 아니하는 영업

- 한국표준산업분류에서 분류하고 있는 외식업의 종류를 보면 상세하게 업종과 업태를 분류하고 있다.

표 6-12 ▸ 한국표준산업분류표의 음식점업

<table>
<tr><th>대분류</th><th>중분류</th><th>소분류</th><th>세분류</th><th colspan="2">세세분류(코드번호)</th></tr>
<tr><td rowspan="22">숙박 및 음식점업 (55~56)</td><td rowspan="22">음식점 및 주점업 (56)</td><td rowspan="16">음식점업 (561)</td><td rowspan="4">한식음식점업 5611</td><td>한식 일반 음식점업</td><td>56111</td></tr>
<tr><td>한식 면 요리 전문점</td><td>56112</td></tr>
<tr><td>한식 육류 요리 전문점</td><td>56113</td></tr>
<tr><td>한식 해산물 요리 전문점</td><td>56114</td></tr>
<tr><td rowspan="4">외국식 음식점업 5612</td><td>중식 음식점업</td><td>56121</td></tr>
<tr><td>일식 음식점업</td><td>56122</td></tr>
<tr><td>서양식 음식점업</td><td>56123</td></tr>
<tr><td>기타 외국식 음식점업</td><td>56129</td></tr>
<tr><td>기관 구내식당업 5613</td><td>기관 구내식당업</td><td>56130</td></tr>
<tr><td rowspan="2">출장 및 이동 음식점업 5614</td><td>출장 음식 서비스업</td><td>56141</td></tr>
<tr><td>이동 음식점업</td><td>56142</td></tr>
<tr><td rowspan="5">기타 간이 음식점업 5619</td><td>제과점업</td><td>56191</td></tr>
<tr><td>피자, 햄버거, 샌드위치 및 유사 음식점업</td><td>56192</td></tr>
<tr><td>치킨 전문점</td><td>56193</td></tr>
<tr><td>김밥 및 기타 간이 음식점업</td><td>56194</td></tr>
<tr><td>간이 음식 포장 판매 전문점</td><td>56199</td></tr>
<tr><td rowspan="6">주점 및 비알코올 음료점업 (562)</td><td rowspan="4">주점업 5621</td><td>일반 유흥 주점업</td><td>56211</td></tr>
<tr><td>무도 유흥 주점업</td><td>56212</td></tr>
<tr><td>생맥주 전문점</td><td>56213</td></tr>
<tr><td>기타 주점업</td><td>56219</td></tr>
<tr><td rowspan="2">비알코올 음료점업 5622</td><td>커피 전문점</td><td>56221</td></tr>
<tr><td>기타 비알코올 음료점업</td><td>56229</td></tr>
</table>

자료 : 통계청 고시 제2017-13호 한국표준산업분류표 제 10차 개정 (2017.7.1.) 논자 재구성

4) 외식업의 특성

- 생산과 소비의 동시성
  - 유통기간이 짧거나 없는 경우도 존재한다.
  - 소비자가 직접 주문하여 소비한다.
  - 상품 조리, 판매, 서비스, 소비가 거의 동시에 발생한다.

- 인적서비스에 대한 의존도가 높은 노동집약적 사업
  - 일반기업은 자본과 기술집약적 사업이지만 외식업은 자동화에 한계가 존재하며, 인적인 서비스가 필수 불가결한 사업이다.
  - 인건비가 차지하는 비중이 높은 사업이다.

- 입지가 중요한 사업
  - 생산과 소비가 일어나는 장소가 중요한 사업이다.
  - 소비가 발생하는 장소를 영업장으로 하는 만큼, 접근성이 성패를 좌우하는 사업이다.

- 판매 예측의 불가능성
  - 정치 · 경제 · 사회 · 문화적 요인에 의해 판매가 좌우되므로 미래의 판매량을 예측하기가 곤란하다.
  - 다변화되고 다양한 소비자의 욕구에 따라 수요가 달라지기 때문에 식재료 구매, 저장 등의 조리 준비상태를 유지하고 관리하기가 어려운 측면이 존재한다.
  - 다품종 소량생산 주문판매의 특성으로 소비 고객의 특성에 따라 주력상품이 변화할 수도 있으므로 수요예측이 불확실하다.

- 진입장벽이 낮음
  - 타 일반산업에 비해 비교적 적은 자본으로 창업할 수 있는 진입장벽이 낮은 사업이다.

- 진입장벽이 낮아 신규 참여가 어렵지 않아 생존경쟁이 치열한 사업이다.

■ 종사원의 높은 이직률

- 타 산업에 비해 육체적인 노동 강도가 강하며, 단순노무직이라는 사회적 편견에 따라 임금 및 복지수준이 열악하여 종사원의 이직률이 높은 특성을 지닌다.

5) 현대 외식업의 트랜드

■ 즉석요리 제품의 선호

- 바쁜 현대인들을 위한 비교적 짧은 시간 내에 조리하고 소비할 수 있는 인스턴트 음식을 선호하는 경향이 두드러진다.
- 캔제품, 냉동제품, 건조제품 등에 대한 소비가 급속히 일어나고 있으며, 특히 온종일 24시간 영업을 하는 편의점 영업확대에 따라 이러한 편의주의의 식생활 소비가 증가하고 있는 추세이다.

■ 요리문화의 저변 확대

- '요리 잘하는 섹시한 남자'라는 표현 즉, '요섹남'이라는 신조어가 등장할 정도로 조리사 쉐프 라는 직업에 대해 선호도가 높아지고 있으며, 각 매체마다 '요리 프로그램', '먹방 프로그램'을 통해서, 식사와 요리에 대한 새로운 문화가 확대되고 있는 실정이다.
- 식 · 음료를 단순히 먹고 마시는 것이 아니라, 요리 그 자체를 취미 또는 여가활동의 일부로 생각하는 문화가 확대되고 있다.
- 인터넷 매체의 발달, 스마트 폰 등의 스마트한 세상이 도래함에 따라 인스타그램, 페이스북, 유투브, 블로그 등의 프로그램을 활용한 각종 요리법과 레시피(조리법) 탐색 활용이 가능하다.

다양하고, 그 해당국가 지역의 특산품도 함께 구매할 수 있는 면세점이다.

- **항공기 기내 면세점**(in-fligt duty-free shop)
  - 국내선 항공기 기내 탑승고객에게 면세물품을 객실승무원(스튜어드 · 스튜어디스)이 판매하는 형태로써 이는 공항면세점에서 시간 부족 등의 이유로 물품을 구매하지 못한 승객에게 면세물품의 이용기회를 제공하는 것이다.
  - 화장품, 향수, 시계, 액세서리 등 상품의 다양성이 제한적인 단점이 있으나, 때에 따라서는 공항면세점보다 저렴한 경우도 있다.

- **페리 면세점**(ferry duty-free shop)
  - 국가와 국가 간을 운행하는 페리나 유람선 내부의 면세점 혹은 항구에 설치된 면세점이다.
  - 다양한 상품이 준비되어 있으며 저렴한 가격으로 구매가 가능하다.

- **기타 면세점**
  - 사회주의 국가의 경우에는 외국인 전용 면세점이 따로 있다.
  - 백화점이나 호텔 내의 면세점에서 물품의 국내 유출을 막기 위해 먼저 주문 및 결제를 한 후, 공항에서 출국 시 찾아가는 프리오더시스템(pre-order system) 적용의 시내면세점, 국경면세점, 외교관면세점, 군인면세점 등이 있다.

TRAINING
연습문제

01. 관광사업의 특성이 아닌 것은?

① 변동성 ② 단일성 ③ 서비스성 ④ 입지의존성

02. 관광진흥법 제5조에 의한 여행업의 종류가 아닌 것은?

① 종합여행업 ② 국내외여행업 ③ 국제여행업 ④ 국내여행업

03. 호텔의 소유주가 직접 경영하지만 다국적 유명체인 호텔의 브랜드, 상표사용권, 경영자문 등을 제공받고 가맹비와 수수료를 지불하는 방식으로 운영하는 형태를 '리퍼럴(referral) 경영' 이라고 한다.

① O ② X

04. 국제회의업(M.I.C.E.)의 약어 중 E는 Environment(환경)를 의미한다.

① O ② X

05. 이탈리아어로 '작은집'을 뜻하는 까사(casa)에서 유래된 어원으로 음악, 댄스, 쇼 등의 여러 가지 오락시설을 갖춘 실내도박장을 의미하는 관광사업을 무엇이라고 하나요?

정답 01. ② 02. ③ 03. ② 04. ② 05. 카지노

생각해보기

1. 관광사업의 특성을 나열하시오.
2. 여행업의 종류(관광진흥법 제5조)를 설명하시오.
3. 호텔업의 특징에 대해서 설명하시오.
4. 호텔업의 입지에 의한 분류를 나열하고 간단히 비교하여 설명하시오.
5. 호텔업의 경영형태 중 단독경영과 프랜차이즈 경영의 차이점을 비교하여 설명하시오.
6. 국제회의업(MICE)이란 무엇인지 설명하시오.
7. 카지노업의 특징에 대해서 설명하시오.
8. 리조트의 대명사인 클럽메드에 대해서 간단히 설명하시오.
9. 테마파크의 특성에 대해서 설명하시오.
10. 현대 외식업의 트렌드에 대해서 논하시오.

UNDERSTANDING OF TOURISM

UNDERSTANDING OF TOURISM

01 관광이란?

- 관광의 어원·정의·구성요소
- 관광의 분류·현대적 의미
- 관광학의 특징

02 관광의 발달사

- 고대·중세·근대·현대의 관광
- 한국관광의 발전과정

03 관광의 영향

- 경제·사회·문화·정치·환경적
- 긍정적·부정적 영향

04 관광객 연구

- 관광객의 정의
- 관광욕구
- 관광동기
- 관광선택행동
- 관광의사결정

05 관광자원

- 관광자원의 개념
- 관광자원의 분류
- 관광자원의 유형별 특성
- UNESCO 등재 국내 주요 유산
- 관광자원의 평가 및 조사

06 관광사업

- 개념·특성·분류
- 여행업·호텔업·관광교통업
- 국제회의업·카지노
- 리조트·테마파크
- 외식업·면세점·쇼핑

07 관광마케팅

- 마케팅의 개념·용어·발달사
- 관광마케팅의 특징 및 유형

08 관광개발의 이해

- 개념·목적·유형·방식
- 순서·과제·환경과의 관계

09 관광정책과 행정조직

- 관광정책의 개념·특징·분류
- 국내·외 관광행정조직

10 관광법규

11 관광관련 자격증

12 관광관련 전문용어

CHAPTER 07

관광마케팅

학습목표

- 마케팅의 개념과 변천과정을 이해한다.
- 마케팅 용어를 습득한다.
- 관광마케팅의 특징과 관광마케팅 믹스를 학습한다.
- 마케팅 전략기법(4P, 8P, SWOT, STP 등)을 습득한다.
- 다양한 관광마케팅 유형을 이해한다.

01 마케팅 개념

- 1776년 영국의 고전파 경제학자인 아담 스미스는 그의 저서 '국부론'에서 보이지 않는 손(invisible hand)을 강조하였다.
- '보이지 않는 손'의 개념은 보다 경제학적 색채를 띠고 자연적 자유체제의 주장과 결부되어 중상주의적(重商主義的) 통치원리를 부정하게 되었다.
- '자유방임주의 경제체제(자본주의 국가)에서 국가는 시장에 간섭하지 않고 치안과 국방을 담당하는 야경국가의 역할을 하며 국가가 시장의 흐름에 개입하지 않는 대신 시장은 보이지 않는 손, 즉 가격이라는 수요의 법칙에 의해 자동으로 효율성을 유지하게 된다'.(두산백과, 2018)
- 국가가 개입하지 않아도 '보이지 않는 손'에 해당되는 시장이 수요와 공급을 조절하는 기능이 있다는 것을 강조하고 있다.
- 마케팅은 시장을 의미하는 market에서 파생된 용어로 20세기 초에 자본주의 시장경제가 발전하는 과정에서 본격적으로 등장하게 되었다.
- market이 '시장'이라 주장하는 학자들도 있으나, 현대의 고객지향적인 시대에서는 '시장'보다는 '고객'을 의미한다고 할 수 있다.
- 마케팅이란 '개인과 조직의 목적을 충족시키는 교환을 창조하기 위하여 아이디어, 재화 그리고 서비스의 개발, 가격결정, 판매촉진, 유통을 계획하고 수행하는 일련의 과정'이다(미국 마케팅 협회-AMA: American Marketing Association)
- 마케팅이라는 개념이 탄생한 것도 생산개념의 시대에서 제품개념의 시대로 또 제품개념의 시대에서 판매개념의 시대로 발전되어 가면서 자사기업의 상품판매를 극대화 하고 '고객중심의 사회'로 전환되면서 마케팅의 개념이 탄생하며 활성화된 것이다.

- 기업의 마케팅개념이 출현한 것은 표적시장(Target market)을 구성하는 고객들의 욕구가 존재하기 때문이라 할 수 있다.
- 고객들의 욕구를 충족시킬 수 있는 수단이 제품과 서비스라 할 수 있으며, 이를 충족시킴으로써 이윤추구라는 기업의 목적을 달성하는 것이다.
- 마케팅의 목적은 고객만족(Customer Satisfaction)과 전사적 노력을 통해서 이윤을 추구하는 것이다.

1) 마케팅 개념의 발전과정

- 현대사회가 요구하는 기업의 마케팅활동은 고객만족을 통해 이익을 실현하는 것이라 할 수 있다. 기업은 제품을 생산하게 되며, 이를 소비자에게 판매하게 되는데, 전통적인 마케팅에서는 이러한 판매활동에 집중하였다.
- 경쟁자가 없는 블루오션 시장에서는 물건을 잘 만들기만 하면 팔렸고, 판매하기만 하면 이익이 남았다.
- 기업은 대량으로 생산하게 되고 이러한 대량생산 형태의 생산경제에서 출혈경쟁의 레드 오션시장의 환경 즉, 많은 경쟁기업이 출현하게 되고 경쟁우위를 선점하기 위해 타 기업과의 경쟁은 대량생산에 의한 생산비용의 절감을 통해 원가절감을 추구하였다.
- 점차적으로 마케팅활동은 경제 · 경제 · 사회 · 문화적 환경에 따라 다음과 같이 변화하게 된다.
  - 생산지향적 개념(production-orientation concept)
    - '소비자가 제품을 구입할 만한 구매력이 있고 쉽게 구입할 수 있는 제품을 선호하기 때문에, 기업의 경영자는 생산성을 향상시키고 유통의 효율성을 개선시키는데 초점을 둔 개념'이다.
  - 제품지향적 개념(product-orientation concept)
    - '소비자들이 동일한 가격으로 판매되는 제품 또는 경쟁사의 제품보다 비싸더라도 가장 우수한 품질이나 효용가치를 제공하는 제품을 선호한다는 개념'이다.

- 판매지향적 개념(sales-orientation concept)
  - '기업이 소비자들로 하여금 경쟁사보다 자사제품을, 그리고 더 많은 양을 구매하도록 유인·설득해야 하며, 이를 위해 이용가능한 모든 효율적인 판매활동과 판매촉진 도구를 활용한다는 개념'이다.
- 마케팅지향적 개념(marketing-orientation concept)
  - '기업의 목표를 달성하기 위해 표적시장(target market)의 욕구와 필요를 파악하고 이를 경쟁기업보다 효과적이고 효율적인 방법으로 충족시켜야 한다는 개념'이다.
- 사회지향적 개념(social marketing concept)
  - '현대사회의 환경오염, 지구온난화, 천연자원 훼손 등이 발생하는 상황에서 고객의 이익과 기업의 이익은 물론 사회의 전반적인 이익도 함께 고려해야 한다는 개념'으로 마케팅 관리활동 중에서 가장 진보된 개념이라 할 수 있다.

    현재 세대에서만 보고 즐기는 것이 아니라 후손에게 대대로 보고 즐길 수 있도록 지속가능한 관광(sustainable tourism), 녹색관광(green tourism), 농촌관광(rural tourism), 생태관광(eco tourism)등 자연과 환경의 훼손과 파괴를 최소화해 생태계의 조화를 추구할 수 있는 대안관광(alternative tourism)을 상품화 하는 것이다.
  - 무분별한 관광지 개발과 생태계의 수용력을 초과하는 지나친 관광활동이 가져오는 각종 폐해를 미연에 방지한다는 적극적 사회지향적인 관광을 내포하는 것이다.

2) 마케팅 관련 용어

- **필요**(needs)
  - 마케팅의 기초가 되는 가장 기본적인 개념으로 인간의 필요(needs)는 인간의 본질적 욕구로서 기본욕구, 1차적 욕구를 의미한다.
  - 인간의 생존에 꼭 필수적인 의식주, 안전, 소속감 등과 같은 기본적인 것들이 부족 한 상태이며, 이는 기본적인 욕구가 결핍되어 느끼는 상태이다.

- **욕구**(wants)
  - 필요를 충족시킬 수 있는 어떤 구체적인 방법을 말한다. 따라서 '필요'

라는 1차적 욕구에 이어 2차적 욕구라고도 하며, 예를 들어 배가 고플 때 식사를 하고 싶어 하는 것은 필요이고 식사 중에 구체적인 메뉴를 고르는 것은 욕구이다.

- 인간이 생존하기 위해 기본적인 물리적 욕구와 소속감, 애정, 즐거움 및 휴식에 대한 사회적 욕구 그리고 지식 및 자아실현에 대한 고차원의 개인적 욕구 등 다양하다.

■ 수요(demands)

- 소비자가 가진 구매력의 크기를 말한다.
- 인간이 가진 재화를 소비하여 제품을 구입하고자 할 때 최대의 만족과 효용을 느끼는 제품을 선택하게 된다.
- 소비자들의 욕구가 아무리 높아도 구매력이 동반되지 않으면 기업의 입장에서는 제품을 생산할 이유가 없다. 따라서 시장에서는 상품을 원하는 수요가 어느 정도인지 측정하는 것이 마케팅 계획의 기본이다.

■ 상품(product)

- 인간의 필요(needs), 욕구(wants), 수요(demands)를 충족시켜 주는 상품, 즉 개인, 조직, 사회의 미충족 욕구를 충족시키기 위하여 교환의 대상으로 시장에 제공될 수 있는 모든 것이라 할 수 있다.
- 공급자는 소비자가 원하고 욕구를 충족시킬 수 있는 제품이 무엇인지 찾아내어 제품을 생산해야 성공의 가능성은 높아질 것이다.
- 상품의 개념은 유형재에 한정되지 않고 욕구를 충족시킬 수 있는 서비스 또한 무형의 상품으로 불린다.

■ 가치와 만족(value & satisfaction)

- 가치(value)란 소비자의 욕구를 충족시키는 모든 능력에 관한 추정치로서 소비자는 자기의 욕구를 충족시켜 줄 상품가치를 사전에 측정하고 상품을 구입할 때 지불하는 비용에 대하여 최대의 이익과 가치를 제공

할 제품을 선택하게 된다.

- 만족(satisfaction)이란 소비자들의 상품에 대한 사전기대와 실제 상품에 대한 지각의 차이에 의해서 결정되는데 기대보다 제공받은 지각이 높았다면 소비자들은 만족을 경험하게 되고 기대가 제공받은 지각보다 높다고 한다면 고객은 불만족한 경험을 하게 된다. 그러므로 가치 · 만족이라는 개념은 마케팅에서 중요하다고 볼 수 있다.

■ **교환**(exchange)

- 교환은 특정인에게 무엇인가를 제공하고 필요한 것을 획득하는 행위로서 마케팅의 중심개념이다. 예를 들면 배고픈 사람이 다른 사람으로부터 음식을 획득하고 그 대가로 돈을 지불하는 것이다.
- 생산이 가치를 창조하는 것과 마찬가지로 교환도 가치를 창출해 낸다.

■ **시장**(markets)

- 마케팅은 인간의 필요와 욕구를 충족시킬 것을 목적으로 교환이 이루어지기 위하여 시장을 상대로 어떤 작용을 가하는 것을 의미한다고 하였듯이, 시장은 구매력을 동반한 소비자들의 집합을 말한다.
- 오늘날에는 인터넷과 같은 정보통신의 발달로 판매자와 구매자간에 시간과 장소를 극복하여 항시 거래가 이루어지므로 공간적으로 시장은 급속도로 확대되었다.

3) 마케팅의 중요성

■ 오늘날은 인터넷과 스마트폰과 같은 정보 통신혁명에 의해 종래의 시장이 물리적, 공간적으로 크게 확대되어 24시간 어디서든지 거래가 가능하게 되었다.

■ 시장에서 고객 선택권은 더욱 강화되었고, 이러한 고객의 욕구를 충족시키면서 더 많은 고객을 확보하고 시장에서 경쟁우위를 선점하기 위해 기

업 간의 치열한 생존경쟁은 마케팅 활동을 한층 더 강화시켰다.

- 시장에서의 경쟁이 치열해지면서 각 기업들의 마케팅 기술은 더욱 전문화되고 정교해지고 있다.
- 시장지향적인 측면에서 고객지향적 측면으로 가치를 전달하고 있는데, 이는 시장에서 언제나 신규고객을 창출하는데 한계가 있으므로 자사의 고객을 변함없이 유지하고 관리하는 것이 기업의 장기적인 이익을 위해서는 중요하기 때문이다.

02 관광마케팅의 특징

1) 관광마케팅 개념

- 관광마케팅은 '최대한의 편익을 얻으려는 관광조직의 목적에 부합하기 위하여 관광수용의 측면에서 시장조사, 예측, 선택을 통하여 자사의 관광상품을 경쟁시장에서 우위를 선점하도록 노력하려는 경영철학'이다(세계관광기구 - UNWTO: World Tourism Organization).
- 관광마케팅은 '관광객과 관광시장을 대상으로 하는 마케팅 활동으로써 관광욕구를 느끼며, 관광을 하는 주체인 관광객의 욕구를 자극하여 관광기업의 상품개발, 가격결정, 판매촉진, 유통을 계획하고 수행하는 일련의 과정'이라 할 수 있다.
- 마케팅과 판매의 개념이 혼용되어 사용되기도 하나, 판매는 상품을 구매하기 위해 고객이 비용을 지출하거나 상품을 인도하기로 약속하는 그 자체만을 의미하지만, 마케팅은 소비자에게 구매에 대한 확신을 제공하고자 공급자(판매자)측이 전개하는 모든 의사결정과 행위의 총체라고 할 수

있다.

- 기업의 마케팅 활동은 고객이 무엇을 원하는지 욕구를 파악하고 그 욕구에 부응하는 상품과 서비스를 제공해 주며, 궁극적으로 고객만족을 실현하는 것이다.
- 판매를 위한 최상의 판매장소를 선택하고 상품의 유용성을 구매고객 또는 잠재고객에게 홍보하며, 마케팅의 전체적인 과정을 평가하여 판매를 활성화시켜 만족한 고객이 다시 재 구매 또는 다시 이용할 수 있도록 하는 것을 의미한다.
- 관광마케팅이란, 관광사업자가 여행객의 필요와 욕구를 충족시켜주고 조직의 목표를 달성하기 위하여 관광상품의 가격과 촉진, 유통을 계획하고 수행하며, 이를 효율적으로 관리하기 위한 패키징, 프로그래밍, 파트너쉽, 종사원과 연관된 모든 전략적 활동이다.

2) 관광마케팅 믹스

- 마케팅믹스(Marketing Mix)란 기업의 계획과 실행, 마케팅 목적을 달성할 수 있도록 마케팅 프로그램을 구성하는 통제 가능한 전략적 요인들을 의미한다.
- 마케팅 믹스 요인들을 4P's로 알려진 4개 요인 즉, 제품(Product), 가격(Price), 촉진(Promotion), 유통(Place)으로 이 4개의 마케팅믹스 요소들은 마케팅전략 수립에 있어서 핵심적인 결정변수이며, 각 요소들 간에도 상호의존성이 높은 특성을 지닌다.
- 관광마케팅에 있어서 일반적으로 적용되는 마케팅믹스의 4P 요소는 관광서비스 기업에 적용하기에는 서비스상품의 특성상 추가 · 보완되어야 한다.
- 기존의 4개 요인에 인적요소(People), 서비스 전달과정(Process), 그리고 물리적 증거(Physical evidence)의 3개 요인을 추가한 것으로 이해할 수

있다. 또한 Morrison(모리슨)은 기존의 4개 요인에 관광상품에는 사람(people), 패키지(packaging), 프로그래밍(programing), 파트너십(partnership)으로 관광마케팅 믹스를 8P로 분류하였다.

- 이는 인적서비스에 의한 사람의 서비스(people)가 중요하고, 단일상품보다는 패키지로 묶인 상품판매가 더 저렴하게 구성되며(packaging), 일반적인 상품처럼 고객이 한순간에 구매하고 소비하는 것이 아니라, 공항에 가서 체크인하고 항공기를 타고 관광목적지에 도착해서 또 다시 숙소로 이동해야 하는 등 이러한 모든 절차가 프로그램처럼 연결된다는 의미(programing)이다. 또한 고객과 서비스종사원은 남이 아니라 계속 제휴하는 동반자 관계 역할일 뿐만 아니라, 기업과 기업도 협력체계를 구축해야 한다는 것을 의미(partnership)한다.

- 상품(product)
  - 관광객의 욕구를 유발시키고 충족시켜줄 모든 유형의 제품 및 무형의 서비스를 말한다. 기업에서 제공하는 재화·서비스·정보를 고객들에게 판매하는 것이며, 최적의 상품 종류 · 상표 · 상품스타일 · 서비스 · 인적자원 · 장소 · 조직 · 활동 · 아이디어 등이다.

- 유통(place)
  - 생산된 관광상품을 소비까지 연결해주는 활동으로써 관광객들이 원하는 시간·장소에서 상품 구매를 쉽게 할 수 있도록 시간과 공간적 장소를 제공하는 것을 의미한다. 여행상품은 그 성격상 물리적인 제품의 이동이 아니라 각종 정보의 연결과 이동이 중심이 된다.

- 가격(price)
  - 상품에 부과된 요금으로 상품개발, 생산, 유통, 촉진 등 제반 비용은 물론 관광기업이 목표로 하는 일정액의 이익도 포함된다. 상품의 가격은 일정한 가격이나 표준가격이 정해져 있으나, 계절성과 경쟁업체의 상품에 대응할 수 있는 상품가격의 할인 및 촉진가격을 적절히 적용해야 하는데 고객이 관광상품을 구매하기 위해 지불하는 교환의 의미로 '비용'이라 할 수 있다.

- 판매촉진(promotion)
  - 각종 매스미디어(mass media)를 전략적으로 활용하여 소비자들에게 상품을 지속적으로 알리고 호의적인 태도를 보이게 하여 궁극적으로는 구매행동을 유발시키는 커뮤니케이션 활동이다. 구체적인 판매촉진은 광고, 인적판매, 홍보 등을 포함하는데 잠재고객들이 관광상품을 인지하도록 하고 그들의 필요와 욕구를 촉진시키는 활동이라 할 수 있다.
- 패키징(packaging)
  - 무형의 관광상품을 개발할 때 단일상품이 아닌 여러 종류의 상품을 패키지화 한다. 관광상품은 상호·보완적인 상품들로 묶여 구성되어 복합성을 띠고 있어 그 가치와 매력성이 높으며, 낱개로 구입할 시의 시간과 비용 보다 훨씬 저렴하다는 장점을 가지고 있다. 따라서 마케팅 관리자는 여러 가지의 구성 상품들을 하나로 묶어 단일가격으로 판매하는 관광패키지의 기획력이 필요하다.
- 프로그래밍(programming)
  - 관광목적지에서의 관광활동은 패키지에 포함되어 있는 기본적인 관광코스와 시설사용 이외에 특별활동, 이벤트, 옵션투어 등이 상황에 따라 전개될 수 있는 특성을 가지고 있다.
  - 이러한 전개과정이 관광프로그래밍이다. 따라서 마케팅 관리자는 관광일정을 프로그램화하여 여행객이 주어진 시간에 유익한 경험을 할 수 있도록 만들어야 한다.
- 파트너쉽(partnership)
  - 관광상품은 상호·보완적이므로 관련기업들은 전략적 제휴 또는 제휴마케팅을 통해 상호 간의 공동목적을 달성하려는 특성이 있다. 예를 들어 항공사들은 좌석 및 마일리지 공유 등을 통해 비용절감과 함께 공동마케팅의 효과를 거둘 수 있다.
- 종사원(people)
  - 제조상품은 대부분 공장에서 기계가 생산하므로 기계에 대한 의존도가 높지만, 서비스산업은 인적 의존도가 높다. 즉, 관광소비자는 관광경험 과정에서 관광종사원과 많은 접촉을 하게 되는데 이때 제공되는 인적 서비스의 품질은 고객만족에 큰 영향을 미친다.

표 7-1 ▸ 관광마케팅 믹스 8P

구 분		하위 내용
8P	상품 (product)	• 서비스 개념 개발 및 품질관리 • 브랜드 개발 및 브랜드관리 • 브랜드 확장
	가격 (price)	• 가격수준 결정 • 상품수명주기에 따른 가격차별화 전략 • 비교적 장거리 관광선호
	유통 (place)	• 경로채널의 결정 • 판매장소의 결정 • 채널선택 및 관계관리
	촉진 (promotion)	• 촉진믹스와 판촉예산의 결정 • 광고 및 홍보 • 인적판매
	인적요소 (people)	• 서비스종사원 선발 및 교육·훈련 • 내부마케팅 • 고객관계관리(CRM) 및 관계마케팅
	패키징 (packaging)	• 물리적 증거와 함께 복합상품 제시 • 관광상품 패키지의 기획 • 객실 + 조식, 항공권 + 호텔(에어텔 상품)
	서비스 전달과정 (programming)	• 서비스 활동의 전개, 관광코스 활동의 전개 • 서비스 표준화·규격화 및 차별화 • 서비스 전달 지원시스템 강화 • 관광일정 프로그램화
	파트너쉽 (partnership)	• 기업과 고객은 상호·보완적 관계 • CSI(고객만족지수) 및 고객 요구사항 파악 • 지속적인 동반자 관계 형성·유지

3) 관광마케팅 계획 수립

- 계획이란 자원을 최대한 활용하면서 기업의 목표를 효율적으로 이루어 가는 과정 및 활동이다.
- 관광마케팅 계획은 크게 단기계획과 장기계획으로 구분하는데 단기계획

은 현재 및 1년 이내의 단기간에 기업이 해야 할 일을 결정하는 것으로 보통 연간 마케팅계획(annual marketing plan)을 의미한다.

- 일반적으로 단기간 계획만으로 마케팅계획을 세우는 것은 충분하지 않고, 대개 3년 이상의 장기간 전략적 계획이 필요하다.
- 관광상품에 대한 시장세분화(Market Segmentation), 표적마케팅(Target Marketing), 포지셔닝(Positioning)전략 즉, STP 전략 계획을 세우는 것도 매우 중요하다.
- 급변하는 환경 속에서 여행사는 지속적인 성장을 위해서 수익성 있는 상품 및 시장 포트폴리오를 구성할 수 있도록 노력해야 한다.
- 다양해지고 다원화된 고객의 필요와 욕구를 충족시킬 수 있는 상품을 지속적으로 개발하고, 능동적이면서 적극적으로 대처할 수 있어야 하겠다. 즉, 미래의 수익을 위한 성장방법으로 기업내 매출감소를 방지하고, 성장의 둔화를 해소하며, 여행자의 구매패턴 및 성향과 라이프스타일 변화 등 시장환경에 즉각 대응해야 한다.
- SWOT분석을 통해 기업내부의 강점과 약점요인을 파악하고 외부환경분석을 통한 시장의 기회와 위협요소를 분석하며 특히 기회요인을 자사의 강점요인으로 연결시켜 고객의 필요와 욕구를 충족시켜야 한다.

- **관광마케팅 환경분석**(SWOT 분석)
  - 기업이 통제할 수 없는 '기회'와 '위협' 같은 요인들을 외부환경이라 하고 기업이 경쟁기업과 비교하여 자사기업만이 보유한 '강점'과 '약점' 같은 요인들은 내부 환경이라 할 수 있다. 따라서 기업이 조절할 수 없는 외부요인과 컨트롤 가능한 강점과 약점 등의 내부요인 등을 분석하여 적합한 기업의 목표와 정책을 설정하는 전략적 토대를 준비하여 처해진 상황에 효율적으로 대비해야만 한다.

- 거시환경분석(macro environment)
  - 외부환경 분석은 거시환경 분석, 시장분석, 경쟁사 분석으로 분류할 수 있다.
  - 거시환경은 정치 · 경제 · 사회 · 문화 · 기술 · 인구통계 등의 요인 등을 장기적이고 거시적 측면에서 다방면으로 분석하는 것을 의미한다.
  - 기업에 미치는 영향력의 범위가 광범위하고 개별적인 기업이 통제하기가 거의 불가능한 환경요인들로써, 정치적환경 · 경제적환경 · 사회적환경 · 문화적환경 · 기술적환경 · 인구통계적환경 등이 급변하는 환경 속에서 관광산업이 직 · 간접적으로 영향을 받을 수 있으므로 미리 예측하고 대비하는 전략이 필요하다.
- 미시환경분석(micro environment)
  - 기업에 영향력을 미치는 범위가 비교적 미미하고 기업이 일정 부분 통제 가능한 환경적 변수를 의미하며, 고객 · 경쟁기업 · 공급업자 · 중개업자 · 유통업자 등으로 분류할 수 있다.
  - 내부환경 분석은 자사의 경영자원(경영전략, 기업문화, 경영자 리더쉽, 제품특성, 시장점유율, 인적자원, 자금력 등)을 분석하는 것이다.
  - 기업 내부의 자원분석은 강점요인과 약점요인이라고 할 수 있다.
  - 경쟁업체와 비교하여 해당 기업만이 보유하고 있는 강점요인과 약점요인을 파악하여 시장상황에 대처해야 한다.

- 기회요인과 위협요인을 분석하는 것을 외부환경 분석이라고 하며, 기업이 개별적으로 통제할 수 없는 정치 · 경제 · 사회 · 문화와 같은 외적인 환경이 강하기 때문이다.
- 마케팅 관점에서 보면 외부환경 분석에 의해 시장 기회와 위협요인을 파악하고 경쟁사의 장점과 단점을 파악할 수 있으며 내부환경에 의해 자사의 강점과 약점을 알 수 있다.
- 종합적인 마케팅 환경분석을 SWOT분석이라고 하며, 자사내부의 강점(Strengths)과 약점(Weaknesses), 자사 외부의 기회(Opportunities)와 위협(Threats) 요인을 분석하여 적절한 마케팅 전략을 수립하기 위한 것이다.
- 기업의 환경분석은 다양한 요인들이 서로 영향을 미치기 때문에 단순하게 이해하기가 쉽지 않으며, 급변하는 환경요인에 주목하고 경쟁사보다

앞서서 효과적으로 대응해야 하는 노력이 필요하다.

- 개별기업이 SWOT 분석이 필요한 이유는 기업을 둘러싸고 있는 거시환경 분석과 미시 환경 분석을 통해 기회와 위협요인을 파악하고 대비하기 위하여 기업내부의 강점을 부각시키고 약점을 보완하여 마케팅전략을 준비하는 것이다.
- SO전략은 기업내부의 강점을 바탕으로 시장의 기회요인을 선점하는 것이고 SW전략은 기업의 강점을 토대로 위협요인을 최소화하기 위해 대비하는 전략이라 할 수 있다.

표 7-2 ▸ SWOT 분석

<table>
<tr><td colspan="2" rowspan="2"></td><td colspan="2">외부 환경</td></tr>
<tr><td>기 회 (O)</td><td>위 협 (T)</td></tr>
<tr><td rowspan="2">내부 자원</td><td>강 점 (S)</td><td>• S O 전략
- 공격적인 전략
- 외부환경 시장의 기회를 활용하여 경쟁우위의 강점을 부각하는 전략</td><td>• S T 전략
- 방향전환 전략
- 외부환경 시장의 위협요인을 탈출하기 위해 강점을 사용하는 전략</td></tr>
<tr><td>약 점 (W)</td><td>• W O 전략
- 다각화 전략
- 외부환경 시장의 기회를 활용하여 경쟁열위의 약점을 보완하는 전략</td><td>• W T 전략
- 방어적인 전략
- 외부환경 시장의 위협요인을 탈출하기 위해 약점을 최소화하는 전략</td></tr>
</table>

- 시장세분화(Market Segmentation)
  - 다양하고 다차원적인 전체의 시장을 동질성을 지진 여러 개의 하위시장으로 분류하여 해당 관광기업의 특성에 부합하는 목표시장을 선정하여 마케팅활동을 전개해야 할 것이다.

- 시장세분화(Market Segmentation)는 시장조사를 통해 동질의 집단으로 분류하고 동질의 시장으로 나누는 것을 의미한다.
- 대부분의 관광기업은 자사의 능력을 고려하여 적절한 수의 세분시장을 선택하고 자사의 모든 능력을 그 시장에 집중해야만 한다.
- 관광객의 욕구와 필요, 구매동기 등의 기준에 의해 선택된 고객 그룹의 욕구를 보다 정확하고 효율적으로 파악할 수 있다.
- 기업의 경영자는 경쟁적 강점과 약점을 평가하여 유리한 세분시장을 선정할 수 있다.
- 목표시장을 선정할 수 있어 마케팅 자원을 보다 효율적으로 배분할 수 있다.
- 목표시장을 더욱 명확히 파악할 수 있다.

■ 시장세분화의 전제조건

- 측정가능성 - 세분시장의 규모를 파악할 수 있어야 한다.
- 충분한 규모와 수익성 - 세분시장의 매력성을 확보하려면 충분한 세분시장의 규모와 수익성이 있어야 한다.
- 접근가능성 - 세분시장은 추상적이 아니라 구체적으로 접근이 가능해야 한다.
- 신뢰성 - 믿을 수 있는 세분시장이 유효하게 존재해야 한다.

■ 시장세분화의 기준

- 다양한 전체시장을 동질적으로 묶어주는 세부시장으로 분류함에 있어서 기준이 되는 변수를 시장세분화 변수라 한다.
- 관광시장의 세분화 변수로 이용되는 변수들은 일반적으로 지리적 변수, 인구통계학적 변수, 심리분석적 변수, 행동분석적 변수의 네 가지가 있다.
- 지리적 변수, 인구통계학적 변수, 심리적 변수는 관광객의 특성에 의한 것이고, 행동 분석적 변수는 관광상품에 대한 소비자의 반응에 초점을

둔 것이다.

- 관광마케팅을 수행하는 마케터는 여러 가지 상이한 변수들 중에서 효과적이고 효율적으로 시장세분화 요건을 충족시키면서 마케팅믹스 선택에 필요한 변수를 신중하게 선택할 필요가 있는 것이다.

표 7-3 ▸ 호텔객실상품의 고객 세분시장 유형 사례

구분	개인 세분시장	단체 세분시장
비즈니스 (Business) 오프라인	비즈니스 고객(Business F.I.T)	비즈니스 단체(Business group)
비즈니스 (Business) 온라인	OTA[1] 활용한 비즈니스 고객 (OTA Business F.I.T)	OTA 활용한 비즈니스 단체 (OTA Business group)
관광 (Leisure) 오프라인	레저 개별고객(Leisure F.I.T)	레저 개별고객(Leisure group)
관광 (Leisure) 온라인	OTA 활용한 레저 개별고객 (OTA Leisure F.I.T)	레저 개별고객 (OTA Leisure group)
워크 인 게스트(Walk In Guest)[2]		
장기투숙객(Long term guest)[3]		
데이 유스(Day use)[4]		
하우스 유스(House use)[5]		

주 : 1) OTA : Online Travel Agency(호텔예약사이트)
2) Walk In Guest : 예약없이 당일 방문한 고객
3) Long term guest : 일반적으로 7일 또는 10일 이상 장기적으로 투숙하는 고객
4) Day use : 미팅, 비밀회의 등의 목적으로 1박이 아닌 3~4시간 정도 객실을 사용하는 용도
5) House use : 호텔 총지배인 또는 호텔직원이 사용하는 용도

■ 표적시장의 평가와 선정(Targeting)

- 시장세분화를 통해 표적시장(target market)을 설정한다.
- 시장이 세분화되면 각각의 세분시장을 평가하고 각 세분시장의 규모, 경쟁자, 자사의 목표, 자원과의 적합성 등을 고려하여 세분시장을 분석한다.
- 각 세분시장에 대한 기업의 내·외부 환경요소를 분석하여 가장 효율적인 마케팅 효과를 창출할 수 있는 표적시장을 설정해야만 한다.
- 세분시장의 규모와 성장률을 파악해야 한다.
- 세분시장의 구조적 매력성을 확인하여 수익성을 파악해야 한다.
- 기업의 목적에 부합하는 시장을 선정하고 자원의 적절성을 고려해야 한다.
- 시장세분화를 통해 기업이 상품과 서비스를 제공하려고 결정한 공통적인 욕구와 특성을 지닌 소비자 집단의 세분시장 중 목표시장을 표적시장이라고 할 수 있다.
- 적절한 표적시장의 선정과 관련하여, 기업은 각 세분시장을 평가하고 몇 개의 세분시장에 상품과 서비스를 제공해야 하는지 결정해야만 한다.

■ 포지셔닝(Positioning)

- 소비자들이 경쟁업체와 비교하여 브랜드의 결정이나 제품선택에 영향을 주는 요인들을 고려하여 지각형성을 위한 제품 및 브랜드를 소비자의 기억속에 위치시키는 것'을 의미하며 우리말로는 정위치를 잡는다고 해서 '정위화'라고 한다.
- 관광산업에서의 포지셔닝이란 "관광기업에서 제공하는 관광상품 및 서비스에 대한 이미지를 경쟁업체와 차별화시켜 관광소비자의 머릿속에 위치시키는 제반활동"이라고 정의할 수 있다.
- 기업은 선정된 목표시장내의 소비자들에게 마케팅 믹스요소인 제품(Product), 가격(Price), 유통(Place), 촉진(Promotion)과 관련된 계획을 수

립하고 이에 따라 마케팅활동을 실행한다. 이 과정에서 대부분의 목표시장에는 동일한 구매집단들을 대상으로 하는 경쟁 브랜드가 존재한다.

- 소비자의 여러 선택대안 중에 자사기업의 브랜드가 선택받기 위해서는 경쟁브랜드와 비교하여 차별적 우위성을 선점해야 할 것이다.
- 기업은 제품의 개발과 마케팅믹스 전략 결정 이전에 자사브랜드의 특징 또는 브랜드이미지에 관한 개념을 설정하고 마케팅커뮤니케이션 활동을 통해 이를 소비자들에게 적극적으로 호소하고 그들의 기억 속에 자리잡을 수 있도록 인지시켜야 한다.
- 상품의 포지셔닝의 핵심은 경쟁사와의 차별성에 있다.
  - 기업은 목표로 하는 고객의 마음과 기억 속에 위치(position)를 선점해야 한다.
  - 그 위치는 하나의 단순하면서도 일관된 메시지를 제공하는 독특한 특징이어야 한다.
  - 그 위치는 다른 경쟁사들과 자사기업을 차별화 시켜줄 수 있어야 한다.

포지셔닝 전략의 절차

- 관광객 분석
  - 분석은 표적시장의 관광객들이 그 제품군에서 추구하는 편익과 기존제품에 대한 불만족 원인을 찾아내어 파악하는 것으로 여기에는 관광객들의 인구통계학적 특성이나 구매행동, 라이프스타일 등이 분석의 대상이 된다.
- 경쟁자의 확인
  - 포지셔닝의 기본은 시장에서 경쟁제품에 대한 자사제품의 위치를 결정하는 것이다.
  - 효과적이고 효율적인 포지셔닝 전략을 구사하기 위해서는 누가 자사의 경쟁자인지 경쟁제품은 무엇인지 등에 대한 구체적인 탐색과 파악이 선행되어야 한다.
- 경쟁제품의 포지션 분석
  - 시장에서의 구체적인 경쟁제품이 파악되면 이러한 경쟁사의 제품들이 관광객들에 의해서 어떻게 지각되고 평가되고 있는지를 분석해야 한다.
- 자사제품의 포지셔닝 개발
  - 관광객의 분석과 경쟁제품에 대한 포지션분석에 의한 정보를 근거로 경쟁자와 비교

하여 관광객의 욕구를 보다 충족시킬 수 있는 적합한 자사제품의 포지션을 결정하는 과정이다.

- 포지션의 확인과 재포지셔닝(re-poisitioning)
  - 자사제품의 포지셔닝 전략이 실행된 이후, 마케터는 자사제품이 목표한 위치에 포지셔닝이 되었는가를 확인하여야 한다.
  - 관광객의 욕구와 경쟁을 포함한 여러 가지 환경도 시간의 흐름에 따라 변화하므로 관광 마케터는 지속적인 조사와 분석을 통하여 자사제품이 적절하게 다시 포지셔닝 되었는지를 확인해야 한다.
  - 초기에는 적절한 포지셔닝 이었다고 하더라도 환경변화 때문에 자사제품의 포지셔닝이 관광객의 욕구와 경쟁제품 보다 적절하지 않은 포지션으로 자리 잡을 수도 있다.
  - 관광마케팅 관리자는 포지셔닝 전략의 절차를 재 시행하여 자사제품의 목표 포지션을 다시 설정하고 적절한 포지션으로 이동시키는 재포지셔닝(repositioning)을 해야 한다.
  - 자사기업의 포지션 위치를 파악하고자 도표로 나타내는 것을 포지셔닝 맵이라고 한다.

03 관광상품의 특성

- 현 시대 기업들의 가장 요구되는 과제는 구매력이 있는 소비자의 다양하고 다원화되는 욕구를 충족시켜 고객만족을 이끌어 내는 것이라 할 수 있다. 관광을 포함한 서비스상품은 일반 제조업에서 생산된 상품의 판매와는 다른 특성을 나타낸다.
- 관광상품은 상품의 생산 과정에서 마케팅 과업, 마케팅 전략, 마케팅 조직구조 등에 있어서 일반상품과는 차이가 나며 그 특성을 살펴보면 다음과 같다.

1) 무형성(intangibility)

- 관광상품은 무형의 상품이다. 관광소비자가 해당 상품을 구매하기 전에는 결코 보거나, 만지거나, 듣거나, 냄새를 맡아 볼 수 없는 오감으로 느낄 수 없는 특성을 지닌다.
- 소비자는 관광상품의 제공자를 막연히 신뢰할 수밖에 없다. 현대의 소비자는 과거에 오프라인 잡지, TV, 라디오, 신문 등과 같은 매체보다 손쉽게 쌍방향 커뮤니케이션이 가능한 인터넷 웹사이트 또는 스마트폰을 활용하여 관광과 관련된 각종 정보를 접한다.
- 과거 이용한 경험이 구매자의 경험평가 또는 후기 등을 통해 해당 상품에 대한 다양한 정보를 수집 후, 구매를 결정하는 것이다.

2) 비분리성(inseperability) - 생산과 소비의 동시성

- 관광상품은 일반 제조업의 상품처럼 저장할 수 없는 소멸되는 특성으로 인해 유통기간이 매우 짧다고 할 수 있는데, 일반적으로 관광상품은 관광객이 주문해야 생산하는 특성이 존재한다.
- 호텔 레스토랑에 관광객이 방문했다면 주문을 해야 그때서야 조리부서에서 음식을 조리하는 생산체제에 돌입하여 주문한 요리(상품)를 제공하는 것이다.
- 여행상품이나 호텔의 객실상품처럼 미리 생산하는 경우도 존재하나, 그 준비시점이 제조업의 상품처럼 오래전부터 생산해서 보관할 수는 없으며, 유통관리 측면에서 보면 유통기간이 매우 짧다.
- 관광상품은 일반기업의 제조품과는 다르게 상품의 생산과 소비가 동시에 발생하는 특성을 지닌다.

3) 이질성(heterogeneity) - 서비스상품, 서비스 제공자, 서비스 구매자

- 서비스는 일반적으로 서비스의 제공자가 매우 제한적이며, 주로 사람에 의존하는 인적서비스의 중요성이 강조되는 특성을 갖고 있다.
- 서비스 상품의 종류, 서비스를 제공하는 인적서비스, 그 상품을 구매하는 고객은 동일하게 느끼지 않고 이질적으로 인지하는 것이다. 이와 같은 구체적인 속성과 환경에 따라서 서비스 상품의 가치와 성과는 확연한 차이가 존재한다.
- 관광서비스 상품을 판매하는 관광기업들은 우수한 인재를 선발하고 교육·훈련하는 데 상당한 노력을 기울이고 있는 것이다. 일단 서비스품질의 균일화 · 규격화가 어렵기 때문에 관광기업이 어떻게 서비스를 일정수준 이상으로 유지할 것이며, 서비스의 표준화를 어떻게 실행할 것인지에 대한 당면과제가 존재한다.
- 서비스의 이질성은 차별화된 서비스를 가능케 한다. 보통 서비스의 효용가치는 구매자가 주관적으로 평가하는 경우가 대부분인데 제공하는 서비스의 차별화를 통해 다양한 고객욕구에 부합해야 하는 것이다.

4) 소멸성(perishability) - 저장 불가능성

- 유통기간이 없거나 짧아 저장할 수 없는 상품특성 때문에 일반제품처럼 향후를 대비하여 저장할 수 없는 특성을 지니고 있다.
- 항공기의 기내 좌석, 관광열차 · 관광버스의 좌석, 쾌속정의 특실, 호텔의 객실 등 대부분의 서비스상품이 유효기간 내에 판매되지 않는다면 상품으로서의 가치는 소멸되며 상품자체가 사라지게 된다.
- 관광기업은 일반기업과는 다른 특별한 판매 전략을 전개해야 한다.
- 초저가(땡처리)로 할인 판매하는 항공기의 좌석, 호텔기업의 객실 할인(OTA 활용 등)을 통해 소멸되는 상품을 원가 판매하는 경우도 발생하며, 이 과정에서 초과예약 등의 문제가 발생하기도 한다.

- 일반적으로 관광객의 수요가 안정적인 경우의 성수기에는 수요예측이 가능하지만, 관광의 특성상 정치 · 경제 · 사회 · 문화 등의 수요 변동요인이 발생하여 수요 예측이 불가능한 경우가 발생한다.
- 예컨대 조류독감 사태, 북한의 핵 위협 상황, 메르스 사태 등 예기치 못한 상활 발생 시, 서비스 상품의 판매는 어려움에 직면하는 것이다. 따라서 이를 해결하기 위해서는 수요와 공급 간의 조화를 이루는 전략이 필요하다.
- 구체적으로는 수요에 따라 생산계획을 변동하고, 임시직(계약직 · 인턴 · 아르바이트 등)의 고용을 통해 고용유연성을 확보하고 관광종사원에게 여러 직무에 대한 교육을 시행해 유사시에 서로 도울 수 있는 기반(업무 순환배치)을 준비해야 한다.
- 수요측면에서는 수요를 형성시켜야 하고 대기나 예약 같은 형태로 수요를 재고로 보관할 수 있어야 하는데, 실제는 어려우므로 관광상품을 유통기한 내에 판매 할 수 있도록 관광상품 판매에 최선을 다해야 하는 것이다.

5) 계절성(seasonality) – 성수기·비수기 존재

- 관광서비스 기업이 필수 불가결하게 극복해야 하는 해결책이 바로 계절성이다. 계절에 따라 또는 주중과 주말에 따른 관광객의 수요 변동이 심하다는 것이다.
- 관광서비스는 소멸성의 특성 상, 재고의 저장을 통해 이와 같이 변동하는 수요에 효율적으로 대처하기 어렵기 때문에 수요와 공급의 적절한 조정이 필요하다.
- 항공상품과 호텔의 객실상품이 가격차별화 전략 또는 수익률관리(YMS : Yield Management System) 전략을 통해 이러한 계절성의 문제를 극복해 나가는 것이다.

- 관광기업은 성수기와 비수기의 가격을 차별화시키거나, 예약이 많은 기간에는 고가로 판매하고 예약 저조기나 비수기에는 저가로 판매하는 수익률관리 또는 가격차별화 전략으로 타개해야 하는 것이다.

6) 모방의 용이성

- 관광상품은 한 기업이 개발하여 판매하면 곧이어 경쟁업체에서 쉽게 벤치마킹하여 모방하고 생산·판매하는 특성이 있다. 왜냐하면 일반제품처럼 필요성의 부족으로 특허 등록을 하지 않기 때문에 쉽게 모방하고 따라하는 것이다.
- A 호텔에서 호텔 객실상품의 화장실 변기에 청소를 완료했다는 표시로 변기커버를 내리고 위생 띠를 둘러놓아 고객에게 청결함의 감동을 주었다고 한다면, B 호텔에서도 쉽게 A 호텔을 방문하여 상품을 모방하고 그대로 재현한다는 것이다. 그렇다고 해서 A 호텔에서 B 호텔을 대상으로 소송을 제기할 수도 없는 노릇이다.
- 관광 여행상품, 호텔상품, 관광기념품 등 대부분의 후발업체들이 기존 업체를 모방하는 유사성을 지니는 것이다. 따라서 타 업체가 모방하기 어려운 서비스와 전문성 및 고객의 신뢰를 바탕으로 상품과 서비스를 차별화해야만 한다.

- **관광상품 수명주기**(PLC:Product Life Cycle)
  - 관광상품 수명주기란, 상품이 개발되어 관광시장에 도입 후, 성장기와 성숙기를 거쳐 쇠퇴기의 단계를 거치는 과정이다.
  - 수명주기는 관광상품의 준비 시기와 설정방향을 안내해 준다.
  - 수명주기는 시장수요의 변화와 매출 이익의 추이를 그래프를 통해 파악할 수 있다.
  - 관광상품은 상품의 수명을 지지고 있으며, 상품의 판매량은 각 단계를

의 관계를 중요시하게 된다.

- 기존의 마케팅은 신규고객 창출이 핵심이었으나 관계마케팅(relationship marketing)은 기존고객의 유지 · 강화에 초점을 두고 유대관계를 강화함으로써 고객과의 거래가 장기적으로 지속되어 기업과 고객 모두에게 이익을 가져다주는 개념인 것이다.
- 마일리지 제도, 멤버쉽카드 운영으로 인한 보상(reward) 제도 등으로 관계혜택을 제공하는 것이다.
- 낮은 비용과 단골고객의 구전을 통한 무료광고 효과 그리고 고정적인 충성고객의 확보를 통한 최대한의 시장점유율 유지가 가능하다.
- 종사원과 고객과의 지속적인 관계유지로 인해 종사원은 업무에 대한 애착심을 갖고 근무할 수 있으며, 이직률하락에도 도움이 된다.

• 데이터베이스 마케팅전략

- 데이터베이스 마케팅(database marketing)은 개별 마케팅(individual marketing)을 목표로 컴퓨터 데이터베이스(자료)를 이용하여 마케팅 활동을 전개하는 것이다.
- 고객 개인에 대한 인구통계학적 자료뿐 아니라 취향, 구매이력, 라이프스타일 등을 컴퓨터로 데이터베이스(DB)화하여 표적시장 고객에게 맞춤식 서비스를 제공하는 것이다.
- 최근에는 고객정보 보호와 사생활침해에 대한 사회적 분위기와 법적규제로 인해 일정기간 고객정보를 보유하고 있다가 폐기해야 한다.

• 인터넷마케팅 전략

- 인터넷 마케팅(internet marketing)은 기업이 인터넷을 이용하여 쌍방향 커뮤니케이션을 바탕으로 고객과의 마케팅 활동을 전개하는 것이다.
- 인터넷 사용인구의 증가와 스마트폰의 등장으로 시간과 공간을 초월한 전자상거래가 가능하여 호텔관광업계에서는 유용한 마케팅 수단이 된다.
- 페이스북, 유튜브, 블로그, 인터넷카페 등을 활용한 쌍방향 커뮤니케이션의 SNS 홍보로 인하여 인터넷마케팅은 전 세계적으로 새로운 국면을 맞이하고 있다.

• 그린마케팅 전략

- 전 세계적으로 환경보호 및 탄소배출 감소의 그린(green)마케팅이 중요한 요소이다.
- 관광과 환경은 개발과 보존이라는 상반된 관계를 갖고 있으며, 환경의 질이 악화되면 관광활동의 질도 하락하기 때문에 관광은 환경 지향적이어야 하며, 개발과 보존은

공존의 형태로 지속되어야 한다.

- 관광시장에서도 그린마케팅의 개념은 1980년 이후 관광의 경제적 편익보다는 관광 자원 및 관광환경의 보존 · 보호를 위해 지속가능한 관광(sustainable tourism), 생태관광, 녹색관광 등의 다양한 개념의 새로운 관광형태가 등장하였다.
- 예컨대 관광호텔에서 에너지 절약형 조명전구 사용, 재생된 종이제품 사용 등 객실 내에 많은 비품들을 환경에 피해가 비교적 적은 자연소재로 최대한 활용하고 있다.
- 그린마케팅은 환경오염을 방지하기 위한 긍정적 기업이미지 제고에 커다란 역할을 하고 있다.

웰빙(Well being)트렌드와 로하스마케팅(LOHAS) 전략

- 웰빙은 특히 의 · 식 · 주와 관련하여 건강제품 소비와 건강증진 활동을 즐기는 생활 스타일 이라고 할 수 있다.
- 로하스(Lifestyles of Health & Sustainability)는 친환경 제품을 선택하고 환경보호에 적극 나서는 것이다. 특히 자신의 건강 뿐 아니라 후대에게 물려줄 지속가능한 소비를 염두에 두는 개념이다.
- 로하스마케팅은 이러한 틈새시장을 공략하고자 행복한 삶을 위한 몸에 좋은 건강음식을 찾거나, 명상과 요가, 휴식 등의 정신적인 수련과 심신의 조화를 해결하기 위한 적극적인 마케팅 활동을 전개하는 것이라 할 수 있다(예: 템플스테이 체험관광, 농촌 체험관광 등).

감성마케팅 전략

- 사람들이 일반적으로 가지고 있는 기분, 분위기, 감성 등 정서적인 감정에 호소하여 마케팅에 활용하는 것이다.
- 일례로 대기하는 고객에게 감미로운 배경음악(BGM)을 들려주는 서비스가 제공된다면 고객은 온화하고 감미로운 기분을 갖게 되고 기다리는 동안의 지루함을 잠시 잊고 호감을 형성할 것이다.
- 이러한 마케팅 전략을 통해 고객은 좋은 감정을 지속적으로 느낄 수 있게 강력하고 지속적인 브랜드 애호도를 이끌어낼 수 있는 것이다.

ESG 경영전략

- ESG는 환경(Environmental), 사회(Social), 지배구조(Governance)의 영문 첫 글자를 조합한 단어로, 기업 경영에서 지속가능성을 달성하기 위한 3가지 핵심 요소이다.

- 기업의 지속적인 성장 및 생존과 직결되는 핵심가치를 의미한다.
- 기관별 설립 목적 및 사업의 특성, 이해관계자의 차이에 따라 투자 의사결정 · 장기적인 수익 · 재무적인 가치 · 경영 리스크 · 사회책임 · 지속가능성 등이 공통적으로 제시되는 키워드로, 자본시장에서 집중해야 할 ESG 개념은 '투자의사결정 및 장기적인 재무적 가치에 영향을 미칠 수 있는 중요한 비재무적 요인' 이라 할 수 있다.
- 환경(Environmental): 기후변화 및 탄소배출, 환경오염 및 환경 규제, 생태계 및 생물다양성, 자원 및 폐기물관리, 에너지 효율, 책임있는 구매 · 조달 등
- 사회(Social): 고객만족, 데이터보호 및 프라이버시, 인권 성별 평등 및 다양성, 지역사회관계, 공급망 관리, 근로자 안전 등
- 지배구조(Governance): 이사회 및 감사위원회 구성, 뇌물 및 반부패, 로비 및 정치기부, 기업윤리, 컴플라이언스(기업경영이 법령, 규정 윤리, 사회통념에 맞도록하는 내부통제 장치), 공정경쟁 등

• 내부마케팅 전략

- 종사원들은 인적 의존도가 높은 서비스상품일 뿐만 아니라, 현장에서 고객과 접촉하는 과정에서 스스로 마케팅활동을 수행하는 마케터이므로 내부고객(internal customers)에 대한 마케팅이 예전부터 중요시되고 있다.
- 내부마케팅이란 기업의 종사원을 최초의 고객으로 간주하여 그들에게 서비스마인드와 고객 지향적인 사고가 형성될 수 있도록 동기와 권한을 부여하는 마케팅활동이라고 할 수 있다.

• 기타마케팅 전략

- 휴대폰 문자나 통화를 이용한 텔레(telephone)마케팅
- 60세 이상의 노인을 대상으로 하는 실버(silver)마케팅
- 아이들 눈높이에 맞춘 키즈(kids)마케팅
- 유명한 연예인을 모델로 한 스타(star)마케팅
- PPL마케팅(Product PLacement) : 영화, 드라마 속에 여행상품을 협찬하는 간접광고 형태의 마케팅 기법
- 스포츠(sports)마케팅 : 주로 스포츠 경기를 통한 후원 및 홍보 의미의 마케팅 기법
- 페이스북 · 인스타그램 · 유튜브 · 블로그 등을 활용한 SNS 마케팅 등

TRAINING
연습문제

01. 관광마케팅에서 언급하는 마케팅 믹스(Marketing Mix) 요인 중 기존의 4P's 요소인 제품(Product), 가격(Price), 촉진(Promotion), 유통(Place) 외에 추가되는 4P's 요소가 아닌 것을 고르시오.

① 사람(People) ② 패키지(Packaging)
③ 전문성(Professionality) ④ 파트너십(Partnership)

02. 기업이 통제할 수 없는 '기회'와 '위협' 같은 외부환경은 물론 경쟁사와의 비교를 통한 자사만이 보유한 '강점'과 '약점' 같은 내부환경을 살펴보는 관광마케팅 환경 분석을 무엇이라고 하나요?

① SWOT ② STP ③ Target Market ④ Positioning

03. 관광상품의 특성이 아닌 것은?

① 무형성 ② 생산과 소비의 분리성 ③ 소멸성 ④ 모방의 용이성

04. 관광상품 수명주기(PLC: Product Life Cycle) 과정 중 시장수요 및 이익이 급속하게 증대되는 시기로서 호전적 구전에 의한 마케팅 효과가 매우 큰 기간이자 새로운 경쟁사들이 모방상품으로 시장에 진입하는 시기를 '성숙기'라 부른다.

① O ② X

05. 다양한 관광마케팅 전략 중 '기업의 종사원을 최초의 고객으로 간주하여 그들에게 서비스마인드와 고객지향적인 사고가 형성될 수 있도록 동기와 권한을 부여하는 마케팅활동'을 무엇이라고 하나요?

정답 01. ③ 02. ① 03. ② 04. ② 05. 내부마케팅(internal marketing)

UNDERSTANDING OF TOURISM

CHAPTER 08

관광개발의 이해

학습목표

- 관광개발의 개념을 이해한다.
- 관광개발의 요건과 개발 유형에 대해서 학습한다.
- 관광개발의 절차를 이해한다.
- 관광개발에 있어서 해결해야 할 당면과제를 습득한다.
- 관광개발기본계획을 이해한다.
- 관광개발로 인한 환경과의 관계를 학습한다.

02 관광개발의 목적 및 대상

1) 지역사회의 진흥

- 관광의 경제적 이익을 통해 국민생활 수준의 향상, 지역경제의 활성화와 더불어 지역사회의 개발효과를 기대할 수 있다.
- 방문객과 현지 지역주민을 위한 기반시설 · 위락시설의 개발로 인해 지역사회의 발전을 초래한다.

2) 관광의 쾌적한 공간 제공

- 노동시간 감소로 인한 여가시간의 증가로 인해 많은 관광객의 관광욕구와 관광동기를 충족시킬 수 있는 시 · 공간적인 환경을 제공한다.
- 국민건강의 증진, 국민교양의 향상, 타 문화와의 교류, 재충전으로 인한 근로의욕을 고취시킨다.

3) 관광매력성 제공

- 관광자원은 자원 그 자체로 관광객에게 관광매력물이라 할 수 있다.
- 관광객에게 쾌적하고 편안한 관광활동을 제공하기 위해 관광시설의 편의성, 접근의 용이성 등 관광객이 요구하는 일정수준 이상의 관광개발이 필요하다.

4) 관광자원의 보호와 관광객 보호

- 관광객을 위하여 관광매력물을 정비하고 보존 · 보전 · 보호 등 관광지의 환경보호(쓰레기, 수질오염, 소음, 공해 방지)도 고려해야 한다.

5) 관광개발의 대상

- 자연관광자원과 인문관광자원
    - 새로운 자연적 관광자원을 개발하고 관광환경을 정비하는 것이다.
    - 문화재 발굴 및 전시, 문화재 복원 및 보수관리 등이 해당된다.
    - 관광객의 관광행태에 따라 인위적으로 관광자원을 개발하거나 관광관련 행사·이벤트 등을 개최하여 관광자원의 가치를 증대시키는 것이다.

- 관광교통 기반시설
    - 관광객에게 관광의 편의성을 제공한다.
    - 관광시장과 관광지의 연결 즉, 관광주체와 관광객체와의 원활한 연결에 기여한다.
    - 관광개발 사업의 핵심적 부문: 기존 교통망을 최대한 활용하는 방안이 필요하나, 관광루트를 우선적으로 고려하여 불편한 교통요건 개발과 정비에 역점을 두고 개발할 필요가 있다.

- 관광 편의시설
    - 놀이시설, 숙박시설, 휴게시설, 각종 식음료 시설, 정보안내 시설 및 체재를 정비한다.
    - 생활 및 사회 환경의 재정비: 상·하수도, 오물·쓰레기 처리시설의 정비, 공원·가로수 등의 환경적 미관 시설을 정비한다.

- 관광정보
    - 광고, 홍보 등 각종 정보매체의 활성화를 도모해야 한다.

- 관광서비스의 개선
    - 관광종사원의 어학실력 향상, 예절 서비스교육 실시 등의 서비스능력과 자질 향상을 도모해야 한다.

03 관광개발의 요건과 유형

1) 관광개발의 요건

관광개발은 어느 지역에서나 가능하지 않고 개발요건에 부합해야 하며 긍정적인 개발효과가 예측될 때 시행되고 매력적인 관광자원이 존재할 때 진행된다고 할 수 있다.

■ 지리적 요건

- 관광개발의 요건과 거리는 관광목적지를 당일관광코스 또는 체제형의 숙박관광코스로 개발할 것인지 판단하는 기준 요인이 된다.
- 경쟁적 관광지의 존재 유무에 따라, 또는 경쟁상태의 관광지가 인근 지역에 존재할 경우에 지역관광루트 형성과 활성화가 가능하다.
- 관광자원의 존재여부와 관련하여 매력성 넘치는 관광자원이 부재한 경우에 별도의 인공적인 관광지 개발이 필요하다.

■ 자연적 요건

- 지형적으로 자연관광자원의 성격을 띠고 있을지라도 지형이 험준하고 접근성이 떨어지면 관광지의 개발이 사실상 불가능하거나 곤란하다.
- 기상요건은 관광객이 쾌적하게 여행할 수 있는 온화한 기후가 존재해야 한다.
- 자연적 환경과 관련하여 수려한 자연경관은 관광객에게 매력적인 신기함과 자연의 감동을 제공한다.

■ 사회적 요건

- 법적인 규제요건은 관광진흥법, 문화재보호법, 천연기념물법 등이 있

으며, 관광자원의 보호와 육성 및 개발과 관련된 법령으로는 자연환경 보전법, 도시계획법 등이 있다.

- 지역사회의 감정반응 요건으로는 원활하고 효율적인 관광개발을 위한 지방정부와 지역주민의 협력자세가 필요하다.

2) 관광개발의 유형

■ 자연자원 활용형

- 산악관광지, 온천관광지, 해안관광지, 피서관광지, 해수욕 관광지, 스키 관광지 등 기본적인 자연자원에 의존하는 형태이다.

■ 인문자원 활용형

- 유·무형의 인문관광자원을 활용하는 개발방식이다.
- 일상생활과 관련한 관습, 충속, 유물, 역사적인 건축물·유적지·문화재 등 자원 가치의 원 상태를 보호·보존하는 것이 필요하다.
- 지속가능하고 장기적인 계획 및 구체적인 보호 시책이 필요하다.

■ 명성도 활용형

- 절대 비교우위의 관광지 일지라도 관광객에게 인지도가 낮으면 유인성과 매력성의 영향력 발휘가 불가능할 수도 있다.
- 관광자원의 희소성 및 가치는 낮더라도 일반적인 관광객에게 널리 알려져 있어 인지도가 있으면 관광개발이 가능하다.

■ 교통수단 활용형

- 교통수단의 정비는 일시적인 관광목적의 관광교통 수단보다 생활여건의 향상과 경제활동의 활성화를 위한 일반교통 수단 정비가 많은 편이라 할 수 있다.
- 고속도로의 진출·입 램프, 철도 정차역, 고속도로 주변 휴게소 등 편

의성을 추구한 일반교통 수단의 정비가 관광자원의 가치가 높지 않더라도 관광개발이 가능해질 수 있다.

■ **관광매력물 창조형**

- 자연적인 관광자원은 아니지만, 인공적인 관광매력물을 창조하는 것으로 주제공원(테마파크), 각종 놀이기구(유원시설)가 완비되어 있는 즐거움이 있는 놀이공원의 형태이다.

  예시 미국 캘리포니아 주의 디즈니랜드와 유니버셜 스튜디오, 한국의 에버랜드, 롯데월드, 서울랜드 등

표 8-1 ▸ 추구형 관광의 유형

구 분	내 용
자연친화형	일상의 도시 생활에 지쳐 자연으로의 회귀본능이 작용하여 레크레이션 활동을 통한 자연친화적 경험 욕구 추구형
모험추구형	모험과 도전정신의 관광욕구 충족 추구형 예) 산악트래킹, 계곡 래프팅, 패러글라이딩, 스킨스쿠버, 암벽등반, 번지점프 등
문화추구형	역사적으로 의미있는 문화·예술을 실제 체험하고자 하는 욕구 추구형 예) 역사탐방, 종교·문화 탐방
건강추구형	현대의 경제적 풍요로움과 노령화 사회에 따른 실버계층의 미용과 건강을 추구하는 소비문화 확대 예) 온천관광, 머드축제, 템플스테이 관광
체험추구형	가족단위 여행, SIT(특수목적관광) 관광 등의 준거집단에 따라 관광체험 참여활동과 체험 및 경험 중심의 적극적 체험형 관광 추구 예) 문화체험, 농촌체험, 공예분야 제조체험

04 관광자원의 개발방식

1) 공공주도형의 관광개발

- 국가 · 지방정부 · 한국관광공사 · 한국토지개발공사 등의 정부 투자기관과 경기관광공사 · 경주개발공사 등의 정부투자기관의 자회사에서 직접 또는 간접적으로 개발의 주체를 담당하는 형태이다.
- 공익적 차원에서 국토의 개발 또는 관광자원의 효율적인 보전을 함께 해야 하고 일반 대중에게 관광의 참여를 제공함으로써 복지를 증진시키기 위해 개발해야 한다.

2) 민간주도형의 관광개발

- 일반 개인 또는 사기업이 영리추구를 목적으로 토지를 확보하여 관광시설을 건설하는 방식이다.
- 관광자원 개발에 있어서 민간주도형은 시장성이 있어야 한다.
- 투자에 대한 자본력과 관광시장의 변화, 관광상품에 대한 수명주기 단축을 감안하면 그만큼 민간주도의 역할이 중요하다고 할 수 있다.

3) 공동주도형의 관광개발

- 관광개발 대상지역의 토지를 소유한 지역주민을 중심으로 지역민이나 조합 및 해당지역의 관광단체 등이 공동으로 투자하기 위해 협회 또는 조합을 결성하여 개발하는 방식이다.
- 관광개발에 투자하는 지역주민은 소유한 토지를 바탕으로 민박, 상가, 숙박시설, 식음료시설 등과 같은 관광사업에 참여하게 한다.

- 관광개발에 따른 영업이익이 지역주민의 소득증가와 해당지역의 세수증대 등, 지역 내에 균형적 발전을 초래한다.

05 관광개발의 절차

관광개발은 관광관련 여가활동의 진흥, 지역경제의 활성화, 관광관련 사업체의 확대 등이 뒷받침되어야 한다. 이를 위해서는 시장성 · 타당성 · 경제성 분석의 충분한 연구조사가 선행되어야 한다.

1) 연구조사

- 지리적 조건의 적합성 연구로서의 관광지 개발가능성에 대한 잠재적 가치를 평가하는 것이다.
- 장기적인 관광개발 규모와 관광개발의 효과를 연구 · 조사한 후, 환경영향평가를 실시해야 한다.
- 관광개발로 인한 파급효과와 해당 지역의 자연적 영향, 사회적 영향을 연구 · 조사해야 한다.
- 관광수요에 대한 정량적, 정성적 평가를 실행하여 관광개발의 방향과 관광개발의 규모를 파악해야 한다.
- 관광관련 개발투자 가능성에 대해 연구·조사를 통해 공공주도의 투자와 민간기업 투자의 가능성과 투자규모를 예측해야 한다.
- 관광개발 지역 내에서의 관광 중점지역의 연구 · 조사와 대상지 선정은 교통, 숙박, 식음료, 관광정보 등의 요인을 파악하는 것이라 할 수 있다.

2) 개발추진 주체의 선정

- 사업추진에 부합하는 조직을 선정해야 한다.

3) 관광교통수단의 건설과 정비계획 수립

- 체계적인 건설 정비 계획을 수립해야 한다.

4) 관광객 이용시설의 건설과 정비계획 수립

- 숙박시설, 식음료시설, 오락시설, 스포츠 시설 등의 각종 편의시설 등의 정비계획을 수립해야 한다.

5) 관광관련 홍보 체계

- 홍보 체계 확립을 계획해야 하며, 관광지 개발에 대한 구체적 홍보체계를 구축해야 한다.

6) 관광통계 체제의 수립

- 관광통계는 해당지역의 관광정책을 수립하고 관광개발 방법의 개선 정책에 활용될 수 있다.
- 개발사업별 특징은 다음 <표 8-2>와 같다.

표 8-2 ▸ 개발 사업별 특징 비교

구 분	관광(단)지 등 특례법형	지구단위계획형	도시계획시설형	개발행위허가형
사업 특성	대규모 복합형 정책성 사업	중규모 복합형	중규모 도시계획시설 (공공적 사업)	소규모, 단순형
내용	공공성, 시급성, 파급효과 큼 - 일반법과 달리 특별 추진 제도를 통하여 효과적 개발을 도모	도시관리계획 변경의 절차를 거쳐 개발을 추진	기반시설에 해당하는 사업	개별법규에 의하여 단순허가를 받아 조성
사업 종류	관광(단)지, 개발촉진지구사업, 지역특구사업, 사회기반시설 민간투자사업, 레저도시 등	관광숙박시설, 관광객이용시설, 관광편의시설(펜션 등), 온천지구, 체육시설, 농어촌관광 휴양단지, 관광 농원, 한계농지 정비 지구사업 등	도시공원, 자연공원, 유원지, 청소년수련시설, 삭도·궤도 등	유원시설, 박물관/미술관, 자연휴양림, 수목원, 국제회의 시설, 야영장 등
주요 적용 법률,절차	특 례 법	국토의 계획 및 이용에 관한 법률	국토의 계획 및 이용에 관한 법률	건축법 등 각종 법률
	개별 특례법률상 절차	도시관리계획 (지구단위계획)	도시관리계획 (도시계획시설)	건축허가, 개발행위허가, 점용(사용)허가 등
특·장점	정책적 추진사업 인허가기간의 축소, 지역 공익사업명분 일부 토지수용권 등 각종 인센티브	대규모 민간사업 복합형태사업 가능. 토지수용권 없음	공익적사업으로 기반시설에 한정 토지수용권 부여	소규모민간사업. 비교적 절차 간단
단점	지속적 관리감독	인허가 기간 장기 개별 토지매수	도시계획시설에 한정	복합형인 경우 많은 개별법의 절차를 각각 협의이행

주 : 한국관광공사 2017(관광자원개발 매뉴얼)을 참고로 논자 재구성

06 관광개발의 과제

1) 관광개발의 문제점

- 지역주민의 배제
  - 관광개발의 목적을 이루기 위한 주민참여는 필수이다.
  - 관광개발 지역은 해당 지역주민의 생활터전이므로 지역중심의 입장에서 판단을 고려해야 한다.
- 관광개발 유형의 단순화 및 중앙정부 차원의 거점지역 개발방식과 하향식의 개발
  - 관광객의 다양하고 다원화된 욕구를 충족시키는데 미흡한 개발이 될 수도 있다.
  - 타 지역과 차별화 되는 해당지역의 특수성 개발 필요하다.
- 관광개발과 보존의 부조화
  - 무분별한 관광개발 계획과 과잉투자 개발로 인하여 생태계 파괴와 환경오염 · 훼손 발생할 수 있다.

2) 관광개발의 과제

- 관광개발과 수급의 균형
  - 관광수요 대비 공급이 원활하지 않으면 관광객의 혼잡도와 관광지의 혼잡과 소음 및 공해 등의 문제가 발생할 수 있다.
  - 관광공급 대비 수요가 부족하면 관광지 개발에 대한 긍정적인 파급효과를 기대할 수 없게 된다.
  - 관광개발은 관광객의 행동특성에 따른 관광지의 수용력을 파악하고 관

- 문화체육관광부 장관이 시 · 도지사와의 협의를 통해 우리나라 전국을 대상으로 관광자원을 효율적으로 개발하고 관리하기 위해 10년 단위로 수립하는 계획을 의미한다.
- 문화체육관광부가 수립하는 관광개발기본계획은 관광지 · 관광단지 등 관광자원 개발을 추진함에 있어 전국적이고 장기적인 안목에서 개발계획을 수립해야한다.
- 국제관광의 여건변화, 국민관광의 질적 · 양적 성숙 등에 원활히 대응할 수 있도록 하기 위한 것이다.
- 관광개발계획의 실질적인 추진을 위하여 정부에서는 1993년 12월 27일 「관광진흥법」을 개정하여 관광개발계획(기본계획 및 권역계획)을 법정계획으로 규정하였다.
- 1994년 6월 30일 「관광진흥법시행령」을 개정하여 기본계획은 10년, 권역계획은 5년 주기로 수립하도록 제도화하였다.
- 2012년부터 2021년까지 시행된 제3차 관광개발기본계획을 2011년 12월에 정부계획으로 확정하였으며, 이에 따른 제5차 권역별 관광개발계획(2012~2016)을 수립 · 시행하였고, 제6차 권역별 관광개발계획(2017~2021)을 각 시 · 도별로 수립 · 시행하였다.
- 2020년부터 관광자원개발 사업은 지방으로 이양되어 추진하였다.
- 2022년 6월 30일자 문화체육관광부 보도자료에 따르면 제7차 권역별 관광개발계획(2017~2021)이 시행되었다.

- **권역별관광계획**
  - 권역별 관광개발계획은 「관광진흥법」 제51조에 근거하여 수립하는 법정계획으로서, 전국을 대상으로 5년을 주기로 수립하였다.
  - 제주특별자치도를 제외한 모든 광역 시·도지사의 계획 수립 의무가 있으며, 관광지 및 관광단지 지정의 근거가 되었다.
  - 전국 16개 광역 지자체가 동시에 권역 계획을 수립함에 따라 관광개발

시설 난립 및 콘텐츠 중복·부실화 등을 방지하고, 문화체육관광부장관의 조정과 관계부처의 장과의 협의절차 이행을 위해 계획 수립 전 국가적 차원의 검토·조정을 거쳐 계획이 수립되었다.

- 권역의 관광 여건과 관광 동향에 관한 사항
- 권역의 관광 수요와 공급에 관한 사항
- 관광자원의 보호 · 개발 · 이용 · 관리 등에 관한 사항
- 관광지 및 관광단지의 조성 · 정비 · 보완 등에 관한 사항
- 관광지 및 관광단지의 실적 평가에 관한 사항
- 관광지 연계에 관한 사항/관광사업의 추진에 관한 사항
- 환경보전에 관한 사항
- 그 밖에 그 권역의 관광자원의 개발, 관리 및 평가를 위하여 필요한 사항

1) 제1차 관광개발기본계획(1992 ~ 2001)

- 제1차 관광개발기본계획(1992~2001년)은 직접적인 비전 및 목표 등을 명시하지 않았으나, '전 국토의 관광지화 구상', '관광개발 체계 설정'의 방향성을 제시하였다.
- 4대 추진 과제는 '국토이용개념의 개발 체계 확립', '관광수요와 부합하는 균형적 개발', '개발·관리체계 형성', '개발추진을 위한 지원'으로 설정하였다.
- 관광자원을 효율적으로 개발 · 이용 · 관리 · 보전하고 관광객의 다양하고 새로운 관광욕구를 충족시키기 위하여 관광자원의 특성 · 교통권 · 지역 실정 등을 감안하여 전국을 5대 관광권, 24개 소관광권으로 권역화하여 각각의 권역별 개발구상을 제시하였다.
- 관광루트를 체계적으로 설정함으로써 관광활동이 보다 편리하고 쾌적하게 이루어지도록 주요 관광지 또는 관광명소를 연계하는 관광루트를 표준화하였다.
- 전국적으로는 육로 9개, 해상 3개, 항공 18개 등 모두 30개의 관광루트가

설정되었으며, 권역별로는 중부권에 4개, 충청권에 3개, 서남권에 3개, 동남권에 3개, 제주권에 2개 등 모두 15개의 권역 내 관광루트를 설정하였다.

- 문화체육관광부는 관광개발 사업을 효율적으로 추진하기 위하여 문화체육관광부, 지방 자치단체, 한국관광공사 및 민간부문이 역할을 분담하도록 하였다.
- 문화체육관광부에서는 관광개발기본계획을 총괄 · 조정하며, 시 · 도에서는 권역별 관광개발계획을 수립하여 이에 따른 당해 지역의 관광자원 개발 사업을 추진하였다.
- 제1차 관광개발기본계획에서는 권역을 5대 관광권 24개 소관광권으로 설정하고 자원 특성에 따른 권역 설정을 통하여 지역 간 연계성 확보를 시도하였으나 행정권과 관광자원의 불일치로 인하여 집행력 확보에 한계가 존재하였다.

그림 8-1 ▸ 제1차 관광개발기본계획 권역구분도

2) 제2차 관광개발기본계획(2002 ~ 2011)

'21세기 한반도 시대를 열어가는 관광대국 실현'이라는 비전을 두고 이를 달성하기 위해 다음과 같이 7대 개발전략을 제시하였다.

- 국제경쟁력 강화를 위한 관광시설 개발 촉진
- 지역특성화와 연계화를 통한 관광개발 추진
- 문화자원의 체계적 관광자원화 촉진
- 관광자원의 지속가능한 개발 및 관리 강화
- 지식기반형 관광개발 관리체계 구축
- 국민 생활관광 향상을 위한 관광개발 추진
- 남북한 및 동북아 관광협력체계 구축

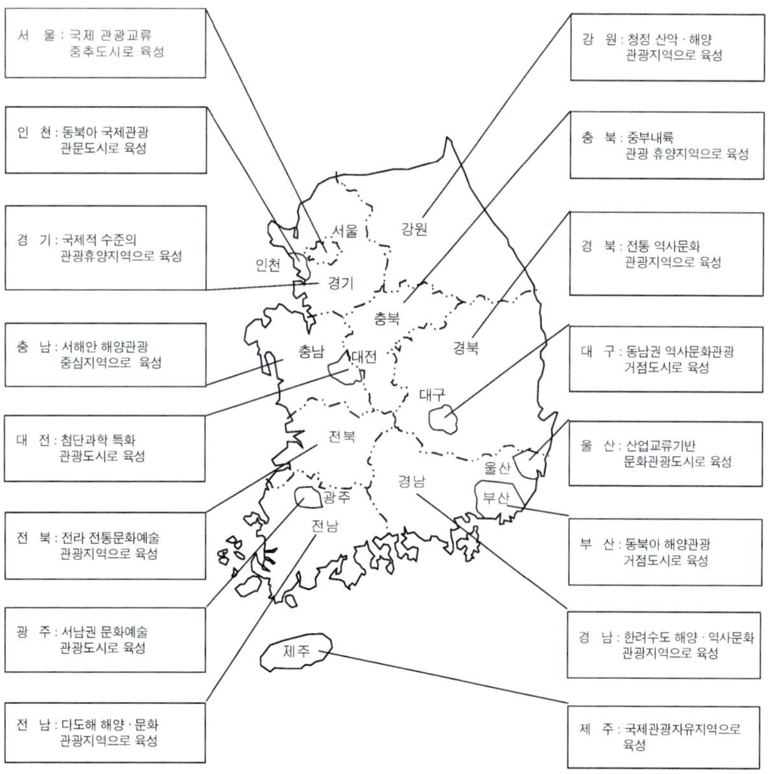

그림 8-2 ▸ 제2차 관광개발기본계획 권역구분도

3) 제3차 관광개발기본계획(2012 ~ 2021)

'글로벌 녹색한국을 선도하는 품격 있는 선진관광'이라는 비전을 두고 이를 달성하기 위해 다음과 같이 6대 개발전략을 제시하였다.

- 품격관광을 실현하는 관광개발 정책효율화
- 미래 환경에 대응한 명품 관광
- 자원 확충, 문화를 통한 품격 있는 한국형 창조관광 육성
- 국민의 행복한 생활관광 환경
- 조성, 저탄소 녹색성장을 선도하는 지속가능한 관광 확산
- 관광경쟁력 제고를 위한 국제협력 강화

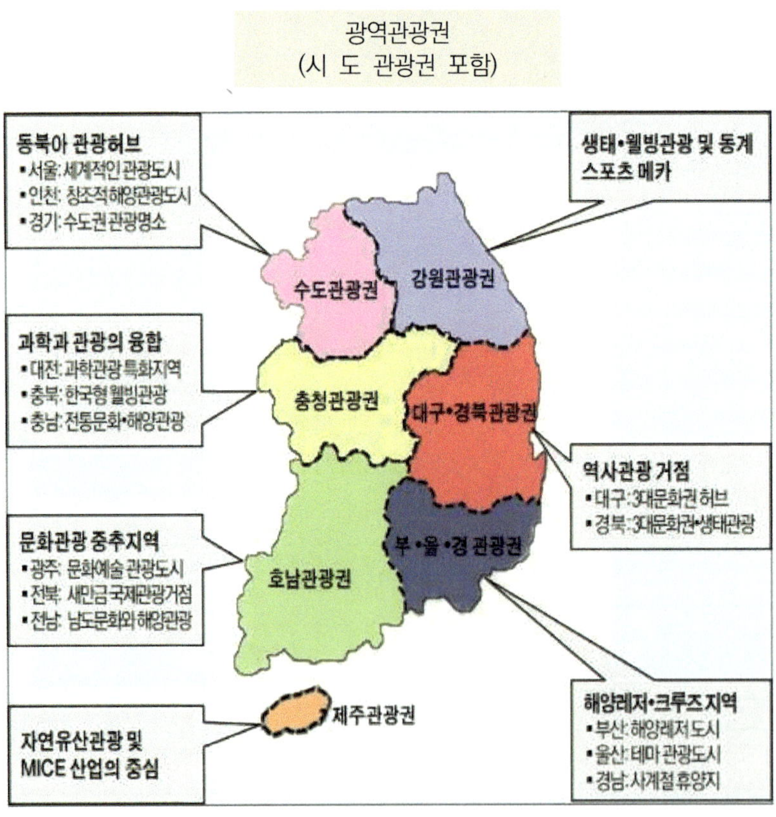

그림 8-3 ▸ 제3차 관광개발기본계획 권역구분 및 개발방향

4) 제4차 관광개발기본계획(2022 ~ 2031)

미래 관광개발 구현을 위한 6대 추진 전략, 17개 중점 추진과제를 도출하였다. '미래를 여는 관광 한국, 관광으로 행복한 국민'이라는 비전 아래 '사람과 지역이 동반성장하는 상생 관광', '질적 발전을 추구하는 지능형(스마트)혁신 관광', '미래세대와 공존하는 지속가능 관광'을 목표로 설정하였다.

- 매력적인 관광자원 발굴
- 지속가능 관광개발 가치 구현
- 편리한 관광편의 기반 확충
- 건강한 관광산업생태계 구축
- 입체적 관광 연계·협력 강화
- 혁신적 제도·관리 기반 마련

권역별 개발 방향

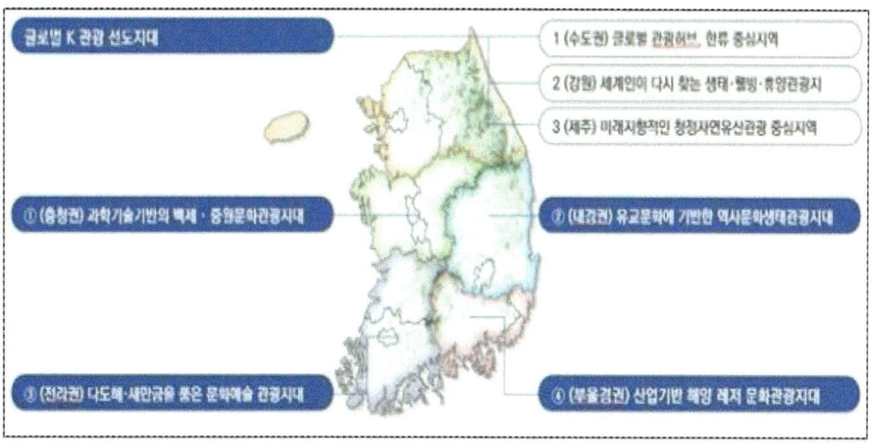

문체부, '제4차 관광개발기본계획' 발표 https://www.mcst.go.kr

그림 8-4 ▸ 제4차 관광개발기본계획 권역별 개발방향

표 8-3 ▸ 관광개발계획

구분	관광개발 기본계획	광역권관광개발계획 (특정지역관광개발계획)	권역별관광 개발계획	관광(단)지 조성계획
성격	법정의무계획 (10년)	법정임의계획 (행정계획)	법정의무계획 (5년)	법정의무계획 관광(단)지 지정 이후
계획수립 주체	문화체육관광부장관	중앙정부 및 시·도	시·도지사	시·도지사
법적근거	관광진흥법 제 47조 제 1항	관광기본법 제 9조 관광진흥법제 46조	관광진흥법 제 47조 제 2항	관광진흥법 제 52조
수립체계	문화체육관광부장관	문화체육관광부장관	시·도지사	시·도지사 또는 시장·군수
수립목적	전국관광자원의 효율적 개발·관리	지자체간 협력·제휴에 의한 관광자원 개발·관리	권역내 관광자원의 효율적 개발·관리	지정관광(단)지의 체계적 개발·관리
계획내용	전국 관광자원의 개발과 권역별 관광개발에 관한 사항 등	지자체간 협력을 통한 권역 내 관광자원의 보호 ·개발·이용·관리 등	권역 내 관광자원의보호·개발·이용·관리 등	관광(단)지 개발에 필요한 시설·투자·관리계획 등
계획수립 절차	관광개발사업에 관한 요구서 제출 (시·도지사) ▼ 기본계획안 작성 (문화체육관광부장관) ▼ 관계부처 장과 협의 (문화체육관광부장관) ▼ 계획 확정·공고 (문화체육관광부장관)	광역계획안 작성(문화체육관광부장관) ▼ 계획안 조정 (문화체육관광부장관) ▼ 관계부처의 장과협의 (문화체육관광부장관 및 시·도지사) ▼ 계획 확정 (문화체육관광부장관)	권역계획안 작성 (시·도지사) ▼ 계획안 조정 (시·도지사) ▼ 관계부처의 장과 협의 (시·도지사) ▼ 계획 확정·공고 (시·도지사)	조성계획안 작성 (시·도지사 혹은 시장·군수) ▼ 관계 행정기관의 장과 협의 (시·도지사) ▼ 계획 확정·고시 (시·도지사)

주 : 한국관광공사 2017(관광자원개발 매뉴얼)을 참고로 논자 재구성

□ 지정 절차		
지정신청 (시군청장) ↓ 승인 (시도지사) ↓ 고시 (시도지사) ↓ 실효 (시도지사)	법52조1항	• 관광단지의 경우 관광단지 개발자가 지정·조성계획 동시 신청 가능 (시행규칙59조)
	법52조2항	• 관광지 등 지정 시 사정에 문체부 및 관계행정기관장과 협의 필요 (법52조2항)
	법52조5항	
	법56조2항	• 고시일로부터 2년 이내에 조성계획의 승인신청이 없으면 2년이 지난 다음날 효력 상실 • 조성계획 효력이 상실된 날로부터 2년 이내에 새로운 조성계획 승인신청이 없을 경우에도 효력 상실 -부득이한 사유로 조성계획 승인신청 기간의 연장이 불가피할 경우 1회에 한해 1년 이내 연장 가능(법56)

□ 조성계획 승인 절차		
조성계획승인신청 (시군구청장) ↓ 승인 (시도지사) ↓ 고시 (시도지사) ↓ 실효 (시도지사)	법54조1항	• 관광단지 : 관공단지개발자가 조성계획 신청 가능
	법56조2항	• 조성계획을 승인하거나 변경승인하고자 할 때는 관계행정기관의 장과 협의 필요(법54조2항) -이 경우 관계행정기관의 장은 30일 이내에 의견 제시
	법54조3항	
	법56조2항	• 조성계획의 승인고시일부터 2년 이내에 사업을 착수하지 않으면 2년이 지난 다음날 효력상실

□ 지정변경

• 지정취소 및 그 면적의 변경은 지정 절차에 따라 진행하되, 경미한 면적*의 변경은 관계장관 협의 생략 가능(법52조4항)

*지정면적 30%이내(시행령 44조)

• 조성계획의 변경은 승인 절차에 따라 진행하되, 경미한 사항*의 경우 승인 불필요 (법54조1항)

*관광시설계획면적의 20%, 시설지구별 토지이용계획 면적의 30%, 시설지구별 건축연면적의 30%(시행령 47조)

http://www.krtd.kr/tourist

그림 8-5 ▸ 관광지 개발 절차

08 관광지·관광단지·관광특구 지정현황

표 8-4 ▸ 관광지 지정현황

(2022 6월 기준)

시·도	지정 개소	관 광 지 명
부산	5	기장도예촌, 용호씨사이드, 금련산청소년수련원, 태종대, 해운대
인천	2	마니산, 서포리
대구	2	비슬산, 화원('19신규)
경기	14	대성, 산장, 수동, 장흥, 용문산, 신륵사, 한탄강, 공릉, 임진각, 내리, 백운계곡, 산정호수, 소요산, 궁평
강원	41	호반, 구곡폭포, 청평사, 간현, 옥계, 주문진, 연곡, 동명, 대관령 어흘리, 무릉계곡, 망상, 추암, 구문소, 속초해수욕장, 척산온천, 장호, 맹방, 삼척해수욕장, 초당, 팔봉산, 홍천온천, 어답산, 유현문화, 고씨동굴, 영월온천, 마차탄광문화촌, 미탄마하생태, 화암, 아우라지, 고석정, 직탕, 광덕계곡, 후곡약수, 내설악 용대, 방동 약수, 오토테마파크, 송지호, 삼포 문암, 화진포, 오색, 지경
충북	22	세계무술공원, 충온온천, 능암온천, 충주호체험, 교리, 능강, 금월봉, 계산, 제천온천, 만남의광장, KBS촬영장, 속리산레저, 구병산, 장계, 송호, 레인보우 힐링, 수옥정, 괴강, 무극, 천동, 다리안, 온달
충남	23	천안종합휴향, 태조산, 곰나루, 마곡사, 마곡온천, 공주문화, 대천해수욕장, 무창포해수욕장, 죽도, 신정호, 아산온천, 간월도, 삽교호, 왜목마을, 난지도, 구드레, 서동요역사, 금강하굿둑, 춘장대해수욕장, 칠갑산도립온천, 남당, 예당, 덕산온천, 만리포해수욕장, 안면도
전북	21	석정온천, 금강호, 은파, 김제온천, 벽골제, 남원, 모항, 변산해수욕장, 위도, 모악산, 금마, 미륵사지, 왕궁보석테마, 웅포, 사선대, 오수의견, 방화동, 내장산리조트, 백제가요정읍사, 마이산회봉온천, 운일암반일암
전남	28	대구면도요지, 곡성 도림사, 지리산온천, 나주호, 담양호, 회산연꽃방죽, 율포해수욕장, 한국차소리 문화공원, 불갑사, 성기동, 마한문화, 영산호 쌀문화 테마공원, 영암바둑테마파크, 신지명사십리, 장성호, 홍길동테마파크, 정남진우산도, 녹진, 아리랑마을, 해신장보고, 회동, 사포, 땅끝, 우수영, 도곡온천, 운주사, 화순온천, 대광해수욕장
경북	32	경산온천, 고령부례, 문경온천, 문경상리, 오전약수, 다덕약수, 경천대, 문장대온천, 회상나루, 안동하회, 예안현, 고래불, 장사해수욕장, 선바위, 문수, 부석사, 영주순흥, 풍기온천, 치산, 포리, 예천삼강, 개척사, 울릉도, 백암온천, 성류굴, 의성탑산온천, 신화랑, 청도온천, 청도용암온천, 주왕산, 가산산성, 호미곶
경남	21	거가대교, 장목, 가조, 수승대, 당항포, 송정, 표충사, 실안, 금서, 전통한방휴양, 중산, 벽계, 오목내, 부곡온천, 마금산온천, 도남, 묵계, 농월정, 미숭산, 합천보조댐, 합천호
제주	14	제주남원, 돈내코, 수망, 미천굴, 토산, 표선, 곽지, 제주여성테마파크, 김녕해수욕장, 돌문화공원, 묘산봉, 봉개휴양림, 용머리, 함덕 해안, 협재 해안
합계	225	※ 전체 관광지 먼ㅇ 합계 : 120,915,121㎡

https://www.mcst.go.kr/kor/s_policy/dept/

주 : 문화체육관광부 2022

표 8-5 ▸ 관광단지 지정현황

(2022. 6월 기준)

자치단체		명칭	위 치	규모㎢	사업시행자	단지 지정
부산	기장군	오시리아	부산광역시 기장군 기장읍 당사리 542	3,662,486	부산도시공사	'05.03.
인천	강화군	강화종합리조트	인천광역시 강화군 길상면 장흥로 185-10	652,369	㈜해강개발	'06.01.
광주	광산구	어등산	광주광역시 광산구 운수동 500	2,736,219	광주광역시 도시공사	'19.12.
울산	북구	강동	울산광역시 북구 정자동 산35-2	1,367,240	울산 북구	'09.11.
경기 (2)	안성시	안성 죽산	안성시 안성 죽산 안성시 죽산면 당목리 129	1,438,008	㈜송백개발 ㈜서해종합건설	'16.10.
	평택시	평택호	평택시 현덕면 권관리 301-1	663,115	평택도시공사	'77.03.
강원 (14)	고성군	델피노골프앤리조트	고성군 토성면 원암리 474-2	900,018	㈜대명레저산업	'12.05.
	속초시	설악한화리조트	속초시 장사동 24-1	1,332,578	한화호텔앤드리조트(주)	'10.08.
	양양군	양양국제공항	양양군 손양면 동호리 496-4	2,730,219	㈜새서울레저	'15.12.
	원주시 (3)	원주오크밸리	원주시 지정면 월송리 1061	11,349,665	한솔개발㈜	'95.03.
		원주더네이쳐	원주시 문막읍 궁촌리 산 121	1,444,086	경안개발(주)	'15.01.
		원주 루첸	원주시 문막읍 비두리 산239-1	2,644,254	㈜지프러스	'17.04.
	춘천시 (2)	라비에벨	춘천시 동산면 조양리 산163, 홍천군 북방면 전치곡리 산1	4,843,796	㈜코오롱글로벌	'09.09.
		신영	춘천시 동산면 군자리 산 224	1,694,696	(주)신영종합개발	'10.02.
	평창군 (3)	휘닉스파크	평창군 봉평면 면온리 1095-1	4,233,039	㈜ 휘닉스중앙	'98.10.
		평창 용평	평창군 대관령면 용산리 130	16,219,204	㈜용평리조트	'01.02.
		대관령 알펜시아	평창군 대관령면 용산리 425	4,837,015	강원도개발공사	'05.09.
	홍천군	비발디파크	홍천군 서면 팔봉리 1290-14	7,052,479	㈜소노호텔앤드리조트	'08.11.
	횡성군 (2)	웰리힐리파크	횡성군 둔내면 두원리 204	4,830,709	(주)신안종합리조트	'05.06.
		드림마운틴	횡성군 서원면 석화리 산261-1	1,796,574	케이앤드씨	'16.03.
경북 (6)	경주시 (4)	보문	경주시 보문로 446	8,515,243	경북관광공사	'75.04.
		감포해양	경주시 감포읍 동해안로 1748	1,804,215	경북관광공사	'93.12.
		마우나오션	경주시 양남면 동남로 982	6,419,256	㈜엠오디	'94.03.
		북경주웰니스	경주시 안강읍 검단장골길 181-17	809,797	㈜월성종합개발	'21.07.

	김천시	김천 온천	김천시 부항면 부항로 1679-15	1,424,423	㈜우촌개발	'96.03.
	안동시	안동문화	안동시 관광단지로 346-69	1,655,181	경북관광공사	'03.12.
경남 (3)	거제시	거제남부	경남 거제시 남부면 탑포리 산 24-11	3,693,875	㈜경동건설	'19.05.
	창원시	창원구산해양	창원시 마산합포구 구산면 구복길 52-78	2,842,634	창원시장	'11.04.
		웅동복합레저	경남 창원시 진해구 제덕동 898-1	2,101,234	창원시장, 경남개발공사	'12.02.
전북	남원시	드래곤	전북 남원시 대산면 옥율리 산 131	795,133	신한레저주식회사	'18.09.
	고흥군	고흥우주해양	고흥군 영남면 해맞이로 840	1,157,970	고흥군수, 동호㈜	'09.02.
전남 (6)	여수시 (3)	여수화양	여수시 화양면 화양로 470-14	9,873,525	에이치제이매그놀리아 용평디오션호텔앤 리조트	'03.10.
		여수경도해양	여수시 대경도길 111	2,152,973	와이케이디벨롭먼트	'09.12.
		여수챌린지파크	전남 여수시 화양면 나진리 산 333-2	510,424	여수챌린지파크관광(수)	'19.05.
	진도군	진도 대명리조트	진도군 의신면 송군길 31-28	559,089	소노호텔앤리조트	'16.12.
	해남군	해남 오시아노	해남군 화원면 한주광로 201	5,073,425	한국관광공사	'92.09.
충북	증평군	증평 에듀팜 특구	충북 증평군 도안면 연촌리 산 59-21	2,622,825	블랙스톤에듀팜리조트	'17.12.
충남 (2)	부여군	백제문화	부여군 규암면 백제문로 374	3,024,905	㈜호텔롯데	'15.01.
	천안시	골드힐카운티 리조트	천안시 입장면 기로3길 162	1,692,980	㈜골드힐	'11.12.
제주(8)	서귀포시 (5)	중문	서귀포시 색달동 2864-36	3,200,925	한국관광공사	'17.01.
		성산포	해양 서귀포시 성산읍 고성리 127-2	746,939	휘닉스중앙제주	'06.01.
		신화역사공원	서귀포시 안덕면 서광리 산35-7	3,985,601	제주국제자유도시개 발센터	'06.12.
		제주헬스케어타운	서귀포시 동홍동 2032	1,539,339	제주국제자유도시개 발센터	'09.12.
		록인제주	서귀포시 표선면 가시리 600	523,354	㈜록인제주	'13.12.
	제주시 (3)	애월국제문화 복합단지	제주시 애월읍 어음리 산70-11	587,726	이랜드테마파크제주	'18.05.
		프로젝트 ECO	제주 제주시 봉성리 산35	698,850	이랜드테마파크제주	'18.05.
		묘산봉	제주 제주시 구좌읍 김녕리 5160-1	4,221,984	㈜제이제이 한라	'20.01.
		47개		148,661,594		

https://www.mcst.go.kr/kor/s_policy/dept/

주 : 문화체육관광부 2022

표 8-6 ▸ 관광특구 지정현황

(2022. 5월 기준)

지역	특구명	지정 지역(소재지)	면적(㎢)	지정일
서울(7)	명동·남대문·북창	명동, 회현동, 소공동, 무교동·다동 각 일부지역	0.87	'00.03.30
	이태원	용산구 이태원동·한남동 일원	0.38	'97.09.29
	동대문 패션타운	중구 광희동·을지로5~7가·신당1동 일원	0.58	'02.05.23
	종로·청계	종로구 종로1가~6가·서린동·관철동·관수동· 예지동 일원, 창신동 일부 지역(광화문 빌딩~숭인동 4거리)	0.54	'06.03.30
	잠실	송파구 잠실동·신천동·석촌동·송파동·방이동	2.31	'12.03.15
	강남	강남구 삼성동 무역센터 일대	0.19	'14.12.18
	홍대 문화예술	마포구 홍대 일대(서교동, 동교동, 합정동, 상수동 일원)	1.13	'21.12.02
부산(2)	해운대	해운대구 우동·중동·송정동·재송동 일원	6.22	'94.08.31
	용두산·자갈치	중구 부평동·광복동·남포동 전지역, 중앙동·동광동·대청동·보수동 일부	1.08	'08.05.14
인천(1)	월미	중구 신포동·연안동·신흥동·북성동·동인천동 일원	3.00	'01.06.26
대전(1)	유성	유성구 봉명동·구암동·장대동·궁동·어은동·도룡동	5.86	'94.08.31
경기(5)	동두천	동두천시 중앙동·보산동·소요동 일원	0.40	'97.01.18
	평택시 송탄	평택시 서정동·신장1·2동·지산동·송북동 일원	0.49	'97.05.30
	고양	고양시 일산 서구, 동구 일부 지역	3.94	'15.08.06
	수원 화성	경기도 수원시 팔달구, 장안구 일대	1.83	'16.01.15
	통일동산	경기도 파주시 탄현면 성동리, 법흥리 일원	3.01	'19.04.30
강원(2)	설악	속초시·고성군 및 양양군 일부 지역	138.2	'94.08.31
	대관령	강릉시·동해시·평창군·횡성군 일원	428.3	'97.01.18
충북(3)	수안보온천	충주시 수안보면 온천리·안보리 일원	9.22	'97.01.18
	속리산	보은군 내속리면 사내리·상판리·중판리·갈목리 일원	43.75	'97.01.18
	단양	단양군 단양읍·매포읍 일원(2개읍 5개리)	4.45	'05.12.30
충남(2)	아산시온천	아산시 음봉면 신수리 일원	3.71	'97.01.18
	보령해수욕장	보령시 신흑동, 응천읍 독산·관당리, 남포면 월전리 일원	2.52	'97.01.18
전북(2)	무주 구천동	무주군 설천면·무풍면	7.61	'97.01.18
	정읍 내장산	정읍시 내장지구·용산지구	3.45	'97.01.18
전남(2)	구례	구례군 토지면·마산면·광의면·산동면 일부	78.02	'97.01.18
	목포	북항·유달산·원도심·삼학도·갓바위·평화광장 일원	6.90	'07.09.28
경북(4)	경주시	경주 시내지구·보문지구·불국지구	32.65	'94.08.31
	백암온천	울진군 온정면 소태리 일원	1.74	'97.01.18
	문경	문경시 문경읍·가은읍·마성면·농암면 일원	1.85	'10.01.18
	포항 영일만	영일대해수욕장, 해안도로, 환호공원, 송도해수욕장, 송도송림, 운하관, 포항운하, 죽도시장, 시내 실개천 일대	2.41	'19.08.12
경남(2)	부곡온천	창녕군 부곡면 거문리·사창리 일원	4.82	'97.01.18
	미륵도	통영시 미수1·2동·봉평동·도남동·산양읍 일원	32.90	'97.01.18
제주(1)	제주도	제주도 전역 (부속도서 제외)	1,809.56	'94.08.31
13개 시·도 34개소		-	2,643.89	

https://www.mcst.go.kr/kor/s_policy/dept/

주 : 문화체육관광부 2022

09 관광개발과 환경의 관계

- 관광과 환경의 관계는 밀접하며, 관광에 있어서 환경은 공유재로써 필수 불가결한 관광자원이 된다.
- 관광객과 관광지 사이의 관계는 관광주체와 관광객체의 관계이며, 인간과 환경의 관계라고 할 수 있다.
- 대량관광(mass tourism)은 자연환경 및 생활환경의 파괴를 야기시킬 수 있다.
- 관광과 관련하여 환경분야에 관심을 갖게 된 것은 1980년 유엔환경계획(United Nations Environment Program: UNEP)에 의해 '지속가능한 개발'이라는 용어가 공식적으로 사용되면서부터라고 할 수 있다.
- 환경의 파괴·훼손 요인으로는 급속한 경제발전, 노동시간 단축으로 인한 여가시간의 증대, 관광의 대중화 등에 의해 관광수요가 급증하고 이를 수용하기 위해 무분별한 관광개발, 관광산업의 거대화, 자연보호와 환경에 대한 사람들의 인식부족 등을 들 수 있다.
- 지역의 관광개발이 관광과 환경 간의 관계를 어떻게 성공적으로 이끌어 내느냐에 따라 지속가능한 관광(sustainable tourism)이 될 수도 있다.
- 무차별적인 개발로 인해 성공적인 관광이 아니라 환경을 훼손하는 실패적인 관광개발이 될 수도 있다.
- 한 지역의 환경여건은 그 지역의 관광사업 발전에 중대한 영향을 미치게 된다.
- 관광의 발전으로 인해 필연적으로 지역 환경에 다양한 형태로 영향을 미치게 된다.

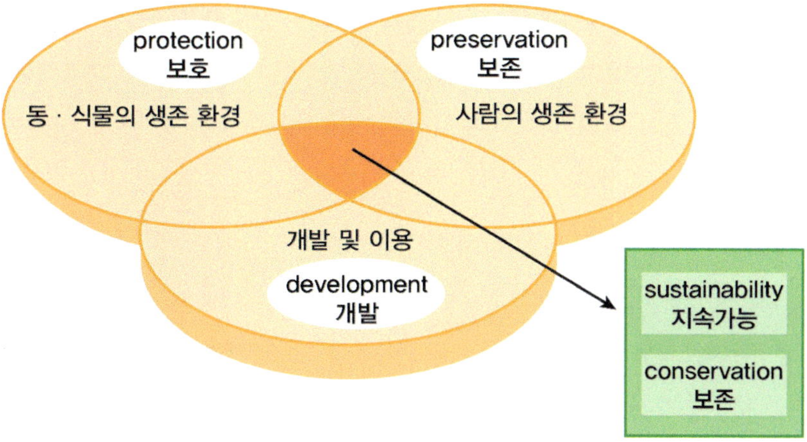

그림 8-6 ▸ 관광개발과 환경

1) 관광과 환경에 대한 이해

- 세계적인 자연환경 보호에 대한 중요성을 인지하고 국가적 · 국제적 차원에서 노력을 전개해야 한다.
- 자연적 환경에 대한 활용방안과 관광개발로 인한 환경오염 문제가 대두되어 환경보호 측면에서 관광개발이 시행되지 못하는 경우도 발생할 수 있다.
- 관광객의 관광욕구를 충족시키면서 자연환경의 훼손을 최소화하기 위한 환경보호 관점에서 관광개발과 함께 관광지 또는 관광단지에 대한 종합적인 관리가 필요하다.

2) 관광개발과 환경의 조화

- 조화의 관계
  - 자연환경으로 인한 관광자원의 소중함을 인식하고 환경을 보존하며, 지속가능한 관광개발이 이루어질 때, 관광과 환경의 조화로운 관계가 형성된다.

- 보전 - 역사적인 문화유산 보호와 더불어 관광수용력을 고려한 관광활동이 전개되어야만 현존하는 역사유적지, 사적지 등은 관광객의 대상물로써 관광자원으로 인식되어 환경파괴, 환경훼손, 소멸 등으로부터 보호를 받게 된다.
- 재생 - 자연환경에 대한 재생·복구 활동은 특정 자연환경과 역사적 문화유산에 대한 자연보호 의식을 제공한다.
- 근원적 재생 - 자연 그대로의 환경보전을 고려하여 관광이 자연환경에 대한 긍정적 변화를 유발한다.
- 창조적 재생 - 관광을 통해 수많은 문화와 유산들이 관광자원이나 관광객의 이용시설로써 유기적으로 관광객체의 기능을 담당한다.

■ 갈등의 관계

- 관광개발로 인해 자연환경에 부정적 영향을 미칠 때 발생한다.
- 관광자원이 무분별하게 이용되어 관광매력물로써 관광지의 질적인 저하를 초래한다.
- 대기오염과 수질오염을 발생시키고 자연친화적인 농경지 · 경작지 등의 삶의 터전을 변형시키거나 훼손시킬 수도 있다.
- 야생의 멸종위기 동물이나 식물에 악영향을 미쳐 환경파괴를 초래한다.
- 무분별한 관광개발로 인해 교통의 혼잡으로 인한 혼잡도의 증가, 대기오염 및 소음공해가 발생할 가능성이 있다.
- 관광지에 적합한 환경적 공간을 확보하고 관광개발로 인한 갈등을 최소화하기 위해 노력해야 한다.
- 세밀하고 구체적인 관광수요 한계 수용력을 고려하여 관광개발을 계획 시행하는 노력이 전개되어야 한다.

- 관광개발이 환경에 미치는 영향
  - 긍정적인 영향
  - 역사적 유적지의 보존
  - 생태환경의 보존
  - 접근 도로망의 개선
  - 관광관련 기반 하부시설의 개선
  - 공원 및 자연보호 지역의 환경정비
  - 낙후된 공공지역의 개발
  - 관광개발의 질적인 수준 향상
  - 쓰레기 처리 시스템의 개선으로 인한 환경 정비
  - 환경보호에 대한 지역주민의 관심 유발
  - 부정적인 영향
  - 역사 유적지의 훼손 및 유실 가능성
  - 자연적인 동·식물 서식지 훼손
  - 관광관련 기반시설의 이용혼잡도 증가로 인한 환경수준 악화
  - 관광개발로 인한 자연공원과 공공지의 훼손
  - 토지이용의 부정적 변화 초래
  - 과도한 환경쓰레기 발생
  - 대기오염 및 수질오염 등의 환경파괴

- 환경친화적 관광의 새로운 형태
- 대안관광(alternative tourism)
  - 관광객의 대량 이동과 유입으로 야기되는 사회·환경의 부정적 영향을 최소화하고자 하는 관광형태로써 대중관광에서 야기되는 피해에 대한 반성에서 시작되었다.
  - 세계관광기구(UNWTO, World Tourism Organization)에서는 '사회적으로 책임감이 있고 환경보호를 의식하는 새로운 형태의 관광'이라고 대안

관광을 소개하고 있다.

- 대중관광에 의해 많은 소중한 관광자원들이 훼손되고 파괴됨에 따라 환경친화적 · 환경지향적인 개념으로 등장하였다.
- 관광객의 대량적 이동과 활동으로 야기되는 사회환경의 부정적 영향을 최소화 하고자 하는 관광형태이다.

대안관광의 유형

- 생태관광(eco-tourism)
- 녹색관광(green-tourism)
- 연성관광(soft-tourism)
- 소규모관광(small-tourism)
- 농촌관광(rural-tourism)
- 자연관광(nature-tourism)
- 촌락관광(village-tourism)

표 8-7 ▸ 전형적인 대중관광과 대안관광 비교

구분		대중관광	대안관광
숙박시설	공간형태 소유형태 규모	• 해안지역, 고밀도 • 다국적소유, 독점 • 대규모, 통합기능	• 분산적 형태, 저밀도 • 지방정부, 지역기업 • 소규모, 가정적 기능
시장성	크기 배출지역 세분시장 활동 계절성	• 대규모 • 단일 지배시장 • 안정지향적 • 수변경관, 해변지역 • 성수기 집중	• 소규모 • 지배시장은 없음 • 모형지향적 • 친환경 자연·문화 • 비수기 없는 사계절 분산
경제성	비중 영향	• 지배적 • 고수익 구조	• 보완적 • 저수익 구조

■ 녹색관광(green tourism)

- 농촌의 생활구조 향상을 이루며, 새로운 관광활동과 체험을 위한 기회를 제공한다.
- 도시민에게 농촌을 홍보하고 즐거움을 제공하는 관광의 형태이다.
- 농업, 임업, 어업 등을 체험하는 관광하는 형태 – 농촌과 어촌 및 산림지역의 소득창출로 인한 경제적 효과를 제공한다.
- 환경친화적인 지방과의 교류를 희망하는 관광이다.
- 가족동반의 성격이 강한 관광이다.
- 취미활동을 심화시키는 여행이다.
- 토지관리와 생태적 측면에서 미래관광산업의 중요한 특징을 제시한다.

■ 지속가능한 관광(sustainable tourism)

- 현재 관광객의 욕구가 향후 후속세대가 이용할 관광자원까지 무분별하게 훼손하면서 관광현상이 일어나서는 안 된다.
- Jacobs(1990)는 '미래 세대의 관광객들에게 현 세대와 동일한 수준의 자연환경을 제공하고, 자연환경에 의한 복지 등을 경험할 기회를 갖도록 해야 한다'고 주장하였다.
- 현존하는 자연환경과 문화유산을 효율적으로 관리·유지·보존하여 미래의 후손들에게 자연의 훼손 없이 계승할 수 있는 관광형태가 이루어져야 한다.

TRAINING
연습문제

01. 관광개발 요건이 아닌 것은?

① 경제적 요건 ② 지리적 요건 ③ 자연적 요건 ④ 사회적 요건

02. 관광자원의 3가지 개발방식이 아닌 것은?

① 지방주도형의 관광개발 ② 공공주도형의 관광개발
③ 민간주도형의 관광개발 ④ 공동주도형의 관광개발

03. 지역 특성을 반영한 관광개발의 과제는 해당 지역 고유의 독창성을 바탕으로 토속적·향토적 특징을 반영한 지역 보전을 목표로 전개해야 한다.

① O ② X

04. 세계관광기구(UNWTO)는 사회적으로 책임감이 있고 환경보호를 의식하는 새로운 형태의 환경친화적 관광을 '대안관광(alternative tourism)'이라고 정의하였다.

① O ② X

05. 현존하는 자연환경과 문화유산을 효율적으로 관리 유지 보존하여 장차 미래의 후손들에게 자연의 훼손없이 계승하는 관광형태를 무엇이라고 부르나요?

정답 01. ① 02. ① 03. ① 04. ① 05. 지속가능한 관광(sustainable tourism)

생각해보기

❶ 관광개발의 개념에 대해서 설명하시오.

❷ 관광개발의 목적은 무엇인지 설명하시오.

❸ 관광개발의 5가지 기본 유형에 대해서 간단히 설명하시오.

❹ 모험추구형 관광개발 유형에 대해서 예와 함께 설명하시오.

❺ 관광자원의 3가지 개발방식에 대해서 간단히 설명하시오.

❻ 관광개발의 문제점은 무엇인지 설명하시오.

❼ 지속가능한 관광(sustainable tourism) 개발은 무엇인지 간단히 설명하시오.

❽ 관광개발이 환경에 미치는 긍정적·부정적 영향에 대해서 각각 3가지만 나열해보세요.

❾ 대안관광(alternative tourism)에 대해서 설명하시오.

❿ 우리나라의 관광산업 발전을 위하여 어떠한 형태의 관광이 어떻게 개발되었으면 좋겠는지 본인의 의견을 적어보시오.

UNDERSTANDING OF TOURISM

01 관광이란?

- 관광의 어원·정의·구성요소
- 관광의 분류·현대적 의미
- 관광학의 특징

02 관광의 발달사

- 고대·중세·근대·현대의 관광
- 한국관광의 발전과정

03 관광의 영향

- 경제·사회·문화·정치·환경적
- 긍정적·부정적 영향

04 관광객 연구

- 관광객의 정의
- 관광욕구
- 관광동기
- 관광선택행동
- 관광의사결정

05 관광자원

- 관광자원의 개념
- 관광자원의 분류
- 관광자원의 유형별 특성
- UNESCO 등재 국내 주요 유산
- 관광자원의 평가 및 조사

06 관광사업

- 개념·특성·분류
- 여행업·호텔업·관광교통업
- 국제회의업·카지노
- 리조트·테마파크
- 외식업·면세점·쇼핑

07 관광마케팅

- 마케팅의 개념·용어·발달사
- 관광마케팅의 특징 및 유형

08 관광개발의 이해

- 개념·목적·유형·방식
- 순서·과제·환경과의 관계

09 관광정책과 행정조직

- 관광정책의 개념·특징·분류
- 국내·외 관광행정조직

10 관광법규

11 관광관련 자격증

12 관광관련 전문용어

CHAPTER 09

관광정책과 행정조직

학습목표

- 관광정책의 중요성과 유형에 대해서 학습한다.
- 관광관련 행정조직을 살펴보고 구성과 업무를 습득한다.
- 관광정책 결정 시, 고려사항 등을 이해한다.
- 국내 관광행정조직의 유형과 주요업무에 대해서 학습한다.
- 관광관련 국제기구의 유형과 기능에 대해서 학습한다.

01 • 관광정책의 개념 및 특징

- 2차 세계대전 이후, 대량수송이 가능한 철도산업의 활성화와 항공기의 등장으로 대량 관광이 가능해졌고 관광객의 이동이 신속하게 되어 관광사업의 진흥을 목적으로 관광정책이 활성화되었다.
- 관광은 부가가치가 높은 인적서비스산업으로 외화획득으로 인한 국제수지 개선, 고용의 창출, 문화와 인적교류을 통한 국제 친선의 증진 등 긍정적인 파급효과를 가져온다.
- 균형적인 지역발전과 지역경제의 활성화로 인해 지역주민 삶의 질 향상을 도모할 수 있어 관광정책의 개념이 중요하게 되었다.
- 관광정책은 공공적 성격과 함께 목표지향적 성격을 지닌다.
- 유급휴가제, 시차휴가제 실시를 통한 여행 시즌의 분산, 소외계층의 철도 항공기 운임할인, 가족호텔 유스호스텔 확대 등의 사회복지관광(Social Tourism) 정책이 전개되었다.

1) 관광정책의 개념

- 관광정책은 국가 또는 공공단체가 관광의 진흥을 위해 계획을 수립하고 시행하는 정책이라 할 수 있다.
- 관광과 관련한 이익을 촉진하고 보호하기 위해 행해지는 국가적 활동이다.
- 관광분야의 문제나 사건을 해결하고자 하는 정부의 행정활동을 종합적으로 조정하고 추진하기 위한 정책활동이다.
- 관광과 관련한 행정활동을 원활히 수행하기 위하여 제정되고 추진하는 제반 정책으로써 국가 또는 지방정부의 행정기관이 관광사업의 진흥을

위하여 실시하는 정책이다.

- 한 국가가 관광의 사회현상에 대해 관광행정 활동을 전반적으로 조정하며 추진하기 위한 기본방향을 설정하는 정책이다.
- 궁극적으로 관광정책의 목표는 관광정책의 이념과 방향을 설정하고 국민복지와 삶의 질 향상에 기여하며, 공평한 사회 건설과 개인적 자아실현에 있는 것이다.

2) 관광정책의 특징

- 지역정책의 일환으로 지역주민 생활의 향상 또는 관광진흥을 위한 조건 정비에 관한 종합적 시책이다.
- 시설측면을 중심으로 하는 관광개발도 중요하나 관광정보, 교육 등소프트웨어적 측면 또한 고려하여 종합적인 관광정책을 전개해야 한다.
- 우리나라 관광과 관련된 정부기관은 문화체육관광부, 국토해양부, 농림수산식품부, 기획재정부, 행정안전부, 지방자치단체, 한국관광공사, 경기관광공사 등 여러 부처와 공공기관 등이 있다.
- 관광관련 정책을 시행하기 위해서 '관광정책심의위원회'를 두어 문화체육관광부 장관을 위원장으로 각 부처 간의 상호교류와 의견을 통합하여 종합적인 추진대책을 강구하고 있다.
- 관광정책은 국민 삶의 질 향상을 목표로 해야 한다.
- 관광정책은 문화와 경제 활성화를 도모하여 관광산업이 장려되도록 해야 한다.
- 관광정책은관광과 관련된 문화와 자연을 보호하고 관광관련 시설물 · 건축물 · 조경 등은 해당 지역 고유의 전통미를 포함해야 한다.
- 관광정책은 국민의 소득증대, 고용창출과 관련된 정책이 전개될 수 있도록 해야 한다.

02 우리나라 관광정책의 예시

관광관련 행정부서에서 다음과 같은 정책들을 제시하고, 관광의 경쟁력 강화를 위해 대책을 발표하며 산업간 융합과 부처 협업을 촉진하여 관광정책을 세우고 전개한다.

- '관광산업 재도약 위한 새 정부 관광정책 방향 논의' - 문화체육관광부 보도자료(2022년 10월 6일)
  - 코로나19로 침체한 관광산업이 회복할 수 있도록 다양한 대책을 마련해 추진해왔다.
  - 수차례에 걸친 코로나19 재확산으로 인해 시장회복이 지연되고 있지만 최근 세계 각국이 여행제한을 풀고 있다.
  - 세계 관광전문가들도 관광산업이 코로나 위기 이전 수준으로 회복하는 시기를 2024년경으로 전망하고 있다.
  - 대한민국이 코로나19 이후의 관광을 선도할 수 있도록 세계에 제시할 수 있는 차별화된 관광모델을 수립하고 관광진흥기본계획을 수립할 예정이다.
  - 최근 세계적인 경쟁력을 입증하고 있는 한국문화(케이컬처)와 연계한 관광콘텐츠를 바탕으로 한국 관광의 매력을 확산하고 입국부터 출국까지 외래객 친화적인 여행환경을 조성할 예정이다.
  - 미래 관광산업 선도기반을 구축하기 위해 적극적으로 규제를 혁신하고 투자 활성화를 이끌어낼 계획이다.
  - 해외관광 수요를 국내관광 수요로 전환하기 위해 '국내여행 인센티브'를 도입하고, '휴가지 원격 근무(워케이션)', '살아보기형 관광' 등 지역

체류형 콘텐츠 확대, 지역 연계협력에 기반한 새로운 관광자원 개발도 추진하고자 한다.

- 국제관광 재개에 맞춰 추진하는 방한 관광 홍보 행사의 지역 연계 개최, 지역 고유자원을 활용한 다양한 관광자원개발사업 확대, 지역 지능형(스마트) 관광기반 강화를 위한 '스마트 관광도시' 사업 확대·개선 등을 제안하였다.

■ '전 세계에서 온라인으로 코로나19 이후 관광정책 논의' - 문화체육관광부 보도자료(2020년 7월 27일) 온라인원격 토론회 진행

- 홍콩·스페인 등 전 세계에서 발표 참여, 분야별 전문가 토론회를 진행하였다.
- 온라인 생중계로 실시간 질의응답, 궁금했던 질문 사전등록이 가능하도록 하였다.

■ '문체부, 개도국에 관광정책 수출 '박차'' - 문화체육관광부 보도자료(2018년 6월 25일)

- 포용적 성장을 위한 관광-지역사회 파트너십을 통한 관광 개발'이라는 주제로 지역사회 조직과 역량 강화, 정보통신 기술을 활용한 정보 격차 극복과 포용적 관광의 실현 방안을 논의하였다.
- 관광산업 동반 성장, 과잉 관광, 관광 안전문제, 기후변화 등 현안을 논의한다. 포럼 후에는 문체부 나종민 제1차관이 몽골 환경관광부 바트바야르 테렌도르(Batbayar Tserendorj) 차관, 페루 관광부 리즈 치리노스(Liz Chirinos) 차관과 면담하며 양국 간 관광개발 협력 방안을 논의하였다.
- 한국의 관광개발 경험을 공유함으로써 개도국 관광정책에 도움을 주고 관광을 통한 경제 발전 실현을 위해 여행업 등록기준을 완화하면서 창업 활성화를 지원하였다.

■ '한국관광정책, 질적으로 전환한다' - 문화체육관광부 보도자료(2016년 6월 17일)

7대 지표(체류기간, 외국인 관광객 만족도, 외국인 관광객 재방문율, 관광경쟁력 순위, 외국인 관광객 1인당 지출액, 국내관광 지출, 지역방문 비율)질적 중점관리를 통해 질적으로 전환하고자 하였다.

- 코리아 둘레길, 대한민국 대표 콘텐츠화
- K-Culture 지역 지정 등 한류문화 콘텐츠 기반 다양한 관광코스 개발
- 공유민박업 본격 도입
- 고궁 일대 관광버스 불법 주정차 문제해결
- 고속·시외버스 등 대중교통에 외국인 예약시스템 구축
- 불편신고 통합시스템 구축
- 관광통역 안내서비스 고품격화 및 상류층 관광객 유치확대
- 겨울 여행주간 신설
- 관광기업 종합지원센터 운영
- 여행업 등록기준 완화로 창업 활성화 지원
- 창조관광 기업 육성
- 국가 관광전략회의체 신설

03 관광정책 결정 시 고려사항

■ 국가의 관광산업 정책 결정은 관광개발의 목적, 관광자원의 여건, 국가개발정책 등에 따라 다양하게 나타난다.

- 관광정책이 전체 시장경제에 미치는 영향을 고려하고 효율적인 관광개발이 이루어질 수 있도록 해야 한다.
- 정치 · 경제 · 사회 · 문화 · 환경에 미치는 긍정적 · 부정적 영향을 고려하여 관광정책을 결정하고 실행해야 한다.

- 정부의 역할
  - 정부는 관광개발 참여에 직접적이든 간접적이든 분명한 관광개발에 대한 입장표명이 필요하다.
  - 능동적 직접 참여가 이루어져야 한다.
  - 민간부문에서 개발 불가능한 사안에 대해 일정수준의 성숙기까지 계획 및 통제를 수행하며, 대부분 국제관광정책에 있어 역할을 담당한다.
  - 정부는 관광개발을 위해 일반 관광정책을 채택하고 관광계획의 구체적 목표수립과 개발구조를 표명하며 홍보 마케팅예산을 제공하여 마케팅 환경을 지원한다.
  - 관광개발은 자연적, 고고학적, 역사적, 문화적 자원보호라는 차원에서 조절하고 통제되어야 한다.
  - 사회, 경제, 환경적 측면을 고려하여 상황에 부합하는 관광개발 규모를 결정해야 한다.
  - 관광산업의 현실을 감안하고 미래의 관광수요의 성장률을 고려하여 관광정책이 이루어져야 한다.
  - 관광개발 시기와 장소, 전체적인 개발목표와 연관되는 특정한 방법으로 관광개발이 유치되기도 하고 경우에 따라서는 여러 정치적 이유로 유치되기도 하고 폐지되기도 한다.
  - 관광정책은 유연성의 특성이 존재하여 시간이 흐름에 따라 시장상황과 관광개발 패턴의 상황변화에 따른 정책수정이 이루어지기도 한다.

- 관광인력 개발사업 - 관광관련 일자리 창출사업
- MICE 기획 및 컨벤션 홍보사업
- 관광상품 사업 - 한류, 테마, 의료 · 웰니스 개별관광사업 지원
- 한국관광품질인증 사업

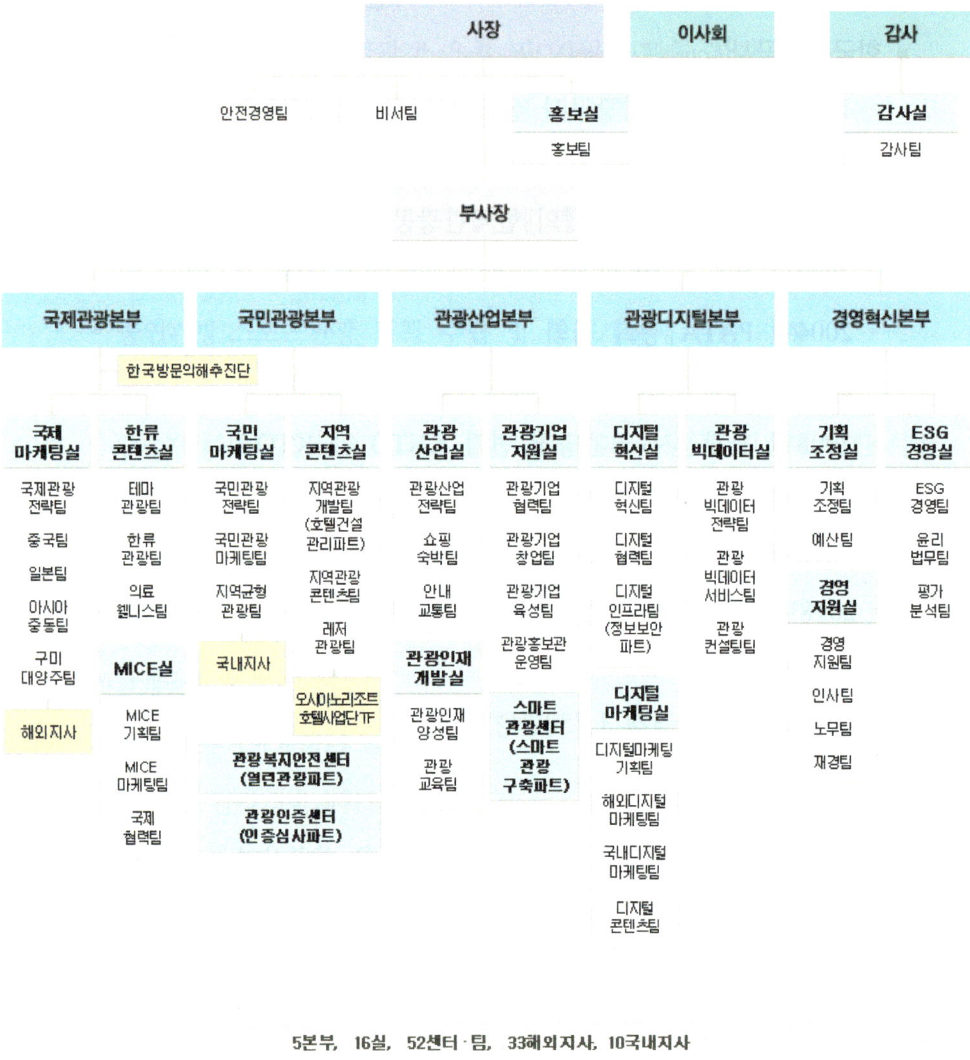

https://kto.visitkorea.or.kr/kor/kto/intro.kto 참조

그림 9-2 ▸ 2023 한국관광공사 조직도

3) 우리나라의 국제관광진흥정책

■ 국제관광 진흥정책의 주요과제

- 관광숙박시설의 확충 및 정비
- 쇼핑산업의 지원
- 해외관광 선전, 홍보 마케팅 활동
- 관광안내시설 운영
- 관광정보 지원 및 연구조사 활동
- 출입국 서비스의 개선
- 국제협력 증진

■ 국제관광 진흥정책의 추진방향

- 효율적인 관광진흥계획의 수립 및 집행
- 시장조사 및 상품 개발 강화
- MICE 행사 개최를 활용한 국제적 인지도 제고
- 공공부문과 사기업 간, 중앙정부와 지방정부 간의 공동 관광진흥활동 확대
- 지속가능한 관광개발
- 국제관광 정책의 종합적인 추진

05 관광 관련 국제기구

관광관련 국제기구는 국가마다 소득수준·삶의 질 향상과 더불어 전 세계적으로 관광객 수가 증가하고 있으며, 관광산업의 활성화에 따라 관광과 관련한 국제협력 활동을 강화하고 있는 추세이다.

1) 세계 각국의 관광기구(각국 관광청)

- 일반적으로 세계 각 나라는 정부의 행정조직으로서 관광부서인 NTA (National Tourism Administration)를 배치하고 있다.
- 일반적으로 관광과 관련된 일반 행정업무, 관광계획, 관광개발, 관광마케팅 홍보 등의 업무를 수행하고 있다.
- 각 나라는 관광관련 정부 행정 기관으로서 업무가 한계가 있을 수 있으므로, 우리나라의 한국관광공사 같은 NTO(National Tourism Organization - 국가관광기구)를 두고 있다.
- 현재 우리나라에도 호주 관광청, 오스트리아 관광청, 캐나다 관광청, 이집트 관광청, 홍콩 관광청, 일본 관광청, 마리아나 관광청, 뉴질랜드 관광청, 스페인 관광청 등 총 30개의 관광청이 ANTOR(The Association of National Tourist Offices and Representatives in Korea-주한외국관광청협회)에 회원으로 가입되어 각국의 정보 교류와 친목, 공동 마케팅 활동을 하고 있다.

2) UNWTO

- UNWTO(UN World Tourism Orgnization - 유엔세계관광기구)는 스페인 마드리드에 본부를 두고 있고 세계 각 나라 정부의 관광행정기관이 가입하고 있는 정부 간의 관광기구이다.
- 1947년 조직된 국제관광기구가 1975년 정부 간, 관광협력기구로 개편되어 설립되었다.
- 2003년 UN에 편입되었으며, 관광의 진흥과 개발, 국제여행의 편의성 확대, 국제관광 통계조사·연구, 개발도상국의 관광분야 지원을 위한 국제관광 협력 사업을 진행하였다.

3) OECD

- OECD(Organization for Economic Cooperation and Development - 경제협력개발기구)는 세계적인 국제기구 중의 하나이며, 대부분 정치적으로 대의제, 경제적으로 자유시장 원칙을 받아들인 선진국들이 회원으로 참여하고 있다.
- 1948년 미국의 마셜 플랜의 지원을 받은 유럽 경제 협력 기구(OEEC, Organization for European Economy Cooperation)에서 시작하여, 1961년 가맹국 18개국과 함께 미국, 캐나다가 합쳐서 OECD를 설립하였다.
- 목적은 경제성장, 개발도상국 원조, 무역의 확대 등이고 활동은 경제 정책의 조정, 무역 문제의 검토, 산업 정책의 검토, 환경 문제, 개발도상국의 원조 문제 논의 등의 업무를 진행하였다.
- 최고 의사 결정기구는 매년 한 차례 5월 쯤, 프랑스 파리 OECD 본부에서 열리는 각료이사회이다
- 12개 분과를 두고 있는데, 관광세부분과위원회에서 관광관련 국가지원사업, 관광관련 통계작성 업무를 수행하고 있다.
- 우리나라는 1996년 12월 12일 회원국으로 OECD에 가입하였다.

4) APEC

- APEC(Asia-Pacific Economic Cooperation - 아시아 태평양 경제협력체)은 환태평양 국가들의 경제적·정치적 결합을 돈독하게 하고자 만든 국제기구이다.
- 1989년 11월 5일부터 7일까지 오스트레일리아의 캔버라에서 12개 나라가 모여 결성하였으며, 이후 1991년에 중화인민공화국, 홍콩, 중화 타이베이(중화민국)가 1993년 멕시코, 파푸아뉴기니, 1994년에 칠레, 1998년에 페루, 러시아, 베트남 등이 추가로 가입하여 총 21개 국가들이 참여하고 있다.
- 1993년부터는 매년 각 나라의 정상들이 모여 회담을 열고 있으며, APEC 기구의 활동을 조직화하기 위한 APEC 사무국이 싱가포르에 설치되어 있다.

- 4개 위원회와 11개 실무그룹으로 구성되어 있는데, 관광실무그룹은 '관광발전 저해요인의 제한조치 완화'와 '지속가능한 관광개발' 등의 회의 주제를 다루고 있다.
- APEC 가입국은 '국가'가 아닌 '경제 주체' 범위로 참여한다. APEC 회의장에서는 가입국의 국기를 게양하거나 국명 표시를 하지 않았다.
- APEC 정상 간의 회의는 정상회의(Summit)가 아닌 APEC 경제 지도자 회의(Economic Leaders' Meeting)라는 이름을 사용한다. 우리나라는 1991년 서울에서 그리고 2005년 부산에서 개최된 바 있다.

5) ASEM

- ASEM(Asia-Europe Meeting - 아시아 유럽 정상회의)은 1996년 태국 방콕에서 처음 연 정상회의이다.
- 아셈은 1996년에 동남아시아 국가 연합(ASEAN) 회원국 7개국과 대한민국, 일본, 중국, 유럽 연합 회원국 15개국이 모여 처음 회의를 개최하였으며, 2년에 한 번씩 아시아와 유럽을 오가며 회의를 개최하고 있다.
- ASEM은 회원국 정상들 간의 자유로운 의견교환의 장으로서 정치, 안보, 경제 사회, 문화 등 다양한 분야에서 아시아와 유럽 양 지역의 공동발전과 번영을 지향하는 정부 간 협력체를 구축하였다.
- 아시아, 동남아시아, 유럽의 국가 간에 문화, 경제, 정치, 외교, 교육, 환경의 협력을 위한 기구이며, 유럽연합(EU)과 동남아시아 국가 연합(ASEAN)이 서로 협력하고 있다.
- 제3차 ASEM 서울 정상회의가 2000년 10월 20일부터 2일간 서울에서 개최된바 있다.
- 2004년 제5차 베트남 정상회의에서 채택된 'ASEM 경제동반자 선언'에서 무역원활화, 에너지, 관광, 지적재산권, 전자상거래 등 분야에서의 협력 촉진을 표명하는 등, 관광분야에서의 교류 또한 다루고 있다.

6) PATA

- PATA(Pacific Asia Travel Association - 아시아태평양관광협회)는 태평양 지역의 관광사업 증진을 위해 설립된 조직이다.
- 비영리조직으로 지역 내 국가관광조직(NTO)이 정회원이며, 항공업, 여행업, 호텔업 등 다양한 업종의 기업 및 단체들이 준회원으로 참여하고 있다.
- 국제기구의 유형으로는 준정부 조직과 민간이 공동으로 참여한다.
  지역 국제기구이며, 관광문제를 중심으로 하는 전문국제조직이다.
- 1951년 미국 하와이에서 태평양지역관광협회(PATA: Pacific Area Travel Association)라는 명칭으로 설립되었으며, 이후 1986년 아시아 지역의 중요성을 인식하면서 현재의 명칭 아시아태평양관광협회(PATA: Pacific Asia Travel Association) 으로 변경되었다.
- 1998년에 태국 방콕으로 본부가 이동되었으며, 우리나라는 1963년에 가입하였다.
- 마케팅 개발 및 교육사업과 각종 관광정보 자료 발간사업을 전개하고 있다.

7) ASTA

- ASTA(American Society of Travel Agents - 미주여행업협회)는 미주지역 여행업자의 조직단체이며, 권익보호와 안전도모를 목적으로 1931년에 설립되었다.
- 대부분의 멤버는 미국에 있으며, 미국 버지니아 주에 본사 위치하고 있다.
- 세계 최대의 여행업 협회이며, 여행업자의 권익보호와 교육사업을 진행한다.
- 여행업자가 정회원으로 가입되며, 전 세계에 120개 지부가 결성되어 있다.

8) IATA

- IATA(International Air Transport Association - 국제항공운송협회)는 1945년 쿠바에서 설립되었으며, 전세계 1백31개국 2백39개 항공사가 참여하는 민간기구이다.
- 목적은 항공기 안전과 신뢰, 항공사 간의 협력, 소비자의 경제적 이익을 도모하기 위하여 설립하였다.
- 국제선운임, 주요 국제공항에서의 운항시간 조절, 공항시설 사용료 등에 대한 항공사의 의견을 대변한다.
- 운항거리와 유가 등을 감안하여 결의하는 국제선운임 조정권이 막강하다.
- 회원 항공사들과의 협의를 통해 결정된 운임은 개별항공사가 추후에 출발국 정부에 인가를 요청하는 형식을 띠고 있으나 사실상 IATA의 결의 내용이 그대로 반영된다.

9) ICAO

- ICAO(International Civil Aviation Organization - 국제민간항공기구)는 국제민간항공조약에 기초해 1947년 4월에 발족된 UN 산하 전문기구이며, 캐나다 몬트리올에 사무국이 있다.
- 목적은 비행의 안전확보, 항공로나 공항 및 항공시설 발달의 촉진, 부당경쟁에 의한 경제적 손실의 방지 등이다.
- 정기 · 부정기 항공운송에 관한 국제협정, 국제항공운송의 간편화, 과세정책, 국제항공우편, 공항과 항로시설 관리, 통계 · 경제분석 · 계획 수립을 위한 예측, 항공운송과 운임의 규제, 항공운송에 관한 간행물을 발간한다.
- 1983년 9월 KAL기 격추사건 때도 이 기구의 특별 이사회가 조사단의 파견과 보고를 한 바 있다.
- 총회는 5년마다 개최되며, 제21회 총회가 1994년 8~9월에 서울에서 개최된 바 있다.

국내·외 관광행정 조직을 종합해서 정리하면 다음과 같다.

- 관광정책은 국가나 공공기관의 관광관련 시행규범이다.
- 관광정책은 국가의 주도로 관광사업을 보호하고 진흥 및 개발하는 정책을 의미한다.
- 관광정책의 목표는 관광정책의 이념과 방향을 설정하고 국민복지와 삶의 질 향상에 기여하며, 공평한 사회 건설과 개인적 자아실현에 있다.

■ 공공분야 역할

- 정치적 측면 - 관광이 성격상 국가 간의 경계를 넘나드는 여행이 대부분이므로 정부는 관광객과 국민의 출입국 절차를 정책적 관점에서 관여한다.
- 관광은 두 국가 사이의 정치적 관계를 돈독히 하거나 국가 및 지역의 이미지를 향상시키는 수단이 될 수도 있다.
- 경제적 측면 - 관광은 소득을 창출하고 관광서비스 관련 직업을 창출하며 경제적인 다각화를 도모할 수 있으며, 외화획득이 가능한 수출산업이다.
- 환경적 측면 - 관광이 해당 관광지역의 경관과 역사적 문화적 유산을 관광상품화 함에 따라 이러한 유산을 파괴 또는 훼손시킬 우려가 있어 공공부문 주도의 정책이 필요하다.

■ 공공분야의 기능

- 공공기관 및 민간부문의 집단의사 · 의견 조율 및 조정
- 중장기적인 관광정책과 관광개발계획의 수립
- 관광 관련 법률의 제정 및 공포
- 관광의 개발과 운영 및 관광투자와 개발 및 마케팅홍보 지원
- 관광종사원의 교육과 훈련 및 자격증 제도 관리

TRAINING
연습문제

01. 다음 (　　)안에 들어갈 내용으로 가장 적절한 것은?

> (　　　　)은 국가 또는 공공단체가 관광의 진흥을 위해 계획을 수립하고 시행하는 정책이라 할 수 있다.

① 관광정책　② 국회의원　③ 중소기업 보호대책　④ 공공의 적

02. 우리나라 관광정책의 예가 아닌 것은?

① 국내여행 인센티브　② 노후 아파트 재건축
③ 관광진흥기본계획 수립　④ K-Culture 지역 지정

03. 관광정책 결정 시, 정부의 역할이 아닌 것은?

① 홍보마케팅 예산지원　② 문화적 자원보호
③ 관광개발 규모 결정　④ 공적기금 주식투자

04. 국내 관광행정조직 중 문화체육관광부의 주요관광정책이 아닌 것은?

① 연차별계획의 수립　② 관광산업정책 수립
③ 재건축계획 수립　④ 관광개발기본계획 수립

05. 국내 관광행정조직 중 한국관광공사의 주요 수행사업이 아닌 것은?

① 호텔리모델링 사업　② 관광인력 개발사업
③ 관광인프라 구축사업　④ MICE 기획 및 홍보사업

06. 관광 관련 주요 국제기구가 아닌 것은?

① UNWTO　② NPT　③ PATA　④ IATA

정답 01. ① 02. ② 03. ④ 04. ③ 05. ① 06. ②

생각해보기

❶ 관광정책이란 무엇인지 설명하시오.

❷ 우리나라 관광정책의 예를 3가지만 나열하시오.

❸ 관광정책 결정 시, 정부의 역할은 무엇인지 간단히 설명하시오.

❹ 국내 관광행정조직 중 문화체육관광부에 대해서 주요 내용을 요약하시오.

❺ 국내 관광행정조직 중 한국관광공사에 대해서 주요 내용을 요약하시오.

❻ 관광 관련 주요 국제기구들을 나열하시오.

❼ 세계 각국의 관광기구(각국 관광청)의 주요업무에 대해서 설명하시오.

❽ UNWTO(UN World Tourism Orgnization: 유엔세계관광기구)에 대해서 간단히 설명하시오.

❾ IATA(International Air Transport Association: 국제항공운송협회)에 대해서 간단히 설명하시오.

❿ 관광행정조직의 공통된 주요업무는 무엇인가요?

UNDERSTANDING OF TOURISM

CHAPTER 10

관광법규

학습목표

- 관광법규의 개요에 대해서 이해한다.
- 관광법규의 특성과 성격에 대해서 학습한다.
- 관광행정과 관광법규의 발전과정을 이해한다.
- 관광법규의 각 제정 목적과 내용을 습득한다.

국가의 행정법에 광범위하게 명시하여 그 행정법을 바탕으로 국민의 경제생활에 영향력을 미친다.

- 행정은 국민의 복지를 중요시하는 복지행정 또는 급부행정으로 나아가며, 이러한 행정에는 비권력적인 행정작용법이 지배한다. 그리고 비권력적인 행정작용에는 프로그램성이 강하게 나타난다.
- 현대의 국가행정은 과거처럼 단순히 국민활동을 제한하고 감독 및 단속하던 형태에서 탈피하여 국민의 생활을 현재보다 더 나은 상태로 개선하고 발전시키기 위해 정신적, 물리적 도움을 주는 급부적, 조성적, 계도적 행정으로 변모하고 있다.
- 관광기본법은 우리나라 관광진흥의 방향과 기본을 규정한 법으로써 프로그램성이 강하여 이 법에서 정한 정책은 선언적 의미가 크다.

■ 명령성

- 행정법은 의무를 명하는 내용이 많아 명령규정을 원칙으로 하고, 법률상 능력의 형성에 관한 능력규정을 예외로 하는 점에서 사법과 상이하다.
- 관광법규도 관광행정의 목적달성과 원활한 관광활동을 보장하기 위해 금지규정이나 단속규정 등 명령규제를 두고 있다.
- 명령규정의 위반에 대한 제재로서 과징금 제도, 형의 정지나 취소, 벌금제도 등을 두고 있다.

3) 관광법규 고유의 성격

■ 임무법적 성격

- 관광법규는 우선적으로 법의 목적을 달성하기 위하여 관광행정의 주체 및 관광사업자가 관광산업의 진흥을 위해 이행을 해야 하는 책임과 의무를 규정하고 있다.
- 관광은 국민의 개인적 활동인 사적인 활동의 차원일 수도 있으나 국가

및 사회와 밀접한 관련이 있으므로 이와 관련하여 관광법규는 관광현상에 관해 적극적인 관광산업 발전의 역할을 담당한다.

- 관광은 국가가 행정적 차원에서 개입한다.
- 관광은 외화획득으로 인한 국제수지 개선, 지역경제의 발전, 관광분야 고용창출의 효과가 지대하므로 국가 차원에서 개입하는 것이다.
- 관광산업에 대한 국가적 개입이 관광산업의 활성화를 초래한다. 즉, 국가가 관광 분야에 대해 지나치게 간섭하는 것이 아니라 관광시장의 성장을 도모하기 위하여 관광관련 법 제도를 정비하여 관광산업의 활성화를 도모한다.
- 관광시장에서 관광소비자인 관광객의 보호를 위해 관광법규의 필요성이 필수적이라 할 수 있다.
- 관광산업은 국가 간 관계, 정치·경제적 환경에 따라 불안정할 수 있으므로 관광산업의 효율적인 보호를 위해 관광행정의 개입이 필요하다.
- 국가의 중앙정부 및 지방정부는 국민 관광활동의 질적 향상과 만족을 위하여 최소한의 관광정책의 계획 및 법적 통제를 전개할 필요가 있다.
- 관광의 무분별한 산업화와 지나친 상업성으로 인해 관광의 부정적인 효과가 발생할 수 있으므로 국가 차원에서 관광산업의 건전한 발전과 긍정적인 효과가 발생할 수 있도록 행정적 차원에서 적극 개입해야 할 필요가 있다.
- 관광법규는 관광활동이 원활하게 이루어져 궁극적으로 관광산업 진흥에 기여해야함을 목적으로 하고 있으며, 법의 목적달성을 위해 우선적으로 국가와 지방자치단체 등 관광행정의 주체가 관광진흥을 위하여 이행해야 할 책무와 의무를 규정하고 있다.

질서법적 성격

- 현대의 모든 법은 국민의 정상적인 생활은 보장하면서도 국민의 경제생활, 사회생활 및 지역생활의 일부분을 질서유지라는 차원에서 개인

의 자유와 권리를 제한하고 있다.

- 관광법규는 관광현상과 관련되는 모든 관광활동의 질서를 위한 질서법적 성격이 강하다.
- 관광법규에서는 관광시장의 질서를 위해 관광사업자에 대한 각종 금지행위와 단속사항, 관광객에 대한 금지행위 및 종사자의 금지행위 등을 통해 관광의 질서를 규정하고 있다.

■ 영리보장법적 성격

- 관광사업이란 관광객이 관광활동을 위하여 관광자원이나 관광시설 등을 이용하게 하고 그 대가를 받아 영위하는 사업으로서 영리추구를 목적으로 존재하는 관광기업이라 할 수 있다.
- 상법이 기업활동에 대해 영리성을 인정하고 있는 것과 마찬가지로 관광법규도 관광사업자의 영리목적의 사업활동을 보장하고 있다.
- 관광사업자가 그 영업 범위 내에서 관광객을 위하여 관광관련 시설과 서비스를 제공하여 그 대가를 청구할 수 있으며, 관광사업자 상호 간에 거래 관계나 관광행위로 인하여 발생한 채무에 대해서는 지급을 청구할 수 있다.

■ 공시주의적 성격

- 관광법규는 원활하고 신속한 관광행정을 실행하기 위하여 관광사업의 중요한 사항을 일반인에게 공시할 것을 요구한다.
- 관광사업을 경영하고자 하는 자는 등록관청에 등록을 하여야 함
- 관광사업자가 관광사업을 양도, 양수하거나 관광사업을 경영하는 법인을 합병하고자 할 때, 또는 관광사업을 휴업하거나 폐업한 때에는 등록관청에 신고하도록 하였다.
- 관광사업자가 관광과 관련된 경제행위를 영위함에 있어서 공시를 하도록 요구한다.

04 관광행정과 관광법규의 발전과정

- 우리나라 관광사업의 시초는 일제강점기 1912년에 부산과 신의주에 철도호텔을 건설하고 운영한 것이라고 할 수 있다.
- 1938년에 일본인들이 주로 이용했던 반도호텔이 등장하였으나, 시대적으로 자유로운 관광이 제약을 받는 암흑기였다고 할 수 있다.
  - 1957. 9. 사보이 호텔개관, 김포 국제공항 개항
  - 1957. 11. 교통부 국제관설관광기구(IUOTO, 현재의 WTO) 가입

1) 1960년대

- 초기 관광산업의 발전기반 구축을 기본방향으로 설정하고 외화획득으로 인한 국제수지 개선을 위해 노력하였으나, 시기적으로 관광의 기반이 부족한 상태에서 관광활성화를 위한 환경을 개선하고자 하였다.
  - 1961.8. '관광사업진흥법' 제정·공포(우리나라 최초의 관광법규)
  - 1961.12. 보건사회부, 숙박업법 제정
  - 1962.4. '국제관광공사법' 제정
  - 1962.6. 국제관광공사 창립
  - 1963.4. 워커힐호텔 개관
  - 1965 한일국교 정상화 - 일본인관광객 유치 · 홍보
  - 1965.9. 관광공사, 세방여행사 등 6개 업체 ASTA(미주여행업협회) 정회원으로 가입
  - 1967.4. 국 · 도립공원 지정을 위한 공원법 제정
  - 1967.8. 조선호텔 한 · 미합작설립 협정 체결
  - 1969.1. 교통부, 부산 태종대 등 20개 지역 지정관광지로 지정

2) 1970년대

- 관광의 성장기라고 할 수 있으며, 적극적인 국제관광 진흥과 관광산업의 국가전략 산업화를 통해 고도 경제성장에 따른 국민소득의 증대를 목표로 하였다.
  - 1970.3. 속리산, 설악산, 한라산을 국립공원으로 지정
  - 1970.5. 관광호텔 등급제 실시(1차로 서울시내 관광호텔을 5등급으로 등급화)
  - 1972.12. 관광진흥개발기금법 제정, 관광진흥개발기금 설치 운영
  - 1973.4. 동아시아지역관광협회(EATA), 제8회 총회 개최(조선호텔)
  - 1973.2. 제주관광종합개발계획 확정
  - 1974.10. 용인민속촌 개관
  - 1975.1. 교통부, WTO가입
  - 1975.4. 관광단지개발촉진법 제정
  - 1975.12. 관광기본법 제정 및 공포
  - 1976.9. 관광정책심의위원회 규정 제정 공포
  - 1977.2. 제주중문단지개발 관광공사에 위탁(동년 12. 19 종합개발계획 수립)
  - 1979.4. 경주 보문관광단지 개장
  - 1979.4. 제28차 PATA 총회 유치(총회 : 서울, 워크숍 : 경주)
  - 1979.5. 제15차 EATA 총회 및 PATA 동양지역 회의 개최(신라호텔)
  - 1979.9. WTO, 9월 27일을 세계 관광의 날로 제정

3) 1980년대

- 국제관광과 국민관광의 조화로운 발전 추구와 복지행정의 추진 및 성공적인 86아시안 게임과 88 올림픽을 대비하는 관광정책 전개하였으며 외화획득으로 인한 국제수지의 흑자전환의 시기였다.
  - 1981.12. 아시아경기연맹집행위원회에서 '86 아시안게임 개최지로 서울 결정

- 1982.11. 관광공사 자본금 500억 증자, 국제관광공사를 '한국관광공사'로 명칭 변경
- 1984.2. 관광종사원 자격시험(통역안내원, 국외여행안내원, 호텔지배인) 관광공사 위탁 실시
- 1986.3. 교통부, 올림픽 대회 등에 대비한 관광·숙박업 등의 지원에 관한 법률 제정
- 1986.12. 관광사업법 폐지, 관광진흥법으로 변경 제정(관광단지개발촉진법 흡수·통합)
- 1989.1. 해외여행 완전 자유화

4) 1990년대

- 21세기를 준비하는 관광 대도약을 위한 관광 체제의 정비기라고 할 수 있으며, 세계화·국제화 시대를 준비하고 국민의 경제력과 가치관 변화에 따른 성장의 시기였다.
  - 1993. 대전 EXPO의 성공적 개최, 제1차 관광개발기본계획(1992~2001년) 수립
  - 1994.1. 한국방문의 해 개최
  - 1996.12. '국제회의산업 육성에 관한 법률' 제정·공포
  - 1997.1. 관광숙박시설지원 등에 관한 특별법 제정·공포
  - 1998. '중국인 제주도관광 무비자 입국허용' 정책 실시
  - 1999.3. 한국방문의해 추진위원회규정(대통령령) 제정 · 공포 해외여행자유화조치 이후 해외여행 급증(관광수지적자)
  - 2000년 ASEM회의 및 2002년 월드컵을 통한 지속적인 관광여건 개선

5) 2000년대

- 21세기를 맞이하여 급변하는 국내 · 외 관광환경 변화에 세계화 · 개방화

· 지방분권화를 목표로 새로운 관광정책 추진을 전개하며, 관광을 신성장 동력산업으로 육성하기 위한 지속가능한 관광을 목표로 하였다.

- 2001. 8. 제2차 관광개발기본계획(2002~2011년) 수립
- 2001. 한국방문의 해 선포, 인천국제공항 개항, 금강산관광 교류
- 2004. 주5일 근무제 시행, KTX 개통
- 2005. APEC 정상회담 개최, 문화관광부 관광레저도시추진기획단 신설
- 문화체육관광부 관광산업국(문화관광부에서 직제 개정, 관광국에서 변경)
- 관광국(관광정책과, 관광진흥과, 국제관광과, 녹색관광과, 관광레저도시과, 새만금개발팀)

6) 2010년대

- 2010.11. G20 정상회의 서울 개최
- 2011.12. 제3차 관광개발기회계획(2012~2021년) 수립
- 2013. 3. 문화체육관광부 관광국(정부 기능변경에 따라 관광산업국에서 변경
- 2015 메르스 사태 발생으로 외래관광객 급감
- 2016 사전면세제도 시행, 사드미사일 배치 문제로 중국과 갈등 - 중국인 관광객 급감

7) 2020년대

■ 전세계적으로 예상치 못한 코로나 19 팬데믹(pandemic)의 등장으로 정치, 경제, 사회, 문화적으로 엄청난 부정적 파급효과가 발생하였다.

- 2019. 12. 코로나바이러스감염증-19(코로나19) 중국 후베이성 우한시에서 출현
- 2020. 1. 국내 첫 확진자(해외유입, 중국 우한시) 발생
- 인바운드, 아웃바운드 95% 이상 감소, 호텔 객실이용률 5% 미만
- 금융지원(특별융자, 만기연장, 상환유예)

- 세정지원(내국세, 지방세, 관세)
- 고용지원(지원금 및 4대보험 납부유예 및 감면조치)
- 보증지원(우대보증 및 대출 보증기한 연장)
- 경영지원(관광기업지원센터 내 코로나 19상담창구 운영, 호텔등급평가 심사 유예, 유원시설 안전점검 수수료 감면 등)

05 관광관련 법규의 내용

본서에서는 관광기본법의 전문만 표기하였으며, 기타 관광법규 전문은 법제처 국가법령정보센터(https://www.law.go.kr) 참조 요망

1) 관광기본법

■ 제정배경

- 관광이 갖는 경제적인 중요성을 인식하여 이를 진흥하기 위하여 1961년 관광사업진흥법을 제정하였다.
- 이후 외래관광객과 국내 관광객의 증가, 관광수용 태세의 정비, 효율적인 관광지 개발요구, 관광 관련 부처간의 긴밀한 협조요구 등, 관광과 관련된 주요환경이 크게 변화하였다.
- 이러한 변화에 대응하기 위하여 관광의 기본적인 이념을 반영할 수 있는 종합적인 토대를 마련할 필요가 제기되어 1975년에 '관광기본법'이 제정되었다.

■ 목적과 성격

- 관광기본법은 관광진흥의 방향과 시책의 기본을 규정하고, 그에 따라 국제친선의 증진과 국민경제 및 국민복지의 향상을 기하며, 건전한 국

민관광의 발전을 도모함을 목적으로 제정되었다.

- 관광기본법은 정부의 관광정책(행정)에 대한 통일적이고 종합적인 시책의 기본을 규정한 선언적, 규범적 특성을 가진 관광행정의 헌법이라 할 수 있다.
- 관광법과 일반법이 상충될 때, '신법 우선의 원칙'이라는 법 원칙이 적용되지 않으며, 우월적, 지도적 역할을 수행하는 '특별법 우선의 원칙'이 적용되고 있다.

■ 특성

- 기본법으로서의 특성: 기본법이라는 명칭과 같이 관광에 대한 방향을 정하고 있으며, 관광분야의 육성을 위한 진흥시책의 기본방향을 정한 선언적인 의미를 담고 있어 관광의 헌법과 같은 성격을 지닌다.
- 행정주체의 규제법(임무법)으로서의 특성: 관광기본법은 국가, 정부, 지방자치단체에 대하여 관광진흥을 위하여 수행해야 할 책임과 의무를 규정하고 있어 관광행정의 주체를 규제의 대상으로 하는 특성이 있다.
- 국민복지증진을 위한 근거법으로서의 특성: 개정된 관광기본법에서는 국민복지 향상이라는 목적을 명문화하고 있다. 따라서 관광은 건전성을 바탕으로 개인의 복지를 추구할 수 있도록 보장하여야 한다.
- 평화에 기여하는 근거법으로서의 특성: 관광의 특성상, 경제적인 소비를 중심으로 타 지역으로 이동하면서 서로의 접촉을 바탕으로 한다. 이는 민간외교관으로서 자국이나 자기지역의 모든 면을 진실하게 알리고 외국이나 타 지역을 이해함으로서, 서로간의 이해와 국제친선을 도모할 수 있어 평화에 기여할 수 있는 특성이 있다.
- 국민경제 향상을 위한 근거법으로서의 특성: 관광은 국민소득의 창출, 고용창출, 재정 수입의 증대, 국제수지의 개선 등, 연관산업의 파급효과가 크기 때문에 경제적 파급효과가 일반적인 타 사업의 비해 수익성 큰 사업이라는 것을 강조하고 있다.

- 관광진흥을 위한 근거법으로서의 특성 - 관광행정기관에서 관광진흥을 위하여 관광진흥을 위한 방향과 시책을 강구하여 관광여건을 조성하는데 기여하도록 하는 특성을 내포하고 있다.

관광기본법 전문

관광기본법

[시행 2021. 6. 23.] [법률 제17703호, 2020. 12. 22., 일부개정]

문화체육관광부(관광정책과), 044-203-2814

제1조(목적) 이 법은 관광진흥의 방향과 시책에 관한 사항을 규정함으로써 국제친선을 증진하고 국민경제와 국민복지를 향상시키며 건전한 국민관광의 발전을 도모하는 것을 목적으로 한다.
[전문개정 2007. 12. 21.]

제2조(정부의 시책) 정부는 이 법의 목적을 달성하기 위하여 관광진흥에 관한 기본적이고 종합적인 시책을 강구하여야 한다.
[전문개정 2007. 12. 21.]

제3조(관광진흥계획의 수립) ① 정부는 관광진흥의 기반을 조성하고 관광산업의 경쟁력을 강화하기 위하여 관광진흥에 관한 기본계획(이하 "기본계획"이라 한다)을 5년마다 수립·시행하여야 한다.
② 기본계획에는 다음 각 호의 사항이 포함되어야 한다. 〈개정 2020. 12. 22.〉

1. 관광진흥을 위한 정책의 기본방향
2. 국내외 관광여건과 관광 동향에 관한 사항
3. 관광진흥을 위한 기반 조성에 관한 사항
4. 관광진흥을 위한 관광사업의 부문별 정책에 관한 사항
5. 관광진흥을 위한 재원 확보 및 배분에 관한 사항
6. 관광진흥을 위한 제도 개선에 관한 사항
7. 관광진흥과 관련된 중앙행정기관의 역할 분담에 관한 사항
8. 관광시설의 감염병 등에 대한 안전·위생·방역 관리에 관한 사항
9. 그 밖에 관광진흥을 위하여 필요한 사항

③ 기본계획은 제16조제1항에 따른 국가관광전략회의의 심의를 거쳐 확정한다.
④ 정부는 기본계획에 따라 매년 시행계획을 수립·시행하고 그 추진실적을 평가하여 기본계획에 반영하여야 한다.
[전문개정 2017. 11. 28.]

제4조(연차보고) 정부는 매년 관광진흥에 관한 시책과 동향에 대한 보고서를 정기국회가 시작하기 전까지 국회에 제출하여야 한다.
[전문개정 2007. 12. 21.]

제5조(법제상의 조치) 국가는 제2조에 따른 시책을 실시하기 위하여 법제상·재정상의 조치와 그 밖에 필요한 행정상의 조치를 강구하여야 한다.
[전문개정 2007. 12. 21.]

제6조(지방자치단체의 협조) 지방자치단체는 관광에 관한 국가시책에 필요한 시책을 강구하여야 한다.
[전문개정 2007. 12. 21.]

제7조(외국 관광객의 유치) 정부는 외국 관광객의 유치를 촉진하기 위하여 해외 홍보를 강화하고 출입국 절차를 개선하며 그 밖에 필요한 시책을 강구하여야 한다.
[전문개정 2007. 12. 21.]

제8조(관광 여건의 조성) 정부는 관광 여건 조성을 위하여 관광객이 이용할 숙박·교통·휴식시설 등의 개선 및 확충, 휴일·휴가에 대한 제도 개선 등에 필요한 시책을 마련하여야 한다. 〈개정 2018. 12. 24.〉
[전문개정 2007. 12. 21.]
[제목개정 2018. 12. 24.]

제9조(관광자원의 보호 등) 정부는 관광자원을 보호하고 개발하는 데에 필요한 시책을 강구하여야 한다.
[전문개정 2007. 12. 21.]

제10조(관광사업의 지도·육성) 정부는 관광사업을 육성하기 위하여 관광사업을 지도·감독하고 그 밖에 필요한 시책을 강구하여야 한다.
[전문개정 2007. 12. 21.]

제11조(관광 종사자의 자질 향상) 정부는 관광에 종사하는 자의 자질을 향상시키기 위하여 교육훈련과 그 밖에 필요한 시책을 강구하여야 한다.
[전문개정 2007. 12. 21.]

제12조(관광지의 지정 및 개발) 정부는 관광에 적합한 지역을 관광지로 지정하여 필요한 개발을 하여야 한다.
[전문개정 2007. 12. 21.]

제13조(국민관광의 발전) 정부는 관광에 대한 국민의 이해를 촉구하여 건전한 국민관광을 발전시키는 데에 필요한 시책을 강구하여야 한다.
[전문개정 2007. 12. 21.]

제14조(관광진흥개발기금) 정부는 관광진흥을 위하여 관광진흥개발기금을 설치하여야 한다.
[전문개정 2007. 12. 21.]

제15조 삭제 〈2000. 1. 12.〉

제16조(국가관광전략회의) ① 관광진흥의 방향 및 주요 시책에 대한 수립·조정, 관광진흥계획의 수립 등에 관한 사항을 심의·조정하기 위하여 국무총리 소속으로 국가관광전략회의를 둔다.
② 국가관광전략회의의 구성 및 운영 등에 필요한 사항은 대통령령으로 정한다.
[본조신설 2017. 11. 28.]

부 칙 〈법률 제2877호, 1975. 12. 31.〉
이 법은 공포한 날로부터 시행한다.

부 칙 〈법률 제6129호, 2000. 1. 12.〉
이 법은 공포한 날부터 시행한다.

부 칙 〈법률 제8741호, 2007. 12. 21.〉
이 법은 공포한 날부터 시행한다.

부 칙 〈법률 제15056호, 2017. 11. 28.〉
이 법은 공포 후 1개월이 경과한 날부터 시행한다.

부 칙 〈법률 제16049호, 2018. 12. 24.〉
이 법은 공포한 날부터 시행한다.

부 칙 〈법률 제17703호, 2020. 12. 22.〉
이 법은 공포 후 6개월이 경과한 날부터 시행한다.

■ 관광기본법의 개정

[시행 2021. 6. 23.] [법률 제17703호, 2020. 12. 22., 일부개정]

【제정·개정이유】

[일부개정]

- 개정이유 및 주요내용
  - 현행법은 관광진흥의 기반을 조성하고 관광산업의 경쟁력을 강화하기 위하여 정부가 관광진흥에 관한 기본계획을 5년마다 수립·시행하도록 하고 있다.
  - 하지만 최근 코로나바이러스감염증-19로 인해 사회적 거리두기와 방역수칙이 시행됨에 따라 관광산업 전반이 침체되고, 코로나바이러스감염증-19의 대유행과 장기화로 관광진흥의 기반 약화가 우려되면서, 감염병 등에 대한 장기적이고도 지속적인 관광시설 관리 및 예방대책 수립 필요성이 제기된다.
  - 이에 관광시설의 감염병 등에 대한 안전·위생·방역 관리에 관한 사항이 관광진흥에 관한 기본계획에 포함되도록 하려는 것이다. 〈법제처 제공〉

- 신·구법을 비교하면 2018년 12월 24일에 개정된(구법) 내용과 2021년 6월 23일에 개정된(신법) 내용은 제 3조의 일부 내용이 개정되었다.
  - '제3조(관광진흥계획의 수립) 8. "그 밖에 관광진흥을 위하여 필요한 사항" 이라는 내용이 8. "관광시설의 감염병 등에 대한 안전·위생·방역 관리에 관한 사항" 이라는 내용으로 일부 개정되고 9. "그 밖에 관광진흥을 위하여 필요한 사항"으로 추가되었다.
  - 개정이유에서 알 수 있듯이 코로나바이러스감염증-19의 대유행과 장기화로 인해 감염병 관리에 관한 사항이 추가되어, 구법의 8 내용이 신법의 9로 항목만 변경된 것을 알 수 있다.

2) 관광진흥법

1986년에 관광사업법이 폐지되고 관광진흥법이 제정된 배경은 지속적인 경제성장으로 국민소득의 증가와 국민관광에 대한 요구가 높아졌기 때문이며, 국제적인 대회 유치로 인해 국가 이미지 향상을 위해 등장하였다고 볼 수 있다.

- 관광진흥법시행령(대통령령), 관광진흥법시행규칙(문화체육관광부령)과 함께 관광사업진흥을 위한 중추적인 법이라 할 수 있다.

- 제정배경과 목적
  - 국민관광의 급속한 성장
  - 1986년 아시안게임과 1988년 서울올림픽에 대비한 관광수용태세의 정비
  - 관광여건의 조성
  - 관광자원의 개발
  - 관광사업의 육성
  - 관광진흥의 촉진
  - 기존 관광사업법과 관광단지개발촉진법을 폐지하고 1986년 12월 31일 관광진흥법 제정

관광사업의 종류

- 여행업: 종합여행업, 국내외여행업, 국내여행업
- 호텔업: 관광호텔업, 수상관광호텔업, 한국전통호텔업, 가족호텔업, 호스텔업, 소형호텔업, 의료관광호텔업
- 관광객 이용시설업: 전문휴양업, 종합휴양업, 야영장업, 관광유람선업, 관광공연장업, 외국인관광 도시민박업, 한옥체험업
- 국제회의업: 국제회의시설업, 국제회의기획업
- 유원시설업: 종합유원시설업, 일반유원시설업, 기타유원시설업
- 관광 편의시설업: 관광유흥음식점업, 관광극장유흥업, 외국인전용 유흥음식점업, 관광식당업, 관광순환버스업, 관광사진업, 여객자동차터미널시설업, 관광펜션업, 관광궤도업, 한옥체험업, 관광면세업, 관광지원서비스업

관광진흥법의 성격

- 질서행정법 · 규제법적 성격: 공익적인 행정적 목적을 달성하기 위해 관광사업자 및 관광소비자에게 명령 · 강제하는 내용을 포함하는 질서행정법의 특성을 지닌다.
- 급부행정 · 조성행정법적 성격: 급부행정 내지 조성행정법적 성격이 강하며, 관광의 진흥과 홍보, 관광지의 개발, 재정지원에 관한 규정 등이 포함되어 있어 관광여건 조성을 위한 특성을 지닌다.
- 개발행정 · 절차법적 성격 : 관광지의 지정, 조성계획의 수립, 수용 및 사용에 관한 규정 등은 개발행정적 성격과 절차법적 성격을 지닌다.
- 관광사업자가 관광사업을 영위하고자 할 때 관광사업계획승인에서 등록에 이르는 과정을 거치도록 한 것 등은 절차법적 성격을 내포하고 있다.

표 10-1 ▸ 관광진흥법의 전체적인 구성

<table>
<tr><th colspan="2">구 분</th><th>내용</th></tr>
<tr><td colspan="2">제1장 총칙</td><td>관광진흥법의 제정 목적, 정의(용어의 뜻)</td></tr>
<tr><td rowspan="7">제2장 관광 사업</td><td>제1절 통칙</td><td>관광사업의 종류, 등록, 허가와 신고, 지정, 결격사유, 관광사업의 양수 등, 보험 가입 등, 관광표지의 부착 등, 관광시설의 타인경영 및 처분과 위탁경영</td></tr>
<tr><td>제2절 여행업</td><td>기획여행의 실시, 의료관광 활성화, 국외여행인솔자, 여행계약 등</td></tr>
<tr><td>제3절 관광숙박업 및 관광객이용시설 등</td><td>사업계획의 승인, 사업계획 승인시의 인·허가의제 등, 관광숙박업 등의 등록심의위원회, 등록시의 신고·허가 의제 등, 관광숙박업자의 준수사항, 관광숙박업 등의 등급, 분양 및 회원모집, 야영장업자의 준수사항</td></tr>
<tr><td>제4절 카지노업</td><td>허가요건 등, 허가의 공고 등, 결격사유, 카지노업의 시설기준 등, 조건부 영업허가, 카지노기구의 규격 및 기준 등, 카지노업의 영업 종류와 영업방법 등, 지도와 명령, 카지노사업자 등의 준수사항, 카지노영업소 이용자의 준수 사항, 기금 납부</td></tr>
<tr><td>제5절 유원시설업</td><td>조건부 영업허가, 물놀이형 유원시설업자의 준수사항, 안전성 검사 등, 사고보고의무 및 사고조사, 영업질서 유지 등</td></tr>
<tr><td>제6절 영업에 대한 지도와 감독</td><td>등록취소 등, 폐쇄조치 등, 과징금의 부과</td></tr>
<tr><td>제7절 관광종사원</td><td>관광종사원의 자격 등, 교육, 자격취소 등</td></tr>
<tr><td colspan="2">제3장 관광사업자 단체</td><td>한국관광협회중앙회 설립, 정관, 업무, 「민법」의 준용, 지역별·업종별 관광협회, 협회에 관한 규정의 준용</td></tr>
<tr><td colspan="2">제4장 관광의 진흥과 홍보</td><td>관광정보 활용 등, 관광통계, 장애인 관광활동의 지원, 관광취약계층의 관광복지 증진 시책 강구, 여행이용권의 지급 및 관리, 국제협력 및 해외진출 지원, 관광산업 진흥 사업, 관광 홍보 및 관광자원 개발,
지역축제 등, 지속가능한 관광활성화, 문화관광해설사의 양성 및 활용계획 등, 관광체험교육프로그램 개발, 문화관광해설사 양성교육과정의 개설·운영, 문화관광해설사의 선발 및 활용, 지역관광협의회 설립, 한국관광 품질인증, 한국관광 품질인증의 취소</td></tr>
</table>

<table>
<tr><td rowspan="2">제5장
관광
지
등의
개발</td><td>제1절 관광지 및
관광단지의 개발</td><td>관광개발기본계획 등, 기본계획, 권역계획, 관광지의 지정 등, 조사·측량 실시, 조성계획의 수립 등, 조성계획의 시행, 관광지 등 지정 등의 실효 및 취소 등, 공공시설의 우선 설치, 관광단지의 전기시설 설치, 인·허가 등의 의제, 준공검사, 공공시설 등의 귀속, 관광지등의 처분, 「국토의 계획 및 이용에 관한 법률」의 준용, 수용 및 사용, 선수금, 이용자 분담금 및 원인자 부담금, 강제징수, 이주대책, 입장료 등의 징수와 사용, 관광지 등의 관리</td></tr>
<tr><td>제2절 관광특구</td><td>관광특구의 지정, 관광특구의 진흥계획, 관광특구에 대한 지원, 관광특구에 대한 평가 등, 다른 법률에 대한 특례</td></tr>
<tr><td colspan="2">제6장 보칙</td><td>재정지원, 청문, 보고·검사, 수수료, 권한의 위임·위탁 등</td></tr>
<tr><td colspan="2">제7장 벌칙</td><td>벌칙, 양벌규정, 과태료</td></tr>
<tr><td colspan="2">부 칙</td><td>시행일, 문화관광해설사 양성교육과정 등의 인증에 관한 경과조치, 과태료에 관한 경과조치, 다른 법률의 개정</td></tr>
</table>

※ 관광진흥법의 핵심 사항 정리

- 관광진흥법 본문은 국가법령정보센터(https://www.law.go.kr) 참조

- **관광진흥법의 개정**

  [시행 2022. 9. 27] [법률 제18982호, 2022. 9. 27, 일부개정]

- **[일부개정]**

  - 개정이유 및 주요내용
    - 국제회의업은 관광산업의 진흥을 위한 고부가가치 전략산업으로서, 지역별로 특화된 산업과 문화를 바탕으로 활발하게 개최되고 있는 기업회의 등 다양한 형태의 행사를 포괄하는 산업으로 확장되고 있다.
    - 이에 국제회의업이 관광산업의 진흥에 기여하는 산업임을 명확히 규정하고, 국제회의의 범주에 기업회의를 추가하는 등 국제회의업의 정의 규정을 보완하여 관련 산업을 육성하기 위한 근거를 마련하려는 것이다.

    〈법제처 제공〉

TRAINING
연습문제

01. 관광법규는 관광과 관련된 관광정책을 실현하기 위한 일종의 (   )으로써 관광 행정권의 조직, 작용, 구제에 관한 법이다. 괄호 안에 들어갈 법의 종류는 무엇인가?

① 특별법　　② 일반법　　③ 관습법　　④ 불문법

02. 이 법의 설립목적은 국제회의의 유치를 촉진하고 그 원활한 개최를 지원하여 국제회의산업을 육성·진흥함으로써 관광산업의 발전과 국민경제의 향상 등에 이바지하기 위해 제정되었다. 이 법은 무엇인가?

① 국제회의산업육성에 관한 법률　　② 관광진흥개발기금법
③ 한국관광공사법　　④ 외식산업진흥법

03. 이 법의 설립목적은 관광진흥, 관광자원개발, 관광산업의 연구·개발 및 관광 관련 전문인력의 양성·훈련에 관한 사업을 수행하게 함으로써 국가경제 발전과 국민 복지 증진에 이바지할 목적으로 설립되었다. 이 법은 무엇인가?

① 한국관광공사법　　② 관광진흥개발기금법
③ 국제회의산업육성에 관한 법률　　④ 외식산업진흥법

04. 이 법은 관광진흥의 방향과 시책의 기본을 규정하고, 그에 따라 국제친선의 증진과 국민경제 및 국민복지의 향상을 기하며, 건전한 국민관광의 발전을 도모함을 목적으로 제정되었다. 이 법은 무엇인가?

① 한국관광공사법　　② 관광진흥개발기금법
③ 국제회의산업육성에 관한 법률　　④ 관광기본법

05. 이 법은 관광사업진흥에 필요한 자금을 지속적으로 확보·운용하기 위하여 제정되었으며, 관광사업을 효율적으로 운영시키고 관광진흥을 통한 외화획득에 이바지하기 위해 제정되었으며, 정책금융으로 이 법에 의한 기금을 설치하여 운용하고 있다.

① 한국관광공사법　　② 관광진흥개발기금법
③ 국제회의산업육성에 관한 법률　　④ 관광기본법

06. 다음 (　　)안에 들어갈 내용이 아닌 것은?

> 관광법규는 임무법적, (　　　　), (　　　　),(　　　　) 이라는 고유의 성격이 존재한다.

① 질서법적　② 공시주의적　③ 영리보장법적　④ 사익우선적

07. 다음 (　　)안에 들어갈 단어가 아닌 것은?

> 관광법규는 (　　　　), (　　　　),(　　　　) 관광 관련 법규의 다양성이라는 기본적인 성격이 존재한다.

① 행정법　② 육성법　③ 판례법　④ 특별법

08. 관광기본법의 특성이 아닌 것은?

① 기본법으로서의 특성　② 규제법으로서의 특성
③ 국민복지증진을 위한 근거법　④ 일반법으로서의 특성

09. 관광진흥법에 의한 관광사업의 종류가 아닌 것은?

① 여행업　② 관광숙박업　③ 카지노업　④ 일반숙박업

10. 관광개발진흥기금의 재원 조성의 방법인 아닌 것은?

① 정부의 출연금　② 관광숙박업
③ 법규위반자의 과태료　④ 카지노사업자의 납부금

정답 01. ① 02. ① 03. ① 04. ④ 05. ② 06. ④ 07. ③ 08. ④ 09. ④ 10. ③

생각해보기

다음 (　　)안에 알맞은 단어를 적어보시오(1~7문제).

❶ 관광법규는 관광과 관련된 관광정책을 실현하기 위한 일종의 (　　)으로서 관광 행정권의 조직, 작용, 구제에 관한 법이다.

❷ 관광법규는 (　　), (　　), (　　), 관광관련 법규의 다양성이라는 기본적인 성격이 존재한다.

❸ 관광법규는 (　　), (　　), (　　), (　　)이라는 고유의 성격이 존재한다.

❹ (　　)은 관광진흥의 방향과 시책의 기본을 규정하고, 그에 따라 국제친선의 증진과 국민경제 및 국민복지의 향상을 기하며, 건전한 국민관광의 발전을 도모함을 목적으로 제정되었다.

❺ (　　)은 관광사업진흥에 필요한 자금을 지속적으로 확보·운용하기 위하여 제정되었으며, 관광사업을 효율적으로 운영시키고 관광진흥을 통한 외화획득에 이바지하기 위해 제정되었다.

❻ (　　　)은 관광진흥, 관광자원개발, 관광산업의 연구·개발 및 관광 관련 전문 인력의 양성·훈련에 관한 사업을 수행하게 함으로써 국가경제 발전과 국민 복지 증진에 이바지하게 함을 목적으로 하고 있다.

❼ (　　　)은 국제회의의 유치를 촉진하고 그 원활한 개최를 지원하여 국제회의 산업을 육성·진흥함으로써 관광산업의 발전과 국민경제의 향상 등에 이바지 하기 위해 제정되었다.

❽ 관광기본법의 특성을 간단히 설명하시오.

❾ 관광진흥법에 의한 관광사업의 종류를 나열하시오.

❿ 관광개발진흥기금의 재원 조성은 주로 어떻게 이루어지는지 설명하시오.

UNDERSTANDING OF TOURISM

01 관광이란?

- 관광의 어원·정의·구성요소
- 관광의 분류·현대적 의미
- 관광학의 특징

02 관광의 발달사

- 고대·중세·근대·현대의 관광
- 한국관광의 발전과정

03 관광의 영향

- 경제·사회·문화·정치·환경적
- 긍정적·부정적 영향

04 관광객 연구

- 관광객의 정의
- 관광욕구
- 관광동기
- 관광선택행동
- 관광의사결정

05 관광자원

- 관광자원의 개념
- 관광자원의 분류
- 관광자원의 유형별 특성
- UNESCO 등재 국내 주요 유산
- 관광자원의 평가 및 조사

06 관광사업

- 개념·특성·분류
- 여행업·호텔업·관광교통업
- 국제회의업·카지노
- 리조트·테마파크
- 외식업·면세점·쇼핑

07 관광마케팅

- 마케팅의 개념·용어·발달사
- 관광마케팅의 특징 및 유형

08 관광개발의 이해

- 개념·목적·유형·방식
- 순서·과제·환경과의 관계

09 관광정책과 행정조직

- 관광정책의 개념·특징·분류
- 국내·외 관광행정조직

10 관광법규

11 관광관련 자격증

12 관광관련 전문용어

CHAPTER 11

관광종사원 관련 자격증

학습목표

- 관광종사원의 자격제도에 대해서 습득한다.
- 관광종사원의 응시자격에 대해서 습득한다.
- 관광종사원의 필기시험과 시험의 면제기준을 이해한다.
- 이 외에 문화관광해설사, 컨벤션기획사, 국외여행인솔자 등의 역할과 필요성을 인식하고 양성교육과정을 학습한다.

01 관광종사원의 자격

- 관광종사원의 자격은 관광진흥법 제38조(관광종사원의 자격 등)에서 명기하고 있다. 단, 관광통역안내사는 외국인 관광객이 국내에서 관광을 하는 특성상, 중요도가 높아 자격증 취득과 함께 관광안내를 하는 경우에 자격증 패용을 의무화 하고 있으며, 타 종사원은 권고사항으로 하는 것을 알 수 있다. 규정하고 있는 내용은 다음과 같다.

① 관할 등록기관등의 장은 대통령령으로 정하는 관광 업무에는 관광종사원의 자격을 가진 자가 종사하도록 해당 관광사업자에게 권고할 수 있다. 다만, 외국인 관광객을 대상으로 하는 여행업자는 관광통역안내의 자격을 가진 사람을 관광안내에 종사하게 하여야 한다. 〈개정 2009. 3. 25.〉
② 제1항에 따른 관광종사원의 자격을 취득하려는 자는 문화체육관광부령으로 정하는 바에 따라 문화체육관광부장관이 실시하는 시험에 합격한 후 문화체육관광부장관에게 등록하여야 한다. 다만, 문화체육관광부령으로 따로 정하는 자는 시험의 전부 또는 일부를 면제할 수 있다. 〈개정 2008. 2. 29.〉
③ 문화체육관광부장관은 제2항에 따라 등록을 한 자에게 관광종사원 자격증을 내주어야 한다. 〈개정 2008. 2. 29.〉
④ 관광종사원 자격증을 가진 자는 그 자격증을 잃어버리거나 못 쓰게 되면 문화체육관광부장관에게 그 자격증의 재교부를 신청할 수 있다. 〈개정 2008. 2. 29.〉
⑤ 제7조제1항 각 호(제3호는 제외한다)의 어느 하나에 해당하는 자는 제1항에 따른 관광종사원의 자격을 취득하지 못한다. 〈개정 2011. 4. 5.〉
⑥ 관광통역안내의 자격이 없는 사람은 외국인 관광객을 대상으로 하는 관광안내(제1항 단서에 따라 외국인 관광객을 대상으로 하는 여행업에 종사하여 관광안내를 하는 경우에 한정한다. 이하 이 조에서 같다)를 하여서는 아니 된다. 〈신설 2016. 2. 3.〉
⑦ 관광통역안내의 자격을 가진 사람이 관광안내를 하는 경우에는 제3항에 따른 자격증을 패용하여야 한다. 〈신설 2016. 2. 3.〉
⑧ 관광종사원은 제3항에 따른 자격증을 다른 사람에게 대여하여서는 아니 된다. 〈신설 2016. 2. 3.〉
⑨ 문화체육관광부장관은 제2항에 따른 시험에서 다음 각 호의 어느 하나에 해당하는 사람에 대하여는 그 시험을 정지 또는 무효로 하거나 합격결정을 취소하고, 그 시험을 정지하거나 무효로 한 날 또는 합격결정을 취소한 날부터 3년간 시험응시자격을 정지한다. 〈신설 2017. 11. 28.〉
- 부정한 방법으로 시험에 응시한 사람
- 시험에서 부정한 행위를 한 사람

02 • 관광종사원의 응시자격

응시자격(제48조)은 관광종사원 중 호텔경영사 또는 호텔관리사 시험에 응시할 수 있는 자격은 다음과 같이 구분한다. 〈개정 2014. 12. 31.〉

- 호텔경영사 시험
  가. 호텔관리사 자격을 취득한 후 관광호텔에서 3년 이상 종사한 경력이 있는 자
  나. 4성급 이상 호텔의 임원으로 3년 이상 종사한 경력이 있는 자
- 호텔관리사 시험
  가. 호텔서비스사 또는 조리사 자격을 취득한 후 관광숙박업소에서 3년 이상 종사한 경력이 있는 자
  나. 「고등교육법」에 따른 전문대학의 관광분야 학과를 졸업한 자(졸업예정자를 포함한다) 또는 관광분야의 과목을 이수하여 다른 법령에서 이와 동등한 학력이 있다고 인정되는 자
  다. 「고등교육법」에 따른 대학을 졸업한 자(졸업예정자를 포함한다) 또는 다른 법령에서 이와 동등 이상의 학력이 있다고 인정되는 자
  라. 「초·중등교육법」에 따른 고등기술학교의 관광분야를 전공하는 과의 2년과정 이상을 이수하고 졸업한 자(졸업예정자를 포함한다)

관광종사원의 자격시험은 관광진흥법 시행규칙 제44조(관광종사원의 자격시험)를 보면 다음과 같다.

① 법 제38조제2항 본문에 따른 관광종사원의 자격시험(이하 "시험"이라 한다)은 필기시험(외국어시험을 제외한 필기시험을 말한다. 이하 같다), 외국어시험(관광통역안내사·호텔경영사·호텔관리사 및 호텔서비스사 자격시험만 해당한다. 이하 같다) 및 면접시험으로 구분하되, 평가의 객관성이 확보될 수 있는 방법으로 시행하여야 한다.
② 면접시험은 제46조에 따른 필기시험 및 제47조에 따른 외국어시험에 합격한 자에 대하여 시행한다.

면접시험(제45조)은 다음 사항을 평가하며, 합격점수는 총점의 6할 이상이어야 한다.

- 국가관·사명감 등 정신자세
- 전문지식과 응용능력
- 예의·품행 및 성실성
- 의사발표의 정확성과 논리성

03 관광종사원의 필기시험

- 관광종사원의 자격시험 중 필기시험은 관광진흥법 시행규칙 제44조(관광종사원의 자격시험)에 제시하고 있듯이, 필기시험에 대한 내용은 다음과 같다.
- 관광진흥법 시행규칙 별표 14 필기시험의 시험과목 및 합격결정 기준 (제46조 관련 2018.11.29, 일부개정)

표 11-1 ▸ 시험과목 및 배점비율

구 분	시험과목	배점비율
가. 관광통역안내사	국사	40%
	관광자원해설	20%
	관광법규(「관광기본법」·「관광진흥법」·「관광진흥개발기금법」·「국제회의산업육성에 관한 법률」 등의 관광 관련 법규를 말한다. 이하 같다)	20%
	관광학개론	20%
	계	100%
나. 국내여행안내사	국사	30%
	관광자원해설	20%
	관광법규	20%
	관광학개론	30%
	계	100%
다. 호텔경영사	관광법규	10%
	호텔회계론	30%
	호텔인사 및 조직관리론	30%
	호텔마케팅론	30%
	계	100%
라. 호텔관리사	관광법규	30%
	관광학개론	30%
	호텔관리론	40%
	계	100%
마. 호텔서비스사	관광법규	30%
	호텔실무(현관·객실·식당 중심)	70%
	계	100%

- 합격결정기준 : 필기시험의 합격기준은 매과목 4할 이상, 전과목의 점수가 위의 배점비율로 환산하여 6할 이상이어야 한다.

① 외국어시험(제47조)은 다음과 같다.

- 관광통역안내사 : 영어, 일어, 중국어, 불어, 독어, 스페인어, 러시아어, 이탈리아어, 태국어, 베트남어, 말레이·인도네시아어, 아랍어 중 1과목
- 호텔경영사 및 호텔관리사 : 영어
- 호텔서비스사 : 영어, 일어, 중국어 중 1과목

② 외국어시험은 다른 외국어시험기관에서 실시하는 시험(이하 "다른 외국어시험"이라 한다)으로 대체한다. 이 경우 외국어시험을 대체하는 다른 외국어시험의 점수 및 급수(별표 15 제1호 중 불어의 DELF 및 DALF시험의 점수 및 급수는 제외한다)는 응시원서 접수 마감일부터 2년 이내에 실시한 시험에서 취득한 점수 및 급수여야 한다. 〈개정 2010. 3. 17.〉

③ 제2항에 따른 다른 외국어시험의 종류 및 합격에 필요한 점수 및 급수는 별표 15와 같다.

■ 관광진흥법 시행규칙 제47조 관련 [별표 15] <개정 2017. 2. 28.>

표 11-2 ▸ 다른 외국어시험의 종류 및 합격에 필요한 점수 또는 급수

■ 다른 외국어시험의 종류

구 분		내 용
영어	토플 (TOEFL)	아메리카합중국 이.티.에스(E.T.S:Education Testing Service)에서 시행하는 시험(Test of English as a Foreign Language)을 말한다.
	토익 (TOEIC)	아메리카합중국 이.티.에스(E.T.S:Education Testing Service)에서 시행하는 시험(Test of English for International Communication)을 말한다.
	텝스 (TEPS)	서울대학교영어능력검정시험(Test of English Proficiency, Seoul National University)을 말한다.
	G-TELP (Level 2)	아메리카합중국 샌디에이고 주립대(Sandiego State University)에서 시행 하는 시험(General Test of English Language Proficiency)을 말한다.
	FLEX	한국외국어대학교와 대한상공회의소에서 공동 시행하는 어학능력검정시험(Foreign Language Examination)을 말한다.
	PELT (main)	한국외국어평가원 영어능력검정시험(Practical English Language Test)으로서 PELT main(듣기, 읽기) 시험을 말한다.
일본어	JPT	일본국 순다이(駿台)학원그룹에서 개발한 문제를 재단법인 국제교류진흥회에서 시행하는 시험(Japanese Proficiency Test)을 말한다.
	日檢 (NIKKEN)	한국시사일본어사와 일본국서간행회(日本國書刊行會)에서 공동 개발하여 한국시사일본어사에서 시행하는 시험을 말한다.
	FLEX	한국외국어대학교와 대한상공회의소에서 공동 시행하는 어학능력검정시험(Foreign Language Examination)을 말한다.
	JLPT	일본국제교류기금 및 일본국제교육지원협회에서 시행하는 일본어능력시험(Japanese Language Proficiency test)을 말한다.

중국어	HSK	중국 교육부가 설립한 국가한어수평고시위원회(國家漢語水平考試委員會)에서 시행하는 시험(HanyuShuipingKaoshi)을 말한다.
	FLEX	한국외국어대학교와 대한상공회의소에서 공동시행하는 어학능력검정시험(Foreign Language Examination)을 말한다.
	BCT	중국국가한어국제추광영도소조판공실(中国国家汉语国际推广领导小组办公室)이 중국 북경대학교에 위탁 개발한 실용중국어시험(Business Chinese Test)을 말한다.
	CPT	중국어언연구소 출제 한국CPT관리위원회 주관 (주)시사중국어사에서 시행하는 생활실용커뮤니케이션 능력평가(Chinese Proficiency Test)를 말한다.
	TOCFL	중화민국 교육부 산하 국가화어측험추동공작위원회에서 시행하는 중국어 능력시험(Test of Chinese as a Foreign Language)을 말한다.
불어	FLEX	한국외국어대학교와 대한상공회의소에서 공동시행하는 어학능력검정시험 (Foreign Language Examination)을 말한다.
	DELF DALF	주한 프랑스대사관 문화과에서 시행하는 프랑스어 능력검정시험 (Diplôme d'Etudes en Langue Française)을 말한다.
독어	FLEX	한국외국어대학교와 대한상공회의소에서 공동시행하는 어학능력검정시험 (Foreign Language Examination)을 말한다.
	독일어 능력 검정시험	유럽 언어능력시험협회 ALTE(Association of Language Testers in Europe) 회원인 괴테-인스티투트(Goethe Institut)에서 시행하는 독일어능력검정시험을 말한다.
스페인어	FLEX	한국외국어대학교와 대한상공회의소에서 공동시행하는 어학능력검정시험 (Foreign Language Examination)을 말한다.
	DELE	스페인 문화교육부에서 주관하는 스페인어 능력 검정시험(Diploma de Español como Lengua Extranjera)을 말한다.
러시아어	FLEX	한국외국어대학교와 대한상공회의소에서 공동시행하는 어학능력검정시험 (Foreign Language Examination)을 말한다.
	TORFL	러시아 교육부 산하 시험기관 토르플 한국센터(계명대학교 러시아센터)에서 시행하는 러시아어 능력검정시험(Test of Russian as a Foreign Language)을 말한다.
이탈리아어	CILS	이탈리아 시에나 외국인 대학(Università per Stranieri di Siena)에서 주관하는 이탈리아어 자격증명시험(Certificazione di Italiano come Lingua Straniera)을 말한다.
	CELI	이탈리아 페루지아 국립언어대학(Università per Stranieri di Perugia)과 주한 이탈리아문화원에서 공동 시행하는 이탈리아어 능력검정시험(Certificato di Conoscenza della Lingua Italiana)을 말한다.
태국어, 베트남어, 말레이·인도네시아어, 아랍어	FLEX	한국외국어대학교에서 주관하는 어학능력검정시험(Foreign Language Examination)을 말한다. ※ 이 외국어시험은 부정기적으로 시행하는 수시시험임.

■ 합격에 필요한 다른 외국어시험의 점수 또는 급수

시험명	자격구분	관광통역 안내사	호텔 서비스사	호텔 관리사	호텔경영사	만점/ 최고급수
영어	TOEFL(CBT)	217점 이상	147점 이상	207점 이상	230점 이상	300점
	TOEFL(IBT)	81점 이상	51점 이상	76점 이상	88점 이상	120점
	TOEIC	760점 이상	490점 이상	700점 이상	800점 이상	990점
	TEPS	677점 이상	381점 이상	670점 이상	728점 이상	990점
	G-TELP (Level 2)	74점 이상	39점 이상	66점 이상	79점 이상	100점
	FLEX	776점 이상	381점 이상	670점 이상	728점 이상	1000점
	PELT(main)	345점 이상	181점 이상	302점 이상	373점 이상	600점
일본어	JPT	740점 이상	510점 이상	-	-	990점
	日檢(NIKKEN)	750점 이상	500점 이상	-	-	1000점
	FLEX	776점 이상	-	-	-	1000점
	JLPT	N1 이상				N1
중국어	HSK	5급 이상	4급 이상	-	-	6급
	FLEX	776점 이상	-	-	-	1000점
	BCT (B)	181점 이상				300점
	BCT (B)L&R	601점 이상				1000점
	CPT	750점 이상				1000점
	TOCFL	5급(유리)이상				6급(정통)
불어	FLEX	776점 이상				1000점
	DELF DALF	DELF B2 이상				DALF C2
독일어	FLEX	776점 이상				1000점
	독일어능력 검정시험	Goethe-Zertifikat B1(ZD) 이상				Goethe-ZertifikatC2
스페인어	FLEX	776점 이상				1000점
	DELE	B2 이상				C2
러시아어	FLEX	776점 이상				1000점
	TORFL	1단계 이상				4단계
이탈리아어	CILS	Livello Due-B2 이상				Livello Quattro-C2
	CELI	CELI 3 이상				CELI 5
태국어, 베트남어, 말레이·인도네시아어, 아랍어	FLEX	600점 이상				1000점

TRAINING
연습문제

다음 문제를 잘 읽어보고 맞는 답을 고르시오.

01. 다음 중 관광진흥법에서 규정하고 있는 관광종사원 자격증이 아닌 것은?

① 호텔서비스사 ② 국내여행안내사
③ 관광통역안내사 ④ 커피바리스타

02. 관광종사원의 자격시험 중 관광관련 자격증과 거리가 먼 것은?

① 문화관광해설사 ② 국내여행안내사
③ 국제여행통역사 ④ 국외여행인솔자

03. 관광종사원의 자격시험 중 호텔관련 자격증과 거리가 먼 것은?

① 호텔안내사 ② 호텔서비스사 ③ 호텔관리사 ④ 호텔경영사

04. 관광종사원 시험 중 호텔관리사 필기시험 과목이 아닌 것은?

① 관광법규 ② 호텔관리론 ③ 관광학개론 ④ 국사

05. 관광종사원 시험 중 관광통역안내사 필기시험 과목이 아닌 것은?

① 국사 ② 관광학개론 ③ 관광회계론 ④ 관광법규

06. 관광객의 관광자원에 대한 이해와 감상 그리고 체험의 기회를 제공하기 위하여 역사·문화·예술·자연 등 관광자원의 전반에 대한 전문적인 해설을 제공하는 자를 무엇이라고 합니까?

① 국외여행인솔자 ② 문화관광해설사 ③ 컨벤션기획사 ④ 호텔서비스사

07. 관광진흥법 제48조의 6에 따르면 누가 문화관광해설사 양성을 위한 교육과정을 개설하여 운영할 수 있는가?

① 문화체육관광부장관 또는 지방자치단체의 장

② 한국관광공사 사장

③ 한국산업인력공단 이사장

④ 여행사 대표

08. 컨벤션기획사 1, 2급 시험은 어느 기관에서 시행합니까?

① 한국관광공사 ② 한국산업인력공단

③ 문화체육관광부 ④ 국제회의기획사

09. 컨벤션기획사 1급 시험의 응시자격으로 맞는 것은?

① 응시자격은 제한이 없다.

② 2년이상 컨벤션기획 실무에 종사한 사람

③ 컨벤션기획사 2급 자격을 취득한 후 3년 이상 실무에 종사한 사람

④ 국내에서 컨벤션 관련 대학을 졸업한 사람

10. 여행사가 기획하고 주최하는 내국인 단체의 해외관광을 인솔하고 동행하여 관광객들이 일정대로 쾌적한 관광을 할 수 있도록 도와주며, 모든 제반 업무를 수행하는 관광종사자를 무엇이라고 하나요?

① 국내여행안내사 ② 호텔서비스사

③ 컨벤션기획사 ④ 국외여행인솔자

정답 01. ④ 02. ③ 03. ① 04. ④ 05. ③ 06. ② 07. ① 08. ② 09. ③ 10. ④

UNDERSTANDING OF TOURISM

01 관광이란?

- 관광의 어원·정의·구성요소
- 관광의 분류·현대적 의미
- 관광학의 특징

02 관광의 발달사

- 고대·중세·근대·현대의 관광
- 한국관광의 발전과정

03 관광의 영향

- 경제·사회·문화·정치·환경적
- 긍정적·부정적 영향

04 관광객 연구

- 관광객의 정의
- 관광욕구
- 관광동기
- 관광선택행동
- 관광의사결정

05 관광자원

- 관광자원의 개념
- 관광자원의 분류
- 관광자원의 유형별 특성
- UNESCO 등재 국내 주요 유산
- 관광자원의 평가 및 조사

06 관광사업

- 개념·특성·분류
- 여행업·호텔업·관광교통업
- 국제회의업·카지노
- 리조트·테마파크
- 외식업·면세점·쇼핑

07 관광마케팅

- 마케팅의 개념·용어·발달사
- 관광마케팅의 특징 및 유형

08 관광개발의 이해

- 개념·목적·유형·방식
- 순서·과제·환경과의 관계

09 관광정책과 행정조직

- 관광정책의 개념·특징·분류
- 국내·외 관광행정조직

10 관광법규

11 관광관련 자격증

12 관광관련 전문용어

CHAPTER 12

관광관련 전문용어

학습목표

- 환대산업에서 자주 사용하는 전문용어를 습득한다.
- A~Z까지 알파벳 순으로 정리하여 각각의 개념을 이해한다.
- 일부 예문과 사진을 통해 관광관련 용어의 정확한 쓰임을 파악한다.

A

- **Abacus** : 국내 여행사에서 예약 및 발권을 행하는 아시아나 항공의 온라인 자동 예약 및 발권 단말기를 칭한다.
- **Accommodation** : 단기간이나 장기간에 상관없이 관광객이 여행을 하면서 체류하게 될 호텔이나 모텔 등의 숙박시설, 숙박설비를 총칭
- **Accompanied Baggage** : 휴대 수하물이다. 탑승하는 항공기와 함께 운송되는 여객의 수하물을 말한다. 통상적으로 일반석은 20kg, 일등석은 30kg까지 무료이다.
- **Additional Charge** : 관공서에 공식적으로 신고 된 호텔객실의 정상요금에 투숙 고객의 인원수가 추가되거나 침대가 추가로 투입되어 지불하게 되는 요금
- **Address** : 항공예약코드를 말한다. 주로 5자리나 6자리로 구성되며, 숫자로만 또는 영문으로만 또는 숫자와 영문이 병합되어 표기되기도 한다.
- **Add-On Fare** : '부가운임'이라는 뜻으로, 항공사에서 운항하는 세계의 수많은 도시의 두 도시 간 운임을 일일 설정한다는 것은 현실적으로 어려움이 있을뿐더러 설령 설정한다 해도 그 분량이 너무 방대해져 관리에 비효율적이 되기 싶다. 따라서 여기서 고안된 것이 줄기에 해당하는 운임과 가지에 해당하는 운임을 설정하는 방법이다.

  또한 직행운임(直行運賃 Direct Fare)을 구하기 위해 사용할 목적으로 설정된 가산용 운임(加算用 運賃)을 말한다.
- **AD(Agent Discounted Fare)** : '여행대리점 할인요금'이란 의미로, IATA 대리점의 임직원 할인운임을 뜻한다. 여행대리점의 직원이 연수목적으로 항공여행을 하고자 할 때 각 항공사가 인가대리점의 한 점포에 대하여 연간 2인에 걸쳐 통상운임의 75%가 할인된 항공권을 발행해 주고 있으며 대개 발행된 항공권의 유효기간은 3개월간이다.

해당 여행사에 1년 이상 근무 IATA(국제항공운송협회) 대리점 임직원에게 적용되는 요금으로 성인 정상 요금의 25%를 적용하는데 동반 배우자는 50%가 적용된다.

- **Agent** : '대리인, 대리점'이란 뜻으로, 여행사의 대리점을 칭하며 전국 주요 도시에서의 관광객을 모집하는 업무를 한다. 여행업계에서는 일반적으로 여행업자(travel agent) 또는 IATA(국제항공운송협회) 공인대리점(approval agent)의 의미로 사용되고 있다.
- **Airline Code** : 항공사를 나타내는 문자 표기를 말한다.(예: 아시아나 항공은 OZ, 대한항공은 KE, 싱가포르항공은 SQ, 일본항공은 JL)
- **Airline Sticker** : 항공권 예약 변경시 항공권 변경 내용의 새로운 사항을 기재해야 할 때 첨부하는 스티커
- **Airport Hotel** : 공항과 인접한 호텔을 말하며, 항공기로 예약하는 여행객의 편의를 위한 공항 터미널이나 그 가까운 주변에 위치하고 있는 호텔 및 숙박시설을 총칭하는 말로써, 1984년 미국 마이애미 국제공항으로부터 비롯되었다. 이런 종류의 호텔은 현재 세계 각국의 유행처럼 되어 항공 산업의 발전과 함께 세계적인 경쟁 산업의 하나로 확대일로에 있다. 우리나라도 현재 영종도 인천 신 국제공항에 대형 호텔들이 프로젝트 되고 있다.
- **Airport Tax** : 공항세금(空港稅金)이란 의미로서, 국가에 따라서는 'Airport Embarkation Tax' 'Airport Service Charge'라고 호칭하는 경우도 있다. 공항시설의 개선과 보수 및 유지를 위해 징수하는 목적세(目的稅)의 성격을 가지나 경영에 따라서는 단지 세수(世守)를 올리고 때로는 자국민의 해외여행 제한을 위한 한 방편으로 고객의 세금을 징수하는 국가도 있을 수 있다.
- **All Inclusive Tour** : '포괄여행'이라는 뜻으로, 교통비, 숙박비, 식사비, 관람비, 안내료 등 여행 시에 필요한 제반 경비가 전부 포함된다. 대표적인 관광사업으로는 클럽메드(Club Med)가 유명하다.
- **Allowance** : 항공사에서 인정하는 무료 수화물 취급허용량(free baggage

allowance)이라든가, 또는 여행객의 허용 보유외화 할당금액을 나타낸다.

- **Amenity** : 호텔객실 이용고객의 편의와 양질의 서비스 제공을 위해 객실에 무료로 준비해 놓은 각종 소모품 및 서비스용품을 말한다(예: 스킨, 로숀, 샴푸, 린스, 면봉 등).
- **American Breakfast** : 미국인이나 유럽인들, 또는 관광객들이 통상적으로 이용하는 아침 식사, 유럽식 아침식사인 Continental Breakfast에 계란요리가 곁들인 조식으로 '미국식 아침식사'란 의미로 널리 사용되고 있다.
- **American Plan** : 고객이 지불하는 요금제도의 일환으로, 호텔 객실요금에 3식(조식, 중식, 석식)이 포함된 요금 제도를 아메리칸 플랜(American Plan), 또는 Full Pension이라고 한다.
- **APEC** : 아시아 태평양 경제협력체로서 'Asia-Pacific Economic Cooperation'의 약어이다. 환태평양 국가들의 경제적 · 정치적 결합을 돈독하게 하고자 만든 국제기구이고 1989년 11월 5일부터 7일까지 오스트레일리아의 캔버라에서 12개 나라가 모여 결성하였으며, APEC 정상 간의 회의는 정상회의(Summit)가 아닌 APEC 경제 지도자 회의(Economic Leaders' Meeting)라는 이름을 사용한다. 우리나라는 1991년 서울에서 그리고 2005년 부산에서 개최된 바 있다.
- **Arrival, Departure & Change Sheet(list)** : 호텔을 이용하는 모든 고객의 체크인(入宿) 체크아웃(出宿) 상황 및 객실변경 등을 기록하는 양식이다(호텔에서는 3가지 내용을 각각 분리하여 작성하기도 한다).
- **Arrival Time** : 당일 투숙하는 호텔고객에 대한 도착시간을 구체적으로 기록하는 것이다.
- **Arrival Visa** : 입국비자 종류 중 하나로서 주한 대사관 비자와 동일한 효력의 비자이며, 여행하고자 하는 국가의 이민국에 서류를 접수하여 비자허가 공문서를 받은 뒤 입국 후 현지공항에서 소정의 수수료를 납부하고 바로 발급받는 비자를 의미한다.

- **Assistant Manager** : 호텔 프론트 데스크에서 책임자인 지배인 다음에 있는 중간간부를 말하며, 프론트 부지배인이라고 일컫는다.
- **ASTA** : 미주여행업협회로서 'American Society of Travel Agents'의 약어이다. 미주지역 여행업자의 조직단체이며, 권익보호와 안전도모를 위해 1931년에 설립되었다.
  대부분의 멤버는 미국에 있으며, 미국 버지니아 주에 본사 위치하고 있다. 세계 최대의 여행업 협회이며, 여행업자의 권익보호와 교육사업을 진행하고 있다.
- **Available Room** : 호텔 고객에게 상품으로써 판매가 가능한 호텔객실을 말하며, 판매할 수 있는 호텔의 제반 객실 수를 일컫기도 하고, 호텔의 객실 수 또는 일정한 날짜에 아직 점유되지 않은 객실을 의미한다.

B

- **Baggage Claim** : (공항의) 수하물 찾는 곳을 의미한다.
- **Baggage Tag** : 수탁 수하물표를 말한다. 수탁 수하물의 식별을 용이하게 하고자 항공사가 발행하는 증표를 말한다. 수하물 꼬리표라고도 한다.
- **Block** : 호텔의 객실, 항공기의 좌석 등을 어느 정도 묶어서 한꺼번에 예약하는 일을 블록예약이라 한다.
- **Boarding Pass** : 탑승권, 공항에서 탑승수속 시 항공권과 교환하여 고객에게 주는 탑승표로서 비행기 편명, 고객 성명, 좌석번호, 목적지, 탑승시간, 탑승게이트 등이 기록되어 있다.
- **Book(Booking)** : "지정판매 예약". 호텔 객실에 있어 Block을 요구하는 단체 또는 개인에게 호텔 객실 및 좌석을 판매하는 것
- **Brochure** : 호텔의 객실, 각종 부대시설의 정보나 그 외 각종 서비스 내용을 고객들에게 안내하기 위해 컬러로 잘 짜인 인쇄물

- **BSP(Bank Settlement Plan) :** BSP는 항공권의 재고관리와 배포, 발매보고(Sales Report)의 작성, 항공사로부터 대리점의 청구, 운임 및 과부족의 조정과 환불 등 정산에 이르는 발권에 수반된 제 업무를 결제은행을 정해 그 은행의 컴퓨터 시스템이나 제 기능을 통해 집중적으로 관리하는 방식이다.
- **Business Class :** 항공기 내의 서비스 클래스 중에는 퍼스트 클래스와 이코노미 클래스의 중간 클래스로, 클래스 코드는 'C 또는 J'가 대부분이다.
- **Business Service :** 호텔에서 투숙고객의 비즈니스 업무활동을 돕기 위해 호텔내의 Business Center에서 제공하는 인터넷서비스, 카피서비스, 번역서비스 등 호텔직원이나 시설 등의 서비스 상품을 일컫는다.

C

- **Cancellation :** 예약취소(CNXL)를 가리키는데, Cancellation Charge는 예약한 객실 또는 항공권 및 여행상품 등을 취소하는 데에 따른 예약 취소료를 말한다. 일방적으로 고객이 취소를 요청하는 경우가 많은데 이는 통상 회사 내규의 규정에 따른다.
- **Carrier :** 본래는 운수기관의 의미이지만, 여행업계에서는 대개 항공회사를 가리키는 용어이다.
- **Catering :** 항공기에 기내식 및 각종 식음료 품류를 조달 및 탑재운송, 서비스 하는 것을 일컫는다.
- **Certificate :** 증명서로서, 'Heath Certificate' 건강 증명서이고, 'Vaccination Certificate'는 예방접종증명서를 말한다.
- **Charter Flight :** 전세 항공기편을 말한다. Charter Flight에는 여객, 화물, 우편 대상이 있다.
- **Check in :** 호텔고객이 투숙 시에 등록하는 수속과정과 여행객이 공항의 항공사 카운터에서 항공권, 여권, 및 수하물에 대한 수속을 하고 좌석이 지

정된 탑승권을 받는 수속과정을 말한다.

- **Check out** : 호텔고객이 호텔에서 체재를 마치고 이용요금 정산 등 퇴실절차를 거치는 과정을 말한다.
- **Child Fare** : '소아운임'이라는 의미로 만2세 이상 12세 미만의 여행객에게 적용되는 항공요금으로 성인요금(成人料金)의 75%의 수준을 징수한다.
- **C. I. Q** : 공항에서 여행객에 대한 '출입국수속'은 제 국가의 국익의 보호와 위험방지를 위해 정해진 공항 및 국경 등에서 행해지는 세관 Ⓒ = Customs, 출입국관리 Ⓘ = Immigration, 검역 Ⓠ = Quarantine의 제반 수속으로 업무상 이를 'C. I. Q'라고 일컫고 있으며, 일반적으로 공항 통관수속이라고 칭한다. 출입국 수속의 내용과 순서는 국가에 따라 또는 출·입국별 경로에 따라 약간의 차이가 있으나 출국 시에는 Q → C → I 순서로, 입국 시에는 Q → I → C 순으로 진행된다. 출입국 수속을 할 때는 출입국 카드(E/D card)와 세관 신고서(customs declarations) 및 국제공인 예방접종 증명서(yellow card) 등을 구비하고 있어야 한다.
- **City Terminal** : 시내터미널을 말한다. 시내에서 체크인과 수하물 수속을 할 수 있게끔 준비해놓은 시설로서 서울 삼성동 무역회관에 위치한 공항터미널이 대표적이다.
- **City Tour(City Excursion)** : '시내관광'이라는 뜻으로, 여행사가 버스회사와 먼저 협약한 다음 한 도시의 주요 관광코스를 관광객들에게 두루 살펴보게 하는 것으로 반나절 또는 하루종일 시간이 소요된다. 이와 관련하여 Sightseeing(차창관광), Night Sightseeing(야간투어) 등도 비슷한 의미의 도시관광으로 사용된다.
- **Coach** : 대형버스 또는 철도의 객차를 의미한다. 여행업계에서 '코치투어'라고 할 때는 장거리 버스투어를 지칭하는 것이다.
- **Commission** : 여행업자가 계약에 의거하여 운수·교통·숙박기관·관광시설로부터 받는 송객(送客)에 대한 수수료를 말한다. 이른바 대매(발매대행, 대리발

매)는 영업의 주요 업무이며, 그 수수료는 수배영업의 주된 수입원(收入源)이 되는 것이다.

- **Complaint** : 호텔서비스나 상품에 대한 고객의 불만족스런 다양한 불평들을 말한다.
- **Complimentary** : 무료의, 우대의 뜻으로 무료요금으로 단체고객을 인솔하는 안내자, 또는 초대 손님에게 제공하는 무료요금을 말하며, 이런 경우는 흔히 프리(Free)라고 표현한다. 컴프리먼터리도 객실료만 무료인 경우와 식대까지 포함하여 무료인 두 가지가 있다. 전자를 Complimentary on Room이라 하고, 후자의 경우를 단순히 Complimentary라고 한다. 보통 그룹고객 15인당 한 사람을 컨덕터 프리라 하여 객실을 무료제공하고 있다.
- **Confirm(Confirmation)** : 확인하다(확인)란 뜻으로 호텔의 예약실에서 만약의 실수를 없애기 위해 고객예약에 대한 확인을 하는 것을 의미한다.
- **Conjunction Ticket** : 결합, 연결티켓이란 의미로써 한 권의 항공권에 기입 가능한 구간은 4개 구간이므로 그 이상의 구간을 관광할 때에는 한 권 이상의 항공권으로 분할하여 기입하게 된다. 이들은 일련의 항공권을 말하며, 각각의 항공권면상에 타의 번호를 기입한다. 또한 여정에 따라서는 2매 이상의 항공권을 사용해서 발권을 해야 하는 경우가 있다. 이 경우 2매의 항공권의 서로 다른 관련 항공권의 당해 항공권 번호를 포함, 번호가 기입되어야 한다. 운임의 적용 규칙상 일정자격을 갖춘 동반자를 의무화할 경우에는 동반자의 항공권 번호도 항공권의 CONJUNCTION TICKET란에 기입하게 된다.
- **Connection Room(Connecting Room)** : 호텔 객실의 한 종류로써 객실과 객실 사이의 벽 통로가 바로 연결되어 있는 객실을 일컫는다. 주로 가족여행의 경우나 인원이 많은 회사업무상 편리하다.
- **Connecting Time** : 연결접속시간이란 의미로서, 여행객이 연결 항공편으로 갈아타는 필요한 시간 즉, 어떠한 지점에 도착한 항공기에서 연결 항공

편(connecting flight)을 갈아타는데 필요한 시간을 일컫는다.

- **Continental Breakfast** : 대륙식 아침식사를 의미하며, 대체로 바쁜 비즈니스 고객을 위한 가벼운 아침식사로 메뉴에 계란요리를 곁들이지 않는 것으로 주스, 토스트, 커피 등이 제공된다.
- **Continental Plan** : 대륙식 요금 제도를 말한다. 호텔 객실료에 대륙식 아침식사(Continental Breakfast)를 포함한 요금제도이다. 대륙식 아침식사는 주스, 토스트, 그리고 커피나 홍차, 우유가 제공되는 간단한 아침식사이다.
- **Convention** : 회의부문에서 폭넓게 사용되는 보편적인 용어이며, 일반적으로 국제회의를 일컫는 용어로 사용된다. 일반적으로 컨벤션센터나 호텔연회장에서 개최되는 국제회의 등을 의미한다.
- **Convention Tour** : 국제회의 여행으로, 국제회의, 미팅, 전시회, 산업전과 같은 국제적 규모의 회의에 참가하는 협회나 단체에게 판매하기 위해 상품을 패키지화한 여행을 일컫는다.
- **CRS** : Computer Reservation System의 약어로소 각 여행사를 항공사의 중앙컴퓨터와 연결시켜 항공좌석의 예약, 발권, 운임계산 등의 업무와 호텔, 렌터카 및 기타 서비스의 조회, 문의, 예약이 가능한 컴퓨터 예약 시스템을 말한다.
- **Cruise Tour** : 유람선(Cruise)을 이용하여 투어하는 여행을 일컫는다.
- **Customs** : 세관을 말한다. 각 나라는 입국하는 사람들에게 소지품에 대한 신고서를 제출하도록 하고 있다. 각 나라가 허가하는 면세품(술, 담배, 향수 등)의 반입수량을 파악하여 입국에 문제가 없도록 해야 한다.

D

- **Day use** : 미팅, 비밀회의 등의 목적으로 1박이 아닌 3~4 시간 정도 호텔 객실을 사용하는 경우를 말한다.

- **Deluxe Room(Hotel)—DLX** : 디럭스룸은 일반적인 객실(standard room) 보다 고급스럽고 디럭스한 객실을 의미한다.
  디럭스호텔은 특급호텔 규모의 고급호텔을 일컫는 용어이다.
- **Deposit** : 호텔객실이나 레스토랑 및 연회행사를 이용하는 호텔고객 또는 여행사의 상품을 이용하는 고객 등에게 상품이용에 대한 확정을 위해 예치하는 선수금을 말한다. 경우에 따라서는 skipper를 방지하기 위한 목적으로 예치금을 요구할 수도 있다.
- **Destination** : 관광여행의 최종목적지 또는 관광여행의 완료지점을 일컫는다.
- **Direct Flight** : 직항편이라는 뜻으로, 목적지까지 도중 경유가 있더라도 동일기로 운송하는 항공편을 일컫는다.
- **Discounted Fare** : 할인운임을 말한다. 보통운임을 기준으로 해서 신분이나 연령, 조건 등에 따라 할인되는 운임이다.
- **D. M(Direct Mail)** : 호텔 판촉부서나 예약실 담당직원이 고객을 유치하기 위해 호텔의 Incentives(고객에게 자극이나 동기를 줄 수 있는 특성)를 사려 고객 데이터베이스를 활용하여 다양한 형식의 우편물을 고객의 댁이나 거래처, 회사, 여행사, 각종 사회단체 등에 발송하는 마케팅 수단을 일컫는다.
- **Domestic Airline** : 국내항공사를 말한다. 국내에서 운송 서비스를 제공하는 항공회사이다.
- **Domestic Travel** : 국내 여행이라는 의미로, 출발지, 도착지, 그리고 경유지가 모두 국내에 한하는 여행을 말한다.
- **Double Booking** : [이중계약]이라는 뜻으로 동일한 여행객이 동일노선 1회의 여행에 대하여 두 번 이상 중복하여 예약을 하거나, 또는 호텔예약 고객이 2회 이상 동일한 예약을 하는 경우에 해당되는 예약상의 용어로 흔히 이를 'DUPLICATED RESERVATION'이라고도 부른다.
- **Duty-Free Shop** : (호텔과 연결되어 있는) 쇼핑센터로 외국인관광객을 위한 면세물품 판매점을 일컫는다.

E

- **Economy Class** : 이것은 항공기의 기내서비스 중에서 First class, 또는 Business class 그 다음 가장 낮은 등급인 클래스를 가리킨다. 클래스 코드는 약어로 'Y'로 표기되고 기내의 뒷부분에 배치하게 된다.
- **Embarkation/Disembarkation Card(E/D)** : 출·입국 기록카드(출입국자 신고서)로서, 국제선으로 여행하는 내·외국인은 출입국 관리규정에 따라 출·입국 카드를 작성, 신고해야 한다. 이것을 보통 ED카드라고 부른다.
- **Endorsement** : 항공회사 간에 항공권의 권리를 양도하기 위한 것으로서 예정항공사가 운항에 관한 조건의 변경유무를 행하는 것이다. 항공권의 지정된 탑승구간을 다른 항공사로 옮기는 것으로서 항공권의 'Endorsement'란에 어떤 탑승예정 구간에 대해 항공권상의 예정항공편을 여행객 본인의 의사나 해당항공사의 사정에 의해 타 항공편으로 변경하고자 할 때, 그 예정 항공사가 행사는 배서(背書)를 말한다. 이 배서는 여행대리점에서는 할 수가 없고, 반드시 발권 항공사에 의해서만 행할 수 있는 것이다.
- **ETA** : Estimated Time of Arrival의 약자이다. 항공기의 도착예정시간을 말한다.
- **Entry Requirements** : 입국시에 필요한 서류를 말한다. 여권이나 비자 또는 예방접종서류 등이다.
- **ETD** : Estimated Time of Departure의 약자이다. 타임 테이블에 표시되어 있는 출발시각은 모두 ETD에 의해 기록된다. 또한 타임테이블의 도착시간은 ETA(Estimated Time of Arrival)에 의한다. 실제 출발은 ATD(Actual Time of Arrival)라고 하며, 실제 도착시간은 ATA(Actual Time of Arrival)라고 한다.
- **European Plan** : 호텔에서 객실료와 식음료를 별도로 계산하는 호텔의 요금 체계를 의미한다. 일반적으로 우리나라 호텔도 유럽식 요금제도를 기본적으로 도입하고 있으며, 객실료만 차지(charge)하고 선택사항으로 식음료업

장에서 이용한 요금은 별도로 계산하는 형태이다.

- **Excess Baggage** : 초과수하물(超過手荷物)로 이것은 항공기를 이용하는 개별 승객의 무료 수하물 허용량 (free baggage allowance)을 초과하는 수하물을 요청할 때 사용되며 초과된 량(개수)에 대해 여객이 운송기간에 지불하는 경우를 초과 수하물 운임(excess baggage charge)이라 한다.
- **Excursion Fare** : 항공권의 유효기간을 단기간으로 제한하고 일정구간의 여정에 한정하는 대신에 대폭으로 저렴한 운임으로 한 특별운임이다. 여행사 패키지상품에서 많이 쓰인다.
- **Executive Floor(EFL)** : 호텔 내의 비즈니스 고객을 위한 귀빈 층으로써 최신식의 비즈니스 공간과 시설을 갖추고 최고수준의 서비스를 제공하는 귀빈 객실 층을 의미한다. Executive Floor는 전용 Executive Floor Lounge를 운영하고 있으며 간단한 식사나 음료 등의 각종 부가서비스와 호텔수준에 따라서는 익스프레스(express) 체크인과 체크아웃이 가능하다.
- **Expire** : 항공권, 여권, 신용카드 등의 유효기간이 만료되어 효력정지가 된 것을 말한다.
- **Extra Charge** : 호텔에서 지정된 정규요금 외에 부과되는 요금으로 고객수가 늘어남에 따라 서비스 기불과 설비가 추가로 투입되어 정해진 요금 외에 지불하는 추가 요금을 일컫는다. 주로 객실 내에 Extra Bed가 추가로 투입되거나 식사 시 추가 주문되는 경우가 있을 것이다.

F

- **Familiarization Tour** : 시찰초청여행이라는 뜻으로 통상 팸투어(FAM Tour)라고 부르며, 이것은 많은 고객을 유치하기 위한 일종의 마케팅 전략적 차원에서 관광기간 또는 항공사 등이 여행업자와 보조기관 등의 관계자들을 초대하여 여행경로나 관광지 그리고 관광시설 및 관광대상 등의 코스나 상

품 등을 미리 시찰시키는 여행을 일컫는다.

- **Fare** : 요금, 가격을 의미하는 용어이다. 객실료는 room rate 또는 room tariff 라는 용어를 주로 사용한다.
- **First Class(퍼스트클래스)** : 항공기 1등석으로, 항공기 내에서 가장 높은 등급으로서 코드는 'F'로 표기된다. 좌석의 형태, 식사 내용 등의 서비스 수준이 높다. 그러나 최근에는 단거리 노선, 관광노선에는 폐지되는 경향을 보이고 있다.
- **First Class Hotel** : 서비스 수준 및 시절 등이 고급인 일류호텔을 뜻하며, 호텔의 등급(Classification)을 매기는 나라에서는 통상적으로 시설기준이나 서비스 기준을 정하고 있으며, 그 상급으로서 Deluxe Class급의 호텔이 있는 것이 보통이다.
- **First Class Lounge** : 탑승하기 전 항공사 1등석 승객을 위한 전용 대합실을 일컫는다.
- **F. I. T(Foreign Individual Traveler 또는 Foreign Independent Tourist)** : 여행시작부터 완료까지 tour conductor없이 여행자가 개인적으로 자유롭게 여행하는 형태를 말하며, 주로 에스코트가 여행기간 동안 계속해서 수행하는 단체관광(Package Tour / Group Tour)과는 반대의 성격을 가진다. 또는 호텔을 이용하는 외국인 개별여행객을 의미하기도 한다.
- **Franchise** : 프랜차이즈 본부(Franchiser)가 가맹점(Franchisee)에게 상표(브랜드), 상호, 로고, 경영컨설팅 등을 제공해 주고 본부가 가맹사업자로부터 부여받은 권리 및 영업상 지원의 대가로 일정한 경제적 이익(Franchise fee)을 지급받는 지속적인 거래 관계를 의미한다. 보통 프랜차이즈 시스템이라고 한다.
- **Free Baggage Allowance** : 무료 수하물 허용량으로 관광객이 기본요금의 지불에 대해 그 이상의 지불을 받지 않고 운송되는 일정량의 수하물을 걷는다. 일반적으로 F/C요금 지불관광객은 30kg, E/Y요금 지불 관광자는

20kg 태평양 노선은 2개의 짐을 무료로 운송할 수 있도록 되어 있다.

- **F. O. C(Free Of Charge) :** 무료 Ticket을 일컫는다. 일반적으로 정해진 그룹(단체) 인원에 한해 1명이상 여행의 모든 경비를 무료로 제공할 때 쓰인다.
- **Front Desk :** Front Office라고도 하며, 투숙하기 위하여 호텔프론트에 고객이 체크인하고 귀중품을 보관하며 체크아웃하는 각종 업무를 수행하는 부서나 업무를 의미한다. 이러한 업무를 수행하는 직원을 'Front clerk'이라 한다. concierge 와 마찬가지로 고객문의 시, 각종 호텔 관련정보와 인근지역 정보를 제공하고, 환전업무 등을 수행한다.
- **Full Pension :** 호텔요금 체계 중, American Plan과 동의어이며, 객실료에 3식의 요금이 포함된 요금형식이다.

G

- **General Manager(GM) :** 호텔 총지배인을 일컫는 용어로 호텔기업의 정책 운영과 함께 경영상의 영업, 관리부문 등의 호텔경영에 대한 총 책임자를 의미한다.
- **Giveaway :** 판매촉진을 위한 경품이라든가 홍보용품을 의미한다. 예컨대, 호텔에서 판촉을 위한 상품으로 호텔 이용객에게 제공하는 판촉 선물 또는 항공기 기내에서 탑승객에게 제공하는 탑승 기념물 등이다.
- **Group :** 일반적으로 10인 이상 단체 고객 팀을 의미하며, 이는 항공이나 호텔 및 여행사의 예약과 계산서 청구서 등과 관련하여 단체 성격으로 할인되어 저렴하게 처리된다.
- **Group Discount Rate :** 국내·외 여행사의 단체관광객이나 공공단체에서 개최하는 컨벤션, 세미나 등의 단체행사에 대하여 객실료, 식음료대 등 특별히 할인되는 요금의 적용을 말한다.

- **Group Organizer** : 단체여행을 구성하는 사람이나 단체를 말한다.
- **GSA(General Sales Agent)** : '항공 운송 판매 총 대리점'이란 의미로서, GSA 대리점이란 어떤 항공사로부터 특정 지역에서 항공여행객 판매를 위하여 계약한 항공사의 권한을 위임받는 사람이나 여행업체를 의미하는 것으로서 국내에도 외국 국적의 항공사가 별도의 자사지점을 설치하지 않고 국내의 특정 여행사에 그 권한을 위임시키는 GSA 대리점이 운영되고 있기도 한다.
- **GTR** : 정부운송청구서(Government Transportation Request)의 약자로서 1980. 10.10 정부 항공 운송에 관한 규정 (국무총지 제 160호)에 의거한 <정부한공운송의뢰제도>. 이 제도는 국가가 자국의 항공 산업을 보호하고 외화유출을 억제하는 차원에서 대한항공과 정부가 항공권 구입에 관해 직접 계약을 하여 Ticketing함으로써 중소기업인 여행사가 이 제도에서 배제되었다는 점에서 여행업계로부터 심한반발을 사고 있다는 제도이다.

H

- **Hand Carriage Baggage** : 기내 휴대품을 말한다. 승객이 기내에 들고 갈 수 있는 짐을 말하며, 기내 휴대품은 안전과 편안함을 위해 크기에 의해 제한된다.
- **Half Pension** : 본래는 Demi Pension이라 하는 것으로 M.A.P와 유사하다. 1박 2식의 요금제도로 객실과 조식 요금 외에 중식 또는 석식을 선택하게 하는 요금 계산방법이다.
- **High Season** : 호텔에서 1년 중 관광객이 가장 많이 방문하는 계절로 성수기라 부르며, Peak Season, On season, Tourist Rush Season이라고 부르기도 한다.
- **Honeymoon Guest** : 호텔 또는 여행사를 이용하는 신혼 여행객을 말한다.

- **Hotel Chain :** 동일한 경영방식이나 동일한 자본계열에 의해 운영되는 호텔 계열화를 일컫는 것으로, Intercontinental, Ritz Calton, Hilton, Hyatt 등이 있다. 서비스의 표준화, 맨파워의 효율적 활용, 경영 노하우의 전수, 효율적 마케팅활동 전개 등, 많은 장점이 있다.
- **Hotel Coupon :** 호텔의 객실이나 레스토랑, 연회장, 부대시설 등의 호텔상품을 할인 또는 무료로 사용할 수 있는 호텔 이용권을 일컫는다.

I

- **IATA :** 국제항공운송협회로서, 'International Air Transport Association'의 약어이다. 세계의 국제선 정기 항공 회사에 가맹하는 민간조직단체로 1945년 4월에 바하마(Bahamas)에서 이루어진 세계항공기업 회의에 의해 결성되었다. 본부는 몬트리올과 제네바에 2개 부문으로 나누어져 있다. 현재는 120여개 국가에서 200여개 회사가 가맹하고 있다. 정회원 157개사, 준회원 43개사 회원으로 구성되어 매년 1회 총회가 개최된다. IATA의 주요기능은 항공운임의 조정, 운임정산, 운송에 관련되는 표준방식의 설정 등이 있으며 구체적으로는 항공표준 운송약관, 항공권·수하물 티켓 및 화물운송장의 표준화, 복수 항공 기업에 의한 연대운송에 관한 협정, 판매 대리점과의 표준계약 및 운임후불제도, 은행집중 결제방식의 설정 등이 해당된다.
- **ICAO :** 국제민간 항공기구로서, 'International Civil Aviation Organization'의 약어이다. 국제민간항공조약에 기초해 1947년 4월에 발족된 UN 산하 전문기구이며, 캐나다 몬트리올에 사무국이 있다. 비행의 안전확보, 항공로나 공항 및 항공시설 발달의 촉진, 부당경쟁에 의한 경제적 손실의 방지 등을 위한 목적에서 설립되었다.

  정기·부정기 항공운송에 관한 국제협정, 국제항공운송의 간편화, 과세정책, 국제항공우편, 공항과 항로시설 관리, 통계·경제분석·계획 수립을 위한 예측, 항공운송과 운임의 규제, 항공운송에 관한 간행물 발간 등의 업무를 한다.

- **Immigration** : 출입국 관리를 말한다. 여행객의 출입국을 총괄적으로 관리하는 정부기관으로 법무부가 관할한다.
- **In-Bound** : 외국인의 국내여행 알선을 의미하며, 국내에 들어오는 외국관광객을 대상으로 호텔, 차량, 식사, 통역가이드, 쇼핑 등의 전반적인 지상수배업무를 중심으로 주로 인 바운드 여행사가 맡아서 하고 있다.
- **ICT(Incluisive Conducted Tour)** : 투어컨덕터가 전 여행기간동안 동반하여 인솔하는 여행상품으로 단체여행의 일반적 형태이다.
- **IIT(Incluisive Independent Tour)** : 여행 출발 시에 안내원이 함께 동반하지 아니하고 각 관광지에서만 현지 안내원이 나와서 여행안내 서비스를 하는 여행상품을 말한다. 일명 Local Guide System이라고도 한다.
- **Inclusive Tour(Incentive Tour)** : 포괄여행으로 여행업자가 고객으로부터 투어의 신청을 받아 희망하는 일정, 코스에 따라 기획하여 이를 운영 및 알선하는 여행을 말한다. 숙박 및 기타 여행요소인 이동수단 및 관광 등이 포함된 여행상품이다.
- **Infant Fare** : 항공기에 적용하는 유아운임으로 IATA규정에는 2세 미만의 유아에게 적용되는 좌석비점유 항공운임이다. 일반적으로 국내선은 무료가 많으며, 국제선의 경우 보통요금의 10%정도 규정하고 있으나 국가별, 항공사별 상이하므로 반드시 탑승 전 확인해야 한다.
- **Information desk** : 호텔 프론트 데스크에 가까이 있는 컨시어지, 벨 데스크와 유사한 안내 데스크를 의미한다. 주로 호텔 내의 시설 및 상품의 안내는 물론 외부의 각종 다양한 정보를 제공하고 고객의 불편사항을 해결하는 업무를 주로 수행한다.
- **Interline Agreements** : 객이 여행 중에 항공사를 바꿔서 이용하는 것과 공항시설이나 기타 자원을 나누어 이용하는 것 등에 대해 둘 또는 그 이상의 항공사간의 합의를 말한다.

- **Interline Point** : 타 항공편으로 갈아타는 지을 말한다. Transfer Point라고도 한다.
- **Invoice** : '청구서' 또는 '명세서'라는 의미로 고객이 호텔상품이나 여행상품을 이용한 '청구 명세서'를 의미한다.
- **Itinerary** : '여정표 또는 일정표'라는 의미로써 관광의 전체 관광일정을 안내하는 일정표이다.

K

- **KATA** : 한국 여행업 협회로서 'Korea Association of Travel Agent'의 앞글자를 딴 약어이다. 관광사업의 건전한 발전과 회원 및 여행종사원의 권익증진과 여행업무에 필요한 조사·연구·홍보활동 및 통계업무 등을 위해 설립되었다.
- **KL** : 대기자 명단에서 예약이 확정(confirm)된 응답코드이다.
- **KTO(Korea Tourism Organization)** : 한국관광공사(韓國觀光公社)로 우리나라의 관광개발, 진흥과 홍보, 관광종사원의 양성 및 교육 등을 이끌고 있는 문화체육관광부 산하 공공기관이다.

L

- **Land Arrangements(≒ Ground Arrangements)** : 관광객이 외국의 여행 목적지에 도착해서 그 나라를 떠날 때까지의 기간 동안에 Tour Operator에 의해서 제공되는 모든 Service 또는 그 수배를 의미한다. 즉, 지상수배를 말하며 현지의 여행에 관련된 호텔, 교통기관, 관광, 식당 등의 지상 서비스를 수배하는 것을 의미한다.
- **Land Fee** : 통상적으로 흔히 지상 비라고 하는데, 여행지 내에서 여행 관련 시설을 이용하고 제공받는 모든 서비스 요금

- **Late-Show** : 예약을 하고 지정된 시간을 지나서 항공사의 체크인 카운터에 나타난 승객을 말한다.
- **Limousine Bus** : 일반적으로 외국인 관광객을 위한 편의제공의 목적으로 공항에서 호텔 또는 호텔에서 공항까지 운행하는 고급 공항버스를 의미한다.
- **Local Time** : GMT(그리니치 표준시간)와의 시차가 있으며, 표준시에 대한 현지 지방의 시각을 말하는 것으로 모든 항공운송기관, 즉 관광 여행객의 운송에 참여한 교통기관이 발간하는 시각표에 게재되어 있는 것으로 출발시각과 도착시각은 모둔 현지시각으로 기록되어 진다.
- **Lode Factor** : 항공사의 좌석 이용률을 말한다. 판매된 좌석수에 대한 판매 가능한 최대좌석수의 비율로 계산된다.
- **Lost and Found(= Lost Property Office / Left Luggage)** : 습득물을 말한다. 호텔이나 공항에서 고객의 분실물 보관 및 습득, 반환 등의 일체 서비스를 제공하는 것을 의미한다. 분실물 및 습득물 관리로서, 고객이 호텔 객실이나 항공기내에서 물건을 분실하는 경우가 있을 때 '고객 분실물을 습득 후 관리하며 찾아주는 서비스'를 말한다.
- **Luggage** : 고객들이 여행 중에 체류지에 휴대하는 수하물(手荷物)로서, Baggage를 영국식으로 표기한 것이다.

M

- **MAP(Modified American Plan)** : 호텔 객실요금제도의 한 종류로서, AP(American Plan)이 변형되어 호텔 객실료에 조식과 석식 요금이 포함된 1박 2식 숙박요금 제도이다.
- **Meal Coupon** : 일반적으로 호텔에서 발행하는 식사쿠폰을 의미한다.
- **MICE** : Meeting, Incentive, Convention, Exhibition(또는 Event)의 앞 글자를 딴 약어이다. 1990년대 후반 싱가포르, 홍콩, 말레이시아와 같은 동남아시

아 지역의 국가가 컨벤션 사업을 계기로 경제 도약의 전기를 맞이하면서 등장했다. MICE 산업은 대규모로 조직된 집단이 특정한 목적을 갖고 기업회의, 포상관광, 국제회의, 전시회 등 대규모의 단체성 행사이다. 따라서 관광교통, 숙박, 식음료, 쇼핑 등 관광산업에 미치는 파급효과가 막대하다.

- **Minimum Connecting Time** : 최소 접속소요시간을 말한다. 여행객이 공항에서 연결편에 탑승하기 위해 항공기를 갈아타는데 걸리는 최소한의 시간을 말하며 규정에 따라 각 국의 공항마다 차이가 있다.
- **Multi-Airport** : 복수공항을 말한다. 한 도시 안에 두 개 이상의 공항이 있는 곳으로 파리에는 샤를 드 골 공항과 오를리 공항 그리고 르부르제 공항이 있다.

N

- **No Show** : 특정 항공사의 예약이 확인된 항공권을 구입하고도 항공기를 아무런 통고 없이 탑승하지 않는 경우를 말한다. 승객이 이러한 약속 불이행에 대해 지불해야 하는 위약금을 'NO SHOW CHARGE'라 한다. 또한 호텔에서 예약을 하고 아무런 연락 없이 나타나지 않는 고객을 'NO SHOW GUEST'라고 부른다.
- **Non Refundable** : 항공권 발권상의 의미로 환불을 금지하고 제한한다는 의미의 표시이다.
- **Non Smoking Seat** : 항공기나 관광열차, 관광버스 등에 금연석을 말한다.
- **Non Stop** : 항공기의 운항도중 무착륙 또는 도중 기항하지 않는 직행 항공운항을 의미한다. 다시 말하면 목적지까지 중간 기항지 없이 비행하는 것을 말한다. 이와 같은 운항스케줄을 가진 특정 항공편은 특히 시간이 절약되는 비즈니스 여행객이 즐겨 이용하는 경향이 강하다.
- **Normal Fare** : 호텔이나 항공사에서 말하는 정상요금이란 의미로서, Off

Season 이외에 상용되는 보통요금을 말한다. 이는 1년간 유효한 운임으로서 특별운임(special fare)과 관련되는 내용이 일체 적용되지 않는 운임이라는 점에서 흔히 이를 'all year fare'라고도 한다. 정상요금은 발행일로부터 1년 동안 도중 체류나 경로 변경 등 아무런 계약조건 없이 사용할 수 있다.

O

- **Off Season Fare** : 비수기 운임으로, 여행 비수기에 관광 사업체들이 여행객을 확보하기 위해서 제공하는 다양한 할인 운임을 말한다(on-season fare: 성수기 요금).
- **One Way** : 여행에서의 편도를 뜻한다.
- **Open Ticket** : 구체적인 출발과 도착일 및 시간예약이 되어 있지 않은 항공권을 말한다.
- **Optional Tour** : 선택관광(옵션투어)을 말한다. 고객이 추가비용을 지불하고 참여하는 형태의 선택형 관광을 의미한다.
- **Out-Bound** : 국내인이 자국을 떠나 외국여행을 할 때 일련의 코스와 여행과정을 상세히 알선하는 것을 나타낸다(내국인의 해외여행 의미).
- **Over Booking** : 호텔이나 항공사에서 보유하고 있는 판매 가능한 객실 또는 좌석수보다 초과해서 예약을 받는 것으로 취소(Cancel)되는 경우와 고객이 아무 연락 없이 나타나지 않는 경우(No Show)를 감안하여 예약을 초과해서 받게 되는 것을 말한다. 호텔의 오버부킹 기준은 일반적으로 매일 Cancel과 No Show의 일일 평균율이 산출됨으로 판단할 수 있다.
- **Over Stay** : 체류연장이라는 뜻으로, 현재 호텔에 투숙중인 고객이 예정 체류기간을 초과하여 체크아웃 날짜를 연장하여 연박하는 것을 의미한다.

P

- **Package Tour** : 관광객을 위해 통상 여행의 여정에 필요한 교통시설 이용료, 호텔료, 식사대, 팁, 관광입장료 등의 일체의 경비를 포함하여 미리 정해 단기간에 가급적 저렴한 일괄여행 프로그램을 뜻하는 것으로 여행구매자의 수에 의해 할인금액이 결정되게 된다.
- **Passport** : 여권을 지칭하며, 자국민이 해외여행 시 그 국가와 그 국가의 국민임을 증명하기 위해 발행하는 일종의 신분증명서라고 할 수 있다.
- **PATA** : 아시아태평양관광협회로서 'Pacific Asia Travel Association'의 약어이다. 태평양 지역의 관광사업 증진을 위해 설립된 조직이다. 비영리조직으로 지역 내 국가관광 조직(NTO)이 정회원이며, 항공업, 여행업, 호텔업 등 다양한 업종의 기업 및 단체들이 준회원으로 참여한다. 지역 국제기구이며, 관광문제를 중심으로 하는 전문 국제조직이다.
- **PAX** : 원래는 우의(友誼), 친구라는 뜻이나, 여행사나 호텔에서는 일반적으로 이용하는 "고객"을 칭할 때 쓴다(1PAX = 1명, 10PAX = 10명).
- **Pay Later Plan** : 운임 후불제도를 말한다.
- **PNR(Passenger Name Record)** : 항공기를 이용하는 여행객 이용명단 기록부를 지칭한다.
  - Current Element(현 예약내용 부분) : 예약된 관광자의 성명, 여정, 기타 여행 시에 필요한 관광자의 서비스 및 정보 등이 기록된 부분을 말한다.
  - Historical Element(변경 내역 부분) : 예약기록이 처음 작성된 이후의 모든 변경 내역이 수록되어 있어 누가, 언제, 해당 예약기록을 작성하였으며 누구에 의해 어떻게 기록이 변경되어 왔는지 알 수 있다.
- **Principal** : 여행에 있어서 주요 상품소재 공급업자를 말한다. 항공사, 호텔, 선박회사, 버스회사 등을 의미한다.
- **PTA(Prepaid Ticket Advice)** : 항공운임의 선불제도로서, 운임 지불인이

멀리 떨어져 있는 관광객을 위하여 운임을 불입하고 실제로 탑승한 승객이 있는 곳에서 발권을 하여 승객에게 항공권을 전해주도록 통지하는 것을 지칭한다.

Q

- **Quarantine** : 검역을 말한다. 전염병의 침입을 방지하고자 공항출입 시 검사하는 일이며, 해당지역으로부터의 입국 시에는 검역관에게 예방접종주사 증명서를 제출해야 한다.

R

- **Reception** : 호텔 프론트나 연회행사에서 방문하는 고객을 위하여 안내 및 접수하는 것을 의미한다.
- **Reconfirmation** : 재확인을 말한다. 여행객이 여행 도중 어느 지점에서 72시간 이상 체류 시 늦어도 항공기 출발 72시간 전까지는 다음 연결편에 대한 좌석예약을 재확인해야 하는 것을 말한다.
- **Refund** : 환불의 뜻으로, 호텔에서는 선수금의 미사용 환불에 해당되고, 승객이 항공권의 전부 또는 일부에 대한 미사용 분이나 항공권 상에 표시된 서비스를 제공받지 못한 부분 또는 행사가 최소 되었을 때 여행사가 돌려주는 요금에 대하여 승객에게 해당 항공운인을 반환하는 것을 말한다.
- **Reissue** : 항공권 재발행을 말한다. 적용운임에 변경이 있거나, 여정변경, 항공사변경, 좌석변경 등의 사유로 차액을 징수하거나 차액을 지불하여 항공권을 재발행하여 주는 행위를 말한다.
- **Replacement Ticket** : 항공권 분실 시 무상으로 발행되는 항공권을 말한다.
- **Restricted Item** : 승객의 휴대 수하물 중 보안상 문제가 될 수 있는 항목으로 기내 반입이 불가 된다. 칼, 가위, 건전지, 우산, 골프채 등이다.

- **Reservation** : 호텔에서 고객이 사용할 객실상품이나 식음료상품을 사전에 예약하는 것을 뜻한다.
- **Residential Hotel** : 고객이 장기간 체재할 수 있는 숙박시설로 최소 3개월 이상 주거식 호텔을 의미하며, 호텔에서 고객 스스로 식사할 수 있도록 취사 설비를 갖추어 Self-Service체제를 취하고 있다. 장기체제 숙박객을 위해 발전된 모델로 일반호텔과 마찬가지로 모든 서비스가 제공되기도 한다.
- **Retail Travel Agency** : '여행 소매점'이란 뜻으로서, 항공사, 선박회사, 호텔, 렌터카 등의 주요 공급자를 대신하여 그 여행상품을 소매하고 고객에게 직접 판매하는 소규모 여행사를 지칭한다.
- **Rooming List** : 단체 여행 시 그룹의 명단이 적힌 호텔 객실배정표를 의미한다.
- **Routing** : 항공사가 운항하는 항공기 노선상의 규정된 비행로를 일컫는다.

S

- **Series Tour** : 동일한 형태, 목적, 기간, 코스로 정기적으로 실시되는 여행을 말한다.
- **Single Charge-SGL CHG.** : 여행사 패키지의 호텔요금은 일반적으로 2인 1실을 기준으로 책정되어 있으나, 고객의 요청으로 싱글룸을 사용할 경우 전체 여정에 대한 추가 금액(싱글 차지)을 지불해야 하는 것을 말한다.
- **Single Rate** : 사전에 고객이 싱글룸을 예약하였지만 호텔 측의 사정으로 싱글룸을 제공할 수 없을 경우, 예약과 동일한 요금으로 더블이나 트윈 룸 등 객실을 업그레이드해서 제공하는 것을 의미한다.
- **Skipper** : 호텔객실이나 식음료 영업장 또는 관광서비스 상품을 이용하고 몰래 도망가는 고객을 일컫는 용어이다.
- **Special Fare** : 정상운임 이외의 모든 특별요금을 지칭하는 것으로 특별운

임 중 할인 운임은 연령과 직업 및 신분영향의 특별 목적 등 여행자 자신의 조건에 따라 구분하고, 판매 촉진 운임은 여행 기한의 제한, 항공권 구입의 제한 등으로 항공권 자체에 조건을 붙여 판매를 촉진하는 요금이다.

- **Stand By** : 'Go Show'라고도 말하며, 항공기를 이용할 여행고객이 예약 없이 지정된 Check-In 카운터에서 기다리며 좌석상황에 따라 좌석을 배정 받게 되는 관광객을 일컫는다. 또한 호텔을 사전에 예약 없이 방문한 고객을 Walk in guest 라고 하는데, 이렇게 사용을 기다리는 고객을 Go show guest 라고 한다.
- **Stopover** : 도중하차라는 의미로서, 특별운임 조건 하에서는 도중체류의 횟수에 대한 제한을 받는 운임이 있다. 이러한 운임에서 비 항공 운송 기간이 발생된 경우 비 항공 운송기간의 양쪽지점을 합하여 한 번의 도중체류로 간주한다.
- **Student Fare** : 항공기를 이용하는 요금으로 정상적인 요금에 기준하여 학생할인 운임을 일컫는다.

T

- **T. G** : Tour Guide의 약어로 사용되며, 일반적으로 현지가이드를 의미한다. 목적지에 도착한 관광객들에게 주요 관광자원을 자세히 설명해주는 역할을 담당한다.
- **Third Person Rate** : 'Triple Rate'라고도 부르며, 호텔에 2인 이상이 한객에 투숙을 원할 경우 추가로 적용되는 요금을 말하며, 'Extra Bed Charge'와 같은 개념으로 쓰이기도 한다.
- **Through Check In** : 일괄수속을 말한다. 여행객이 자신의 수하물을 최종 목적지까지 부치는 것을 의미한다. 항공사 및 여행구간에 따라 가능 여부를 확인해야 한다.

- **Ticketing** : 항공사나 대리점 또는 여행사 등지에서 예약 후, 금전을 지불하고 행하는 항공권의 발권을 의미한다.
- **Ticketing Time Limit** : No-Show방지를 목적으로 예약시 항공사가 여행객에게 일정시점까지 항공권을 구입하도록 하는 것을 말하며, Checking시간제한 또는 항공권 구입 제한이다. 좌석예약 관계로 항공권을 구입하지 않으면 안 되는 시간을 뜻하는 것으로 출발예정시간의 72시간 전까지 또는 좌석확인 후 48시간 이내의 어느 쪽이든 늦은 쪽의 시간까지 항공권을 구입하기로 되어 있다. 한편 항공권 예약 신청 후 출발 전 일정시점까지 항공권을 구입하지 않을 경우에는 예약이 자동으로 취소된다.
- **TIP** : 봉사료(service charge)와 비슷한 의미로 사용되는 용어로써, 봉사료는 강제성을 갖는데 비해 팁은 고객이 자유의사에 의한 서비스에 대한 감사의 뜻으로 주는 것이다. 'To Insure Promptness'의 앞글자 이니셜을 사용하고 있는데, TIPS(To Insure Prompt Service)라고도 사용된다. 서비스를 신속하고 원활하게 해주는 촉매제 역할을 한다.
- **TOPAS(TOPAS SellConnect)** : 대한항공사의 전산화 된 토털 예약시스템으로서, 전국의 대리점이나 여행사에 시스템과 모니터가 준비되어 있어 편리하게 이용할 수가 있다. 관광객의 항공편을 이용하여 관광하려는 요구에 응하여 항공편 좌석 예약을 접수하고 관광에 부수되는 각종 필요사항 및 서비스를 사전에 안배하고 제한된 공급좌석의 판매를 효과적으로 관리하며, 좌석이용을 극대화하여 항공사의 수입의 제고를 기하는 것을 주요 업무로 하는 시스템을 말한다.
- **Tour Conductor(T/C)** : 자국을 떠나 외국을 여행하는 관광객을 인솔하는 여행 인솔자를 말한다. 10명 또는 15명 이상의 손님을 인솔하고 여행을 지휘하는 그룹의 책임자이다.
- **Tour Operator** : 여행상품을 기획 및 판매하는 패키지 투어 전문 여행업자를 말한다. 보통 여행사에서 여행상품을 안내하고, 수배(항공편, 호텔, 현지교통

편, 관광지, 현지가이드, 식당, 쇼핑 등)하며, 고객관리와 상품개발 등을 담당한다.

- **Transfer** : 여행 이동 중 교통편을 갈아타는 의미로서, 이는 주로 공항 내에서 항공을 갈아타는 경우에 많이 사용된다. 이외에도 공항이나 역에서 호텔까지 가는 이동 서비스를 칭하기도 한다. 또한 호텔의 한 부서에서 다른 부서로 발령받아 옮겨가는 것을 의미하기도 한다.
- **Transit** : '통과·경유하다'라는 의미로 여행객이 목적지까지 가는 도중에 교통기관에 들리는 지점을 말한다. 이와 관련하여 생각해보면 TRANSIT PASSENGER는 단지 통과만을 목적으로 입국하는 통과여객을 의미한다.
- **Traveler's Check** : 여행자수표를 말한다. 해외여행 시에 분실이나 도난을 방지하기 위해 사용되는 수표를 의미한다.
- **Travel Insurance** : 여행보험을 말한다.
- **Turn away service** : 고객이 예약을 했으나 초과예약 등 호텔 측의 사정으로 인해 객실을 제공할 수 없을 때 동급수준의 인근 호텔 객실을 수배하여 해당 호텔까지 에스코트 해주는 서비스를 말한다.

  고객의 실수가 아닌, 호텔 측의 사정이므로 정중하게 사과하고 해당호텔까지의 교통비 및 숙박비를 지불해 주는 양질의 호텔들도 있다.
- **Turn down service** : 호텔 객실에서 투숙고객의 편의를 위해 시트 모서리를 접어서 고객이 편안한 잠자리에 들 수 있게 해주는 서비스이다. 객실용 슬리퍼를 침대 옆에 가까이 놓아 주는 등 고객의 불편을 최소화 해주는 최고급 서비스를 의미한다.
- **Turn over service** : 호텔 객실 이용고객이 연박을 할 경우, 타월이나, 어메니티를 교체해 주고 새로운 객실정비를 해주는 경우를 의미한다. 또한 식음료 영업장의 경우 고객이 와인 등을 떨어뜨렸을 경우에 테이블클로스를 교체해 주는 의미로 사용되어지기도 한다.
- **TWOV** : Transit Without Visa(무사증 통과)의 약자이다. 비자 없이 여행객이 특정국가에 단기 체류하는 것으로서, 여행객이 규정된 조건하에서 입국비자

없이 입국하여 단기간 동안 체류할 수 있는 경우를 말한다. 주로 해당 국가를 방문하려는 것이 아닌 제 3국으로 가기 위한 단순 통과일 때 발생되므로 항공편 연결이 순조롭지 않아서 도착한 공항을 떠나지 않고 일정 기간(당일 또는 24시간) 머물다가 목적지행 항공편을 탑승해야 한다.

U

- **UC(Unable Complete)** : 모든 예약이 끝나서 예약도 불가능하고, Waiting List에도 기록할 수 없다는 의미이다.
- **Unaccompanied Minor(U/M)** : 통상 UM이라 칭하며, 3개월 이상 12세 미만의 유아나 어린이로 성인 보호자가 동반하지 않고 단독 항공 여행을 할 경우를 말한다.
- **UNWTO** : 유엔세계관광기구로서 'UN World Tourism Orgnization'의 약어이다. 스페인 마드리드에 본부를 두고 있고 세계 각 나라 정부의 관광행정기관이 가입하고 있는 정부 간의 관광기구이다. 1947년 조직된 국제관광기구가 1975년 정부 간, 관광협력기구로 개편되어 설립되었다. 2003년 UN에 편입되었으며, 관광의 진흥과 개발, 국제여행의 편의성 확대, 국제관광 통계 조사·연구, 개발도상국의 관광분야 지원을 위한 국제관광 협력 사업을 진행한다.
- **Up Grade** : 항공회사의 지정으로 여행고객이 예약한 클래스보다 높은 클래스에 탑승하는 것으로, 관광자의 의사에 따라 행하는 경우를 'Voluntary Up Grade'라고 하며, 회사의 형편상 행하는 경우 'Involuntary Up Grade'라고 칭한다. 후자의 경우 원칙적으로 추가운임을 징수하지 않으며, 통상적으로 Down Grade는 하지 않고 있는 실정이다.

V

- **Vacancy** : 호텔에서 당일판매가 가능한 객실이 아직 판매되지 않고 비어 있는 객실을 말한다. 호텔의 객실이 Full House가 아닌 상태로 판매 가능한 객실이 남아 있어 고객을 기다리고 있다는 의미로 해석되기도 한다.
- **VIP** : Very Important Person의 약자이다. 특별히 정중하게 모셔야 할 고객이나 사회 각계 각층의 주요 핵심인사를 의미하기도 한다. 호텔에서 이러한 주요한 인사를 호텔 현관에서부터 정성스럽게 1:1 전담해서 정중하게 모시는 서비스를 버틀러 서비스(Butler Service)라고 한다.
- **Visa** : 비자(사증)를 말하는 것으로 방문국의 정부에서 입국을 허가해 주는 입국허가증이며, 여행 전 또는 목적지 도착 시 소지여권의 사증란에 인증하는 제도이다.
- **Void** : 무효라는 뜻으로, 호텔의 계산서나 항공권, 여권 등에 스탬프를 찍어 사용한다.
- **Voucher** : 일반적으로 보증, 영수 등을 증비하는 (vouch)일련의 서류를 일컫는다. 관광업계에서는 호텔, 버스, 철도, 선박 등 운송기간에 대하여 이용하는 요금이나 운임을 후일에 지불할 것을 약속한 서류를 말한다. 보통 대금을 수령한 여행업자가 발행하고, 그것을 고객이 직접 지참하거나 또는 여행 가이드가 휴대하고 가서, 이용기관 또는 현지 오퍼레이터에게 건네주는 경우가 많다.

W

- **Waiting List** : 대기하는 고객을 의미한다. 관광객이나 예약 없이 온 고객이 호텔객실 또는 식음료 업장에서 이용을 기다리고 있는 고객의 명단이다. 또한 비행기나 기차 등에서도 이미 예약인원이 만원이 되어 있는 좌석의 예약 취소를 기다리고 있는 대기 고객의 명단을 의미한다.

- **Wake-Up call** : 호텔 투숙객의 요청으로 호텔에서 이른 아침 고객의 기상을 객실의 전화 벨소리로 도와주는 서비스로 'Morning Call'과 같은 의미이며, 과거에는 교환실에는 일일이 객실로 전화를 걸었으나, 최근에는 전산시스템이 도입되어 자동화 되어 있는 추세이다.
- **Walk-In Guest** : 예약 없이 호텔을 찾는 불특정 다수의 고객을 지칭하는 표현이다. 즉, 미리 예약을 하지 않고 당일 바로 호텔 객실에 투숙을 희망하거나 식당을 이용하려는 고객을 의미한다.
- **Wholesaler** : 통상적으로 여행업의규모가 큰 전문적인 여행상품 도매업자를 지칭한다. 또한 소매업자를 통해 판매할 목적으로 공급업자의 상품을 대량으로 구매하여 판매를 대행하고 패키지 상품을 만들어 판매하는 회사를 말한다. 주최 여행의 기획, 조성과 리테일러(여행소매상)에 대한 도매만을 하고 있는 여행업자를 일컫는다.

Y

- **Yellow Card** : 국제예방접종 증명서를 말한다.

해외여행을 할 때 최소한 여행국에서 정한 예방접종을 받아야 하는데, 아프리카에 여행할 때는 황열병 예방접종을 필요로 하며, 콜레라 오염지역을 여행할 때에는 콜레라 예방접종을 해야 한다.

- **Youth Hostel** : 세계의 각국의 학생과 젊은이들을 위해 저렴한 비용으로 제공되는 기숙사의 성격으로 오늘날 세계 대중 관광의 일환으로 발전된 배낭여행과 직결되어 급성장을 보여주고 있다.

TRAINING

연습문제

문제를 잘 읽고 해당하는 전문용어를 찾아서 (   )안에 적어보세요.

01. 공항과 인접한 호텔을 말하며, 항공기로 예약하는 여행객의 편의를 위한 공항 터미널이나 그 가까운 주변에 위치하고 있는 호텔 및 숙박시설을 총칭하는 용어이다

(   )

02. 입국비자 종류 중 하나로서 주한 대사관 비자와 동일한 효력의 비자이며, 여행하고자 하는 국가의 이민국에 서류를 접수하여 비자허가공문서를 받은 뒤 입국 후 현지공항에서 소정의 수수료를 납부하고 바로 발급받는 비자이다.

(   )

03. 호텔의 객실, 항공기의 좌석 등을 어느 정도 묶어서 한꺼번에 예약하는 일을 일컫는 용어이다.

(   )

04. 호텔에서 객실을 배정받는 숙박시의 수속과 여행객이 공항의 항공사 카운터에서 항공권, 여권, 및 수하물에 대한 수속을 하고 좌석이 지정된 탑승권을 받는 수속과정을 의미한다.

(   )

05. 주로 호텔에서 무료의, 우대의 뜻으로 사용되는 용어로서 단체고객을 인솔하는 안내자, 또는 초대 손님에게 제공하는 무료 요금을 말하며 흔히 프리(Free)라고 표현하는 용어이다.

(   )

06. 미팅, 비밀회의 등의 목적으로 1박이 아닌 3~4시간 정도 호텔 객실을 사용하는 경우를 의미한다.

(   )

07. 시찰초청여행이라는 뜻으로 고객을 유치하기 위한 일종의 마케팅 전략적 차원에서 관광기간 또는 항공사 등이 여행업자와 보조기관 등의 관계자들을 초대하여 여행경로나 관광지 그리고 관광시설 및 관광대상 등의 코스나 상품 등을 미리 시찰시키는 여행을 일컫는다.

( )

08. 판매촉진을 위한 경품이라든가 홍보용품을 의미한다. 호텔에서 판촉을 위한 상품으로 호텔 이용객에게 제공하는 판촉 선물 또는 항공기 기내에서 탑승객에게 제공하는 탑승 기념물 등이다.

( )

09. 항공기의 운항도중 무착륙 또는 도중 기항하지 않는 직행 항공운항을 의미한다. 다시 말하면 목적지까지 중간 기항지 없이 비행하는 것을 말한다.

( )

10. 호텔이나 항공사에서 보유하고 있는 판매 가능한 객실 또는 좌석수 보다 초과해서 예약을 받는 것으로 취소되는 경우와 고객이 아무 연락 없이 나타나지 않는 경우를 감안하여 예약을 초과해서 받게 되는 것을 말한다.

( )

11. 여행 이동 중 교통편을 갈아타는 의미로서, 이는 주로 공항 내에서 항공을 갈아타는 경우에 많이 사용된다. 이외에도 공항이나 역에서 호텔까지 가는 이동 서비스를 칭하기도 한다.

( )

12. 호텔 객실 이용고객이 연박을 할 경우, 타올이나, 어메니티를 교체해 주고 새로운 객실정비를 해주는 경우를 의미한다.

(   )

13. 호텔에서 당일판매가 가능한 객실이 아직 판매되지 않고 비어있는 객실을 말한다. 항공기내의 화장실이 비어있는 경우 문고리에서 많이 볼 수 있는 단어이기도 하다.

(   )

14. 대기하는 고객을 의미한다. 비행기나 기차 등에서도 이미 예약인원이 만원이 되어 있는 좌석의 예약취소를 기다리고 있는 대기 고객의 명단을 의미한다.

(   )

15. 해외여행을 할 때, 특히 아프리카나 중남미 아마존에 여행할 때는 황열병 예방접종이 필요하며, 콜레라 오염지역을 여행할 때에는 콜레라 예방접종을 해야 한다. 이러한 국제예방접종 증명서를 무엇이라고 하나요?

(   )

정답

01. Airport Hotel	02. Arrival Visa	03. Block
04. Check in	05. Complimentary	06. Day use
07. Familiarization Tour(FAM Tour)	08. Giveaway	09. Non Stop
10. Over Booking	11. Transfer	12. Turn over service
13. Vacancy	14. Waiting List	15. Yellow Card

참고문헌

- 국가법령정보센터. www.law.go.kr
- 강경미 · 우경식(2004). 관광경영학, 현학사.
- 관광지식정보시스템(2018) https://know.tour.go.kr
- 관광진흥법(2018) 법률 제15860호, 2018. 12. 11., 일부개정
- 국립공원관리공단(2018). 2018 국립공원기본통계
- 국립환경정보센터(2018). http://www.neins.go.kr
- 국외여행인솔자 인력관리시스템. http://www.tchrm.or.kr
- 국제협회연합 2017(Union of International Associations, UIA)
- 김경환 · 차길수(2004). 호스피탈리티산업의 이해, 백산출판사.
- 김기홍 · 조인환 · 윤지현(2013). 관광학개론, 대왕사.
- 김병용(2010). 관광학원론, 한올출판사.
- 김봉규(2003). 새로운 관광학의 이해, 새로미.
- 김성혁(2003). 관광사업론, 백산출판사.
- 김용상 · 정석중 · 이봉석 · 심인보 · 김천중 · 이주형 · 이미혜 · 김창수 · 이재섭(2008). 관광학, 백산출판사.
- 김재민(2001). 관광자원개발론, 대왕사.
- 김정만(2005). 관광학개론, 형설출판사.
- 김종은(2002). 관광학원론, 현학사.
- 김진섭(2004). 관광학원론, 대왕사.
- 김찬영(2000). 관광항공운송사업론, 대왕사.
- 김창곤(2002). 관광학의 이해, 대왕사.
- 김창식 · 이흥윤 · 고석면(2000). 관광사업론, 기문사.
- 김태영 · 김성길 · 김미경 · 권동극(2001). 현대관광학개론, 백산출판사.
- 김학용(2004). 항공업무관리, 대왕사.
- 두산백과(2018). https://terms.naver.com/entry.nhn?docId
- 문화재보호법(2018). 법률 제16057호, 2018. 12. 24., 일부개정
- 문화체육관광부(2018). 2017년 기준 관광동향에 관한 연차보고서.
- 문화체육관광부(2022). 2022 카지노업 현황.
- 문화체육관광부(2018). 국제회의산업 육성에 관한 법률 시행령 [대통령령 제28906호, 2018. 5. 28., 일부개정]

- 박시범 · 이병열 · 홍영호 · 황병문(2005). 관광레저경영론, 새로미.
- 박호표(2004). 관광학의 이해, 학현사.
- 서울경제신문(2016). '관광정책 컨트롤타워 53년만에 업그레이드', 2016년 3월 29일
- 안세원(2000). 현대마케팅, 한올출판사.
- 양영근(2004). 관광학의 이해, 백산출판사.
- 엄서호 · 서천범(2002). 레저산업론, 학현사.
- 위키백과(2018).
- 유시윤 · 박대한 · 변광인 · 김철원(2003). 관광학원론, 대왕사.
- 유준상 · 안대희 · 김용순(2005). 관광의 이해, 대왕사.
- 윤대순(2004). 여행사경영론, 기문사.
- 윤병국 · 이승곤(2006). 관광학개론, 새로미.
- 윤병국 · 이혁진 · 임종범(2002). 현대관광학원론, 삼광출판사.
- 이경모(2005). 미래관광의 대안모색, 대왕사.
- 이봉석 · 김용상 · 정석중 · 심인보 · 김천중 · 이주형 · 이미혜 · 김창수(2001). 관광사업론, 대왕사.
- 이선희 · 김근종 · 지진호(2003). 현대관광의 이해, 대왕사.
- 이수길 · 정주영 · 김형서 · 복창근(2005). 관광학원론, 한올출판사.
- 이유재(2004) 서비스 마케팅, 학현사.
- 이정학(2012). 관광학원론, 대왕사.
- 이후석(2003). 관광자원의 이해, 백산출판사.
- 임형택(2016). 관광학개론, 대왕사.
- 전기환 · 홍경옥 · 김상회, 여행사경영론, 기문사, 2004.
- 정성채, 관광의 이해와 경영, 대왕사, 2001.
- 정익준, 최신관광마케팅, 형설출판사, 2001.
- 정주영 · 안치호 · 송대근 · 권봉헌, 최신관광학의 이해, 백산출판사, 2006.
- 정환 · 백현 · 이영주 · 김명철 · 배준호 · 목진원 · 박춘란 · 김주성(2012). 신 관광학개론, 두양사.
- 한국관광공사(2017). 관광자원 개발 매뉴얼 2017
- 한국관광공사(2018). '한국, 2017년 국제회의 개최 2년 연속 세계 1위 달성'. 보도자료
- 한국산업인력공단(2018). www.q-net.or.kr
- 한국여행업협회(2018). KATA https://www.kata.or.kr
- 한국전시산업진흥회(2018). http://www.akei.or.kr
- 한혜숙 · 유명희 · 윤병국(2011). 관광학개론, 한올출판사.

■ 최영환

현) 용인예술과학대학교 호텔관광과 교수

단국대학교 경영대학원 경영학 석사
세종대학교 대학원 호텔관광경영학 박사
동양미래대학교 관광경영과 조교수
경희대학교 호텔관광대학 외래강사
상지대학교 관광학부 외래강사
을지대학교 관광경영학과 외래강사
서울보건대학 관광영어과 외래강사
장안대학교 호텔조리과 외래강사
호텔서비스사·국내여행안내사 국가자격시험 면접위원
조주기능사 국가자격시험 사전 출제위원
국제의료관광코디네이터 국가기술자격시험 검토위원
한국관광공사 품질평가위원
한국산업인력공단 심사위원
직업능력심사평가원 심사위원
(사)한국호텔관광외식경영학회 학술이사
(사)대한관광경영학회 정회원
(사)한국외식경영학회 정회원
(주)서울팔래스호텔, 현 쉐라톤팔래스호텔 식음료팀·객실판촉&마케팅팀지배인 16년 근무

〈주요 저서 및 논문〉

- 관광학개론(새로미)
- NCS 기반 호텔리어 양성교육 프로그램편성에 관한 탐색적 연구
- 특급호텔 레스토랑 고객이 인지한 서비스 패러독스 영향요인에 관한 연구
- 와인소비자의 구매동기, 구매속성, 소비가치의 영향관계
- 호텔기업의 내부서비스품질이 종사원만족과 CS활동에 미치는 영향
- 호텔 내부브랜딩, 고객접점서비스 역량, CS활동의 구조적 관계
- 국제항공전시회 서비스품질이 참관객의 혼잡지각과 행위의도에 미치는 영향
- 호텔 식음료서비스 불만에 대한 고객과 종사원의 지각차이(GAP) 분석
- 호텔 부서에서 지각하는 조직 갈등이 소진에 미치는 영향
- 외식서비스의 서비스품질과 서비스스케이프가 고객가치, 행위의도에 미치는 영향
- 호텔 내부브랜딩과 종사원만족의 관계에 있어서 인구통계적 변수의 조절효과
- 특급호텔의 내부브랜드 관리활동에 관한 실증연구
- 국제관광전시회의 관광이벤트 특성에 관한 연구
- 호텔 내부브랜딩 요소와 고객접점서비스 역량의 관계에 관한 실증연구
- 부하직원이 인지한 호텔관리자의 성격 5요인(Big 5 Model)이 조직몰입과 조직시민 행동에 미치는 영향
- 다크투어리즘을 활용한 역사교훈 관광지의 이해
- 호텔 브랜드 퍼스낼리티(brand personality) 측정에 관한 탐색적 연구 외 다수

관광학의 이해

발행일 I 2022년 12월 31일

발행인 I 모흥숙
발행처 I 도서출판 새로미

저자 I 손수진·최영환

주소 I 서울 용산구 한강대로 104 라길 3
전화 I 02) 523-5903~4
팩스 I 02) 775-3246

E-mail I seromi@seromi.kr
Homepage I www.seromi.kr

ISBN I 978-89-6476-808-2 93980
정가 I 23,000원